Adonis

Wortgesang

Von der Dichtung
zur Revolution

Herausgegeben
und mit einem Vorwort
von Stefan Weidner

Aus dem Arabischen
von Rafael Sanchez

S. Fischer

Der Originaltitel lautet
›Ash-shi'riyya al-'arabiyya wa maqalat ukhra‹

© by Adonis
Die Texte wurden eigens für die deutsche Ausgabe zusammengestellt.

© 2012 S. Fischer Verlag GmbH, Frankfurt am Main
Satz: Druckerei C. H. Beck, Nördlingen
Druck und Bindung: GGP Media GmbH, Pößneck
Printed in Germany
ISBN 978-3-10-000630-1

INHALT

Der Dichter als Essayist
Mit Adonis Denken

Vorwort von Stefan Weidner

Seit der ägyptische Romancier Nagib Machfus (1911–2006) im Jahr 1988 den Nobelpreis für Literatur erhielt und noch einmal verstärkt nach dem 11. 9. 2001 haben die deutschen Leserinnen und Leser die arabische Literatur ein zweites Mal entdeckt. Bedenkt man, dass die erste Entdeckung der orientalischen Literaturen, ausgehend von Herder und Goethe, gipfelnd in den Übersetzungen von Friedrich Rückert, sich bereits im achtzehnten und neunzehnten Jahrhundert vollzog, hat es bis zu dieser Wiederentdeckung recht lange gedauert. Anders als vor zweihundert Jahren ist es diesmal vor allem die zeitgenössische Literatur, die im Zentrum der Aufmerksamkeit steht. Wir lesen die Romane und Gedichte von Autoren unserer Lebenszeit, wir laden sie ein, hören ihnen zu, diskutieren mit ihnen, während weder Goethe noch Rückert einen einzigen muslimischen Autor ihrer Gegenwart kannten, geschweige denn gelesen oder getroffen hätten. Die Einseitigkeit jener Zeit spiegelt sich seitenverkehrt in unserer: Die große Unbekannte ist heute die *klassische* arabische Literatur, abgesehen vom Spezialfall »Tausendundeine Nacht«. Die ältere orientalische Literatur jenseits davon wird heutzutage bei uns nicht mehr gelesen und kann mangels lieferbarer Übersetzungen auch gar nicht gelesen werden.

Der andere blinde Fleck in unserer Rezeption der arabisch-islamischen Kulturen liegt auf dem Feld des Denkens, der Philosophie und der Essayistik. Unter den rund fünfhundert Büchern von etwa zweihundert arabischen Autoren, die derzeit auf Deutsch vorliegen, findet man sehr viele Romane, einige Gedichtbände, aber nur eine Handvoll theoretischer Schriften. Die fiktionale Schlagseite in unserer Rezeption der arabischen Kultur ist ein Politikum: Sie spiegelt nicht nur die weitverbreitete Auffassung, der Islam kenne keine Aufklärung, sie ist für dieses Zerrbild auch mit verantwortlich.

Angesichts solcher Rahmenbedingungen dürften die vorliegenden Essays von Adonis ein wahrer Augenöffner, eine kleine Offenbarung sein. Hier tritt ein zeitgenössischer orientalischer Dichter als eminenter Kulturkritiker und Essayist auf; hier werden vor dem staunenden Leser die Schätze des arabischen Denkens und Dichtens über einen Zeitraum von fast eintausendfünfhundert Jahren ausgestreut, neu geprüft und bewertet – Schätze, die selbst die Romantiker aus der Fassung gebracht hätten, so unbekannt waren bei uns noch vor zweihundert Jahren die meisten der hier genannten Werke und Autoren.

Mit einem fast mehr an Nietzsche als an die Aufklärung gemahnenden Furor unterzieht Adonis in der hier präsentierten Auswahl aus seinen kulturkritischen Schriften die islamisch-arabische Kultur einer Fundamentalkritik, einer kompletten Revision. Wer bislang geglaubt hat oder sich hat einreden lassen, Kritik an der Religion sei in der islamischen Welt nicht möglich, wird hier stante pede eines Besseren belehrt. Wer trotzdem zweifelt, dem sei versichert: Alle Bücher, aus denen die hier übersetzten Aufsätze stammen, sind in der arabischen Welt erschienen, in fast allen Ländern frei zu kaufen und vom Verfasser dieser Zeilen ebendort erworben worden!

* * *

Adonis, freilich, ist nicht zuerst Kulturkritiker, sondern Dichter.[1] Geboren wurde er 1930 im syrischen Alawitengebirge, dem Hinterland der Hafenstadt Lattatia, in einfachsten, bäuerlichen Verhältnissen. Sein Vater war der Imam des Dorfs, er leitete das Gebet. Von ihm lernte Ali Ahmad Said Esber, so sein eigentlicher Name, lesen und schreiben, bekam die Grundkenntnisse des klassischen, arabisch-islamischen Curriculums vermittelt: den Koran und seine Wissenschaften, das reiche Erbe der klassischen Dichtung. Wie jeder traditionell gebildete Araber kennt es Adonis bis heute auswendig – er ist also genauso wie Goethes Hafis ein *hafis*: »einer, der im Gedächtnis den Koran aufbewahrt«. Es handelt sich dabei um ein Verhältnis zur eigenen Tradition, wie es in unseren Breiten selbst gebildetere Zeitgenossen nicht mehr haben. Diese Tradition ist nämlich nicht angelesen oder anstudiert, sondern sozusagen mit der Muttermilch aufgesogen und wie eine Muttersprache intuitiv erlernt.

Ein glücklicher Zufall öffnet diese seit Jahrhunderten in sich verharrende Welt für den jungen Ali Ahmad: Der erste Präsident des 1941 formell aus der französischen Mandatsherrschaft in die Unabhängigkeit entlassenen Syrien, Shukri al-Quwatli (1891–1967), reist durch das Land. Als er das Alawitengebirge besucht, wird der aufgeweckte Junge ausgewählt,

---

[1] Die frühere zweibändige Ausgabe im Ammann Verlag ist in einem Band bei S. Fischer jetzt wiederaufgelegt: Adonis, *Verwandlungen eines Liebenden*, Frankfurt 2011.

ein Gedicht aufzusagen. Der Präsident spendiert dem Jungen zur Belohnung den Besuch einer weiterführenden Schule in der benachbarten Hafenstadt Tartus. Es ist die Schule der französischen Laienmission. Zur klassisch islamischen Bildung gesellt sich nun die westliche, eine Verdopplung der kulturellen Identität, die wir unter den Gebildeten vieler ehemals kolonisierter Länder finden und die sowohl einen (gerade im Vergleich zur abendländischen Kultur) erweiterten Horizont als auch eine starke Prädisposition zur Identitätskrise zur Folge haben kann.

Dieser Sprung im Alter von vierzehn Jahren aus dem Dorf in die Hafenstadt ist ein Sprung in die Welt und eröffnet dem Jungen zugleich Einblick in die aktuellen kulturpolitischen Debatten des neugegründeten, künstlichen Staates.[2] Die Meinungsführerschaft hat eine Gruppe um den charismatischen Antun Saadeh (1904–1949) inne, Gründer und Vordenker der sogenannten Syrischen Volkspartei (PPS, Partie Populaire Syrien). Die in der Opposition befindliche Bewegung versprach, die Identitätskrise des gerade erst aus der Mandatherrschaft entlassenen, nach dem Ersten Weltkrieg künstlich aus den Trümmern des Osmanischen Reiches geschaffenen Staates Syrien zu lösen. Ihnen schwebte ein sogenanntes Großsyrien vor – eine Vorstellung, die nicht mit derjenigen unserer Urgroßväter von Großdeutschland zu verwechseln ist, sondern schlicht die traditionelle Einheit des östlichen Mittelmeerraums (mit den heutigen Ländern Syrien, Libanon, Jordanien, Israel / Palästina und Zypern) in einem Staat zusammenfassen und damit die artifizielle Aufspaltung rückgängig machen wollte, die im Vertrag von Sèvres entsprechend französischen

---

[2] vgl. Stefan Weidner: »… und sehnen uns nach einem neuen Gott. Poesie und Religion im Werk von Adonis.«, Berlin 2005.

und englischen Kolonialinteressen beschlossen wurden war. Dabei sollte die ethnische und religiöse Heterogenität nicht übertüncht oder glattgebügelt werden, wie es später die Staaten in der Region versucht haben und versuchen (einschließlich Israels, das sich bekanntlich als explizit jüdischer Staat versteht), sondern sie sollte auf einen älteren, ja den ältesten gemeinsamen Nenner zurückgeführt werden: Phönizien und seine vorderorientalischen Nachfolgereiche. Saadehs »Großsyrien« war als Staat des Mittelmeers konzipiert, nicht des Orients. Diese Vision wirkt bis heute suggestiv und grenzt sich nicht zuletzt gegen die Vereinnahmung durch den Islam ab. Wenn sie gegenwärtig allzu phantastisch klingt, muss man sich klarmachen, dass Mitte der vierziger Jahre die nahöstlichen Grenzen noch jung waren und nur wenig weiter südlich, in Palästina, heiß umkämpft (wie ja zum Teil noch heute).

Wichtig für unseren späteren Dichter Adonis ist dabei ein Detail. Im Zuge der Entdeckung des vorderorientalischen Erbes und des Versuchs seiner Wiederbelebung (also einer künstlichen, ideologisch motivierten Renaissance) wurde auch die vorderorientalische Mythologie neu gelesen, nicht zuletzt die Wiederauferstehungsmythen von Tammuz und Adonis (arabisch *Adûnîs*). Vor diesem Hintergrund wählte der junge Dichter sein Pseudonym, und es brachte ihm Glück – schon als Schüler konnte er unter diesem Namen seine ersten Gedichte veröffentlichen. Mit der Zeit verblasste die politische Konnotation, und Adonis, der Dichter, ist heute bekannter als die nahezu vergessene politische Strömung, der er seinen Namen verdankt.

Vom weiteren Werdegang muss hier nicht jedes Detail interessieren. In Damaskus studierte Adonis Literaturwissenschaften und knüpfte Kontakt zu Schriftstellerkreisen. Er lernte die Frau kennen, mit der er bis heute verheiratet ist, die Literaturwissenschaftlerin Khalida Said. Vom zweijährigen Militärdienst verbrachte er wegen politischer Aktivitäten (für die genannte PPS) elf Monate im Gefängnis. Dann entzog er sich der zunehmenden Enge und politischen Unterdrückung in Syrien und ging nach Beirut, das im Begriff war, sich in das »Paris des Nahen Ostens« zu verwandeln, und wo für zwei Jahrzehnte, bis zum libanesischen Bürgerkrieg (1975–1990), Prosperität und kulturelle Freiheit zusammenfanden. Mit dem aus den USA zurückgekehrten libanesisch-christlichen Dichter Yusuf al-Khal (1917–1987) gründete er 1957 die heute legendäre Literaturzeitschrift *Shi'r* (»Dichtung«), in der fast die gesamte dichterische Avantgarde der arabischen Welt publizierte und gegen die alten Formen und Themen in der Dichtung aufbegehrte. Die Zeitschrift war auch die erste Adresse für die ins Arabische übersetzte abendländische Lyrik. Sogar deutsche Dichter wurden hier publiziert, vor allem in der Übersetzung des auch bei uns als Dichter bekannten Fuad Rifka (1930–2010).

1960 ging Adonis mit einem Stipendium für ein Jahr nach Paris, wo er seit der zweiten Hälfte der achtziger Jahre hoch über der Stadt in einem der Wohnsilos des Wolkenkratzervororts La Défense wohnt – eine eigenwillige, architektonischen Neuerungen gegenüber sehr aufgeschlossene Art des Elfenbeinturms. Wer ihn dort oben besucht, beginnt zu ahnen, dass es keine graue Theorie ist, wenn Adonis über die Moderne redet. Was die französische Kultur insgesamt betrifft, wird Adonis' intensive Beziehung zu ihr im Rahmen der hier publizierten Aufsätze vor allem in »Sufismus und Surrealismus« deutlich.

Der zweite große westliche Einfluss auf das Werk von Adonis ist jedoch, vielleicht zur Überraschung vieler, deutsch!

Nietzsche und Heidegger in der Philosophie, Novalis, Rilke und Benn in der Literatur sind die Namen, auf die sich Adonis immer wieder beruft. In den hier vorgelegten Texten sind die Nachwirkungen von Nietzsche und Heidegger kaum zu übersehen – die Nietzsches in der Kritik der Religion und der erstarrten Tradition, diejenigen Heideggers im Ringen um einen anderen Begriff der Modernität, in der Kritik an der rein äußerlichen Übernahme der Technik, einem Umgang mit der technisierten Lebenswelt, der seelenlos und kulturlos ist. Aber auch die Neigung zur deutschen Philosophie verdankt Adonis seinem ersten Paris-Aufenthalt in den sechziger Jahren. Das erstaunt nicht. Husserl, Heidegger und Nietzsche waren prägende Gestalten für fast alle nach dem Zweiten Weltkrieg bedeutenden französischen Intellektuellen wie Sartre, Foucault und Derrida. Wer 1960 in Paris war und sich für Philosophie interessierte, konnte diesen deutschen Einfluss gar nicht verpassen.

Mit der vertieften Aneignung westlichen Gedankenguts legte Adonis in Paris die Fundamente für die sich nach seiner Heimkehr in den Libanon vollziehende Rückkopplung mit dem älteren arabisch-islamischen: Adonis gab eine bis heute unübertroffene Auswahl aus der klassischen arabischen Dichtung in einer dreibändigen Anthologie heraus. Nichts Besonderes, mag der arglose deutsche Leser denken, der alle paar Jahre von Philologen und Kritikern mit einer umfangreichen Auswahl aus unserer Lyrik beschenkt wird. Aber mit Adonis tat dies jemand, der als Dichter nicht zu Unrecht als ein die Traditionen auf frivole Weise umdeutender Bilderstürmer galt, einen, der auf das Alte nicht viel zu geben schien; nun aber schien er gerade dieses Alte pflegen zu wollen! Die neue arabische Lyrik, die bessere jedenfalls, der sich auch Adonis verpflichtet fühlte, kann ihre Möglichkeiten, ihren sprachlichen Reichtum nur erschließen, indem sie sich ihrer Geschichte bewusst ist, lautete die Botschaft dieser Rückeroberung des literarischen Erbes – sich ihrer bewusst ist, ohne an sie gekettet zu sein.

Dazu muss man wissen, dass die arabische Sprache, jedenfalls die hochsprachliche Literatur- und Schriftsprache, seit ihrer Kodifizierung durch Koran und Koranphilologie im siebten und achten Jahrhundert nach Christi (dem ersten und zweiten Jahrhundert der 622 anhebenden islamischen Zeitrechnung), morphologisch gleich geblieben ist. Entwickelt haben sich allein die verschiedenen Dialekte, die jedoch nur in Ausnahmefällen verschriftlicht werden, etwa in bestimmten literarischen Genres, dem Theater, der Dialektdichtung, der volkstümlichen Erzählung; oder wie kurzzeitig einmal im Versuch, den libanesischen Dialekt, geschrieben mit lateinischen Buchstaben, als unabhängige Sprache festzuschreiben (vgl. den Essay »Sprache und Identität« in diesem Band). Aufgrund dieser Sprachgeschichte ist das Hocharabische zwar niemandes eigentliche Muttersprache und muss gelernt werden wie etwa Deutschschweizer Hochdeutsch lernen müssen. Wer diese Sprache aber einmal beherrscht, dem steht ein Vokabular, eine Ausdrucksfülle und eine Tiefe der literarischen Tradition zu Gebote, die mit nichts in der westlichen Hemisphäre vergleichbar ist: Eintausendfünfhundert Jahre ununterbrochene Sprach- und Literaturgeschichte, von der vorislamischen Lyrik bis ins 21. Jahrhundert.

Klar ist aber auch, dass man sich von einem derart übermächtigen, überpräsenten Erbe erst einmal befreien und loslösen muss, bevor man es auf eine genuin moderne Weise neu fruchtbar machen kann. Viele arabische Dichter gehen diesen schwierigen Weg heute nicht mehr. Sie bleiben dem Erbe,

besonders den traditionellen Formen in der Dichtung, un-
kritisch verhaftet, stehen in einer naiven Kontinuität zu ihm.
Oder – dies ist der Fall vieler Jüngerer – sie kappen die Nabel-
schnur zur Tradition völlig oder haben überhaupt nie Gelegenheit oder Interesse gehabt, diese vertieft kennenzulernen.
Das Resultat ist entweder eine weitgehend verwestlichte oder
aber eine oberflächliche, dem unmittelbaren Zeitgeist verhaf-
tete Lyrik. Es ist jedoch offensichtlich, dass beide Haltungen
defizitär sind und fast zwangsläufig in eine poetische Identitätskrise münden, sobald sie reflektiert werden. Adonis aber
tut in den hier versammelten Essays genau dies: Er reflektiert
die verschiedenen arabischen Positionen zur Tradition, zur
Dichtung, zur Religion; thematisiert, indem er die Widersprüche aufzeigt, die Identitätskrise selbst. Indem er die
Problematik der althergebrachten und unreflektierten Weltanschauungen offenbart, ermöglicht dieser von Adonis voll-
zogene Perspektivwechsel zugleich eine sehr originelle Lösung.

* * *

Das theoretische Werk von Adonis geht zwar von der Dichtung aus und steht in ihrem Dienst. Aber da die Dichtung
nach Adonis ein Humanum ist, eine anthropologische
Grundkonstante, ein zentraler Faktor der menschlichen Existenz, ein Ideenkraftwerk, ja die Manifestation von Kultur
überhaupt – deswegen ist das Reden, das Ausgehen von der
Dichtung, ein Reden über die Kultur und das Dasein überhaupt. Vielleicht ist dies das für uns Überraschendste und
Gewöhnungsbedürftigste an den hier versammelten Texten.
Dichtung, wenn nicht die Literatur insgesamt, gelten als
randständig, als marginal in der Gesamtheit unserer Kultur.

Sogar unsere Dichtung selbst erhebt kaum noch den Anspruch, mehr sein zu wollen, und ihre Bescheidenheit ist realistisch. Eine Theorie der Kultur würde bei uns von der Medialität insgesamt ausgehen, und die Marginalisierung der Dichtung in unseren Breiten ist womöglich nichts anderes als eine mediale Verdrängung, welche der arabischen Welt erst noch bevorsteht und die sich in Gestalt der Facebook-Revolten und der omnipräsenten Satellitenfernsehsender bereits lautstark ankündigt.

Als Kritik an der inhaltsleeren Technisierung der Welt, der Vermittlung auf allen Kanälen, aber der Vermittlung von nichts wird freilich auch diese Medialität von Adonis reflektiert. Und schließlich tritt die Dichtung bei Adonis, wir lesen es aus diesen Essays von Anfang an heraus, in Konkurrenz zur Religion, ein Gedanke, der natürlich auch in unserer Literatur nicht unbekannt ist. Er findet sich bereits bei Herder angelegt, wenngleich dort die Poesie immer noch im Dienst der Religion, des »Gefühls« steht. Wir finden ihn weitgehend emanzipiert in der deutschen Frühromantik wieder. Und im zwanzigsten Jahrhundert, das heißt postnietzscheanisch, finden wir ihn im Surrealismus, aber auch bei so hochgradig nüchternen Schriftstellern wie Hermann Broch und Robert Musil, mit dem die denkerischen Positionen von Adonis, wie wir noch sehen werden, verblüffende Schnittmengen aufweisen.

Dichtung und Religion sind die beiden Pole, zwischen denen sich in diesen Artikeln eine Spannung aufbaut, die sich im Begriff der Modernität schließlich entlädt. Literaturgeschichtlich mit zahlreichen Belegen abgesichert, findet sich diese Denkbewegung beispielhaft in den vier Vorlesungen, die Adonis 1984 am Collège de France gehalten hat. Sie wurden unter dem Titel »Einführung in die arabische Poetik« auf

Französisch und Arabisch als Buch veröffentlicht, mit ihnen beginnt die hier vorgelegte Auswahl.

Die ersten drei Vorlesungen skizzieren die Polaritäten, zwischen denen sich die traditionelle arabische Kreativität seit ihren Anfängen in der vorislamischen Dichtung bewegt hat. Sie skizzieren sie aber nicht mit den Augen eines modernen, westlichen Kritikers, sondern exakt so, wie sie von der mit den ersten Koranforschungen anhebenden arabischen Philologie gelesen und gedeutet wurden. »Geschichte der arabischen Dichtung« bedeutet hier also das, was über die arabische Dichtung im Laufe der Geschichte gesagt und geschrieben wurde, wie sie gelesen und verstanden wurde, wie sie kategorisiert und bewertet wurde. Es ist eine Geschichte der Rezeption in Gestalt von Poetiken.

Eine eigentliche Einführung in die arabische Dichtung im Sinne einer kleinen Literaturgeschichte sind diese Vorlesungen daher nicht, wollen sie nicht sein. Stattdessen wird vor dem verblüfften westlichen Leser das Füllhorn der mittelalterlichen arabischen Philologie ausgeschüttet. Die Vielzahl fremder Namen, der Reichtum der Diskurse, der dabei nur angedeutet wird, überrascht, ja überfordert womöglich im ersten Moment. Freilich ist diese Überforderung nichts anderes als das Indiz eines Wahrnehmungsdefizits, einer veritablen Bildungslücke. Denn der Reichtum an philologischer Forschung, an Diskursen über Sprache und Literatur in der arabischen Welt seit dem siebten Jahrhundert, mit den Zentren Bagdad, Aleppo, Kairo und Córdoba, übertrifft an Fülle und intellektuellem Gehalt nicht nur alles, was in Europa bis weit ins Hochmittelalter hinein gedacht und geschrieben wurde, er muss nicht einmal einen Vergleich mit der griechischen und römischen Antike scheuen. Jenseits orientalistischer Fachkreise weiß davon in unseren Breiten selbst der literaturwissenschaftlich Interessierte nichts, es fehlen die Sprachkenntnisse, die Übersetzungen, die zusammenfassenden Darstellungen. Auch insofern ist gerade dieses Werk von Adonis so wichtig. Es vermittelt uns nicht nur Einblicke in den Umgang eines arabischen Schriftstellers mit seinem Erbe, es lässt auch, gleichsam wie mit der Kamera aus der Luft aufgenommen, dieses Erbe in einem breiten Panorama an uns vorbeiziehen. Welche Landschaften! Und dabei ist das nur der Blick aus dem Flugzeug. Wie wäre es erst, wenn man mittendrin stünde?

* * *

»Poetik und vorislamische Mündlichkeit«, »Poetik und Koran«, »Poetik und Denken« lauten die Überschriften der ersten drei Vorlesungen, der drei Pole, zwischen denen es so sehr knistert. Dabei hatten nach Mohammeds Tod zumindest die frühe arabische Dichtung und der Koran in den Augen der späteren arabischen Philologen eine Art Modus Vivendi gefunden, eine Allianz gebildet, um den unliebsamen Dritten, den eigentlichen Störenfried, die intellektuelle Dynamik nämlich, außen vor zu halten. Die dreibändige Studie zur arabisch-islamischen Geistesgeschichte, die Adonis Anfang der siebziger Jahre in Beirut unter dem Titel »Das Statische und das Dynamische« vorlegte, entdeckt in diesem Gegensatz ein Leitmotiv der arabischen Kultur, das sich zu den verschiedensten Epochen und Bedingungen immer wieder bemerkbar macht. Dabei wäre die Annahme grundfalsch, dass etwa die religiösen Elemente pauschal die verharrenden und rückschrittlichen Kräfte repräsentierten, die dichterischen und denkerischen pauschal die Kräfte der Erneuerung. Nicht Religion an sich *ist* dies oder das, sondern wird als statisch oder dynamisch gelebt und verstanden. Das Religionsverständnis der Sufis zum Beispiel ist eines von äußerster geistiger Beweglichkeit. Die Dichtung hingegen, wenn sie nicht mehr sein will als die Nachahmung des Althergebrachten, kann ein Hort des Rückschrittlichen werden und sich dabei hervorragend mit einem starren, dem eigenständigen Denken abholden Verständnis des Korans paaren. Für beide Einstellungen fanden und finden sich die entsprechenden Philologen und Propagandisten. Zentrale Kampfbegriffe sind dabei die (unerlaubte) Neuerung (*badi'*; vor allem von den Gegnern dieser Neuerung benutzt) und »Modernität«, ein eher positiv besetzter Begriff.

So irritierend es für westliche Leser sein mag, für die der Begriff des Modernen erst im 18. Jahrhundert Gestalt annimmt (etwa in der mit den mittelalterlichen arabischen Diskussionen vergleichbaren »Querelle des anciens et des modernes«), wenn er nicht gleich erst mit der Kunst und Literatur des zwanzigsten Jahrhunderts assoziiert wird: Die Moderne ist eine arabische Erfindung und absolvierte ihren ersten Auftritt in Bagdad im ausgehenden achten Jahrhundert! In den Hauptrollen: der Kalif Harun Ar-Raschid, der Dichter Abu Nuwas und eine ganze Armee von Frömmlern und Bewahrern. Das Tragische an dieser Uraufführung der Moderne bestand nun darin, dass sie unmittelbar mit den politischen Auseinandersetzungen der Zeit zusammenhing und von ihr instrumentalisiert wurde: Es gab keine Unschuld in den ästhetischen Fragen, in der Interpretation des Korans, ja nicht einmal in der Philologie und im Aufsagen von Versen. Dies wiederum hängt nicht damit zusammen, dass der Islam einen größeren politischen Anspruch hat und weltliche und religiöse Macht hier nicht ordentlich getrennt wären, sondern liegt an der Instrumentalisierung der Religion durch die Macht, was auch Adonis beklagt. Zum Beispiel in der dritten Vorlesung, wo er schreibt: »Zwar existiert innerhalb der arabischen Gesellschaft ein Bestreben nach Trennung der Religion von jedweder Art von Herrschaft. Im Gegensatz dazu steht jedoch das Bestreben der Herrschenden, die Religion, da von Gott offenbart, als Grundpfeiler im Leben der Araber und als deren vollkommenstes Wissen zu verstehen. Deshalb ist für sie die Religion auch ein fundamentales Element zur Gewährleistung der Stabilität des politischen Systems, ja Politik und Religion gehen in dieser Hinsicht eine beinahe organische Verbindung ein. Man erkennt hier ganz klar, dass die Freiheit des Hinterfragens und des beharrlichen Nachforschens vor dem Hintergrund eines Systems, das so sehr jene Verbindung betont, ein Ding der Unmöglichkeit ist – umso mehr, wenn diese Freiheit auf den religiösen Bereich bezogen wird. Auf diese Weise wird Politik praktisch zu einer Art von religiöser Unterwerfung und einem Glaubensbekenntnis gegenüber dem herrschenden System. Alles andere wird automatisch als eine Art Abfall vom rechten Glauben und als Gotteslästerung hingestellt.« Fortschrittliche und rationale religiöse Strömungen wie die *Mu'tazila* haben sich dabei ebenso für die Despotie vereinnahmen lassen wie die frömmlerischen und reaktionären Kräfte und nicht zuletzt die Dichter: Panegyrik, das Herrscherlob als eine der wichtigsten Untergattungen der arabischen Lyrik seit alters her, stammt aus der Feder von guten wie schlechten, »modernen« wie konventionellen, archaisierenden Dichtern. Die »moderne« Schule jedoch, hier mit Adonis immer verstanden im Sinne der ersten arabischen Moderne des achten und neunten Jahrhunderts in Bagdad, stellt sich den Fragen der Zeit und begreift Kultur, Identität und Weltanschauung als dynamisch, im Fluss befindlich. Sie stellt Fragen, statt Antworten zu geben, sie eröffnet einen Raum von Möglichkeiten und Perspektiven, in dem sich die Gesellschaft ebenso wie das Individuum weiterentwickeln können.

In der inspirierten Auseinandersetzung mit dieser alten »Moderne« gewinnt Adonis die Maßstäbe für eine autochthone Kritik der arabischen Kultur der Gegenwart. Die alte Moderne war eine rein kulturelle, ihr fehlten diejenigen Aspekte, die unsere spätere Moderne ausmachten: Industrialisierung, Technisierung, Ökonomisierung, Medialisierung. Geistig und kulturell, poetisch, philosophisch und philologisch waren alle Errungenschaften der späteren Moderne jedoch bereits präsent, unabhängig von den heute mit der Moderne assoziierten soziologischen und ökonomischen Begleitumständen.

Mit dem Konzept der rein kulturellen Moderne leistet Adonis zweierlei: Zum einen wird Moderne, verstanden als geistige, weltanschauliche Offenheit, als Möglichkeitssinn und Fragelust denkbar auch unabhängig von den potentiell negativen Begleitumständen der heutigen industriellen und technischen Moderne. Zum anderen wird es damit möglich, das rein technische, äußerliche Verständnis von Moderne zu attackieren, das in der gegenwärtigen arabischen Welt – und wohl nicht nur dort – dominiert. Fragt Musil im »Mann ohne Eigenschaften«[3], warum die Menschen, wo sie doch Wolkenkratzer bauen, sich nicht auf Wolkenkratzer, sondern immer noch auf Pferde setzen, wenn sie posieren wollen (eine Frage, die von heute aus und mit Adonis betrachtet eher an die Emire der Golfstaaten gerichtet scheint, die ja wirklich noch mit Pferden renommieren, während sie zugleich die höchsten Häuser der Welt bauen, als an das Wien der Gründerzeit, in

[3] Im 10. Kapitel des Ersten Buchs.

21

dessen architektonischem Kosmos der »Mann ohne Eigenschaften« spielt), so dreht Adonis dieses Bild um und verstärkt es: Das Bewusstsein muss nicht zur Moderne aufschließen, sondern die (technische, veräußerlichte) Moderne muss allererst zu Bewusstsein kommen, ihre geistigen Vorbedingungen kennenlernen. Nicht der Geist muss sich der Technik angleichen, sondern der Gebrauch der Technik soll geistvoll werden.

Es ist klar, dass diese Umkehrung nur im Kontext einer Kultur gedacht werden kann, die innerhalb eines Jahrhunderts aus weitgehend mittelalterlichen Verhältnissen in die Moderne geschleudert wurde, wo also die Diskrepanz zwischen modernem Sein und vormodernem Bewusstsein noch weitaus größer, spürbarer und schmerzlicher ist als in Europa. Und wo gleichzeitig die Erinnerung an eine vormoderne Vergangenheit mit einem modernen Bewusstsein noch irgendwie lebendig, wenn auch nicht wirklich gelebt ist.

So macht Adonis bei der Lektüre Baudelaires die verblüffende Entdeckung: Das kenne ich doch, das hatten wir bereits, zum Beispiel in Gestalt von Abu Nuwas. Wir haben es nur vergessen. Die Moderne ist keine europäische Erfindung, geschweige denn ein europäischer Besitz. Sie stürzt die arabisch-islamische Kultur auch nur dann in eine Identitätskrise, wenn diese ihr eigenes vormodern-modernes Erbe verleugnet, also Wolkenkratzer baut, auf Pferden posiert, aber das Reiten schon lange verlernt hat und die neuste Technik mit einem mittelalterlichen Bewusstsein (miss-)braucht. Diese Rückbesinnung auf ein alternatives, verdrängtes Erbe entdeckt die kulturelle Moderne als menschliche Grundkonstante, die nicht nur keiner Kultur, sondern auch keiner Zeit spezifisch eignet. Abu Nuwas etwa steht einem Baudelaire ebenso nah oder fern wie einem Catull oder einem Li Tai-bo, der den

Wein ein halbes Jahrhundert vor Abu Nuwas in China nicht weniger schön besungen hat.

* * *

Mit den durch die Beschäftigung mit dem verdrängten dichterischen Erbe gewonnenen Maßstäben einer kulturellen Moderne durchleuchtet Adonis in den auf die Vorlesungen am Collège de France folgenden Essays die unterschiedlichsten Aspekte der arabisch-islamischen Kultur der Gegenwart. Das Resultat ist immer ein neuer, ebenso inspirierender wie kritischer Blick auf vermeintlich abgehandelte Themen: Der Koran? Ein hochmoderner, gar nicht auszuschöpfender Text – nur dass man, um dies zu festzustellen, kein Gläubiger sein muss, schon gar kein Fundamentalist. Man muss nur… Dichter sein! Dann aber empfiehlt es sich sehr, vom Koran zu lernen, sich an ihm zu messen, ja ihn möglichst zu übertreffen, wie dies so mancher mittelalterliche arabische Dichter versucht hat. Es gilt dabei, den Text lebendig zu halten, ihn zu schützen vor den immer schon fertigen, vorgängig festgelegten Interpretationen, mit anderen Worten, vor Missbrauch.

Die politische Dimension dieser neuen Lesart des Erbes und des Korans ist in den vorliegenden Essays unübersehbar. »Wenn die Religion dem freien Nachdenken über Gott, den Menschen und die Welt kein Forum bieten kann, wozu ist die Religion dann da, und worin liegt ihr Nutzen?«, schließt Adonis seinen »Aufsatz zur Erneuerung im Islam«. Was Adonis in seinem Blick auf die Religion vom typischen abendländischen Islamkritiker unterscheidet, liegt genau darin, dass er für seine Kritik einen anderen Hintergrund, ein anderes Wissen und eine ganz andere Vision hat als die engstirnigen

Ideologien, Nationalismen und Fundamentalismen, die unserer Islamkritik zugrunde liegen.

Die Kritik an den reaktionären Kräften im Islam schließlich ist es auch, die Adonis im letzten und jüngsten der hier vertretenen Texte bei seiner Einschätzung des Aufstands in Syrien eine gewisse Zurückhaltung diktiert. Diese Zurückhaltung ist für westliche Leser freilich zunächst kaum spürbar. Der Text scheint explizit, kritisiert unzweideutig die herrschende Baath-Partei und ihr System der Einparteienherrschaft nach dem Vorbild der ehemaligen Ostblockstaaten, fordert zu Gewaltlosigkeit, Reform und freien Wahlen auf. Übelgenommen wurde ihm von syrischen Oppositionellen gleichwohl, dass der Präsident in den Augen von Adonis noch nicht vollständig diskreditiert scheint, denn er ist es, der die Reformen – von oben – in die Wege leiten soll: »All diese Fragen müssten von Präsident Assad zum Gegenstand intensiver Debatten erkoren werden, und zwar im Zuge eines allgemeinen nationalen Dialogs.« Eine vom Präsidenten initiierte Demokratie ist jedoch in den Augen der erstarkten syrischen Opposition keine echte.

Allerdings werden die Befürchtungen von Adonis gegenüber einer islamisch-fundamentalistischen Machtübernahme nach dem Sturz des Regimes oder angesichts bürgerkriegsähnlicher Zustände wie in Irak auch von vielen Syrern, nicht zuletzt vielen Christen geteilt. Seine Stimme ist daher durchaus als authentische Stimme zu würdigen, wenn sie auch nicht die Stimme der zu allem entschlossenen Opposition ist.

* * *

Die Essays von Adonis, vor allem sein Konzept der kulturellen Moderne, seine rélecture des klassischen und religiösen Erbes, haben unter arabischen Intellektuellen eine weitreichende Wirkung entfaltet und die Beschäftigung damit vor allem auch unter den säkularen Bildungseliten rehabilitiert. Dabei ist der einzige unter den hier versammelten Texten, der explizit für ein westliches Publikum geschrieben wurde (wenngleich nachher mit großem Erfolg auf Arabisch publiziert), die »Einführung in die arabische Poetik«. Alle anderen Texte sind zuerst auf Arabisch publiziert worden und richten sich vornehmlich an ein arabisches Publikum. Wen die Offenheit, ja Dreistigkeit wundert, mit der Adonis die Religion und religiöse Traditionen relativiert, ja teils angreift, unterschätzt die Freizügigkeit, mit der nicht erst seit dem Revolutionsjahr 2011 in der arabischen Welt öffentlich über die Religion diskutiert werden kann und diskutiert wird. Die Beschränkungen, die es gibt, sind schon aufgrund der Größe und Vielgestaltigkeit der arabischen Welt punktuell und lassen sich leicht umgehen. Das einzige Land, in dem Adonis nicht auftreten könnte, wenn er wollte, ist Saudi-Arabien – der engste arabische Verbündete des Westens.

Die Texte wurden in Absprache mit Adonis ausgewählt, der dabei Herausgeber und Übersetzer großzügig freie Hand ließ, und sind hier in chronologischer Anordnung präsentiert, wobei sich die Einteilung in die drei Themenblöcke Poesie, Religion und Politik nahezu von allein ergeben hat. Die Texte müssen aber nicht in der vorliegenden Reihenfolge gelesen werden, im Gegenteil: Jeder steht für sich und enthält eine geschlossene Argumentation. Mögen sich die Leserinnen und Leser den Gedankenreichtum nach den eigenen thematischen Vorlieben erschließen!

Einführung in die arabische Poetik

1. Vorlesung
Poetik und vorislamische Mündlichkeit

1

Ich verwende den Begriff Mündlichkeit unter dreierlei Aspekten: erstens im Hinblick auf die Tatsache, dass die arabische Dichtung in vorislamischer Zeit auf mündlicher Basis innerhalb einer oral-auditiven Kultur entstanden ist; zweitens im Hinblick darauf, dass uns diese Dichtung nicht in einer von Beginn an schriftlich fixierten Form erreicht hat, sondern dass sie im Gedächtnis eingraviert und mündlich weitertradiert wurde. Drittens geht es mir darum, die Merkmale der Mündlichkeit in der vorislamischen Dichtung zu untersuchen sowie die Intensität ihres Einflusses auf die arabische Dichtung in den nachfolgenden Epochen, vor allem auf ihre Ästhetik.

2

Die vorislamische Dichtung ist ein Kind der Vortragskunst. Damit meine ich, sie entstand durch Zuhören, nicht durch

Lesen; durch Singen, nicht durch Schreiben. Bei dieser Dichtung war die Stimme gleichsam der Lebensatem, eine Musik des Körpers. Sie war das gesprochene Wort und gleichzeitig weit mehr als das. Denn sie übermittelte die Worte und gleichzeitig das, was Worte allein nicht zu übermitteln vermögen, vor allem wenn sie schriftlich fixiert sind. Darin zeigt sich, wie eng, vielschichtig und komplex die Beziehung zwischen Stimme und Wort sowie die zwischen dem Dichter und seiner Stimme ist. Es ist eine Beziehung zwischen der Einzigartigkeit des Dichters und der Präsenz seiner Stimme, welche sich beide nur schwer definieren lassen. Wenn wir die Worte gesungen hören, dann vernehmen wir nicht allein die Laute der einzelnen Buchstaben, sondern auch die Seele dessen, der diese artikuliert – wir hören das, was über das rein Physische hinaus- und in den spirituellen Bereich hineinreicht. Das bedeutungstragende Element ist hier nicht das isolierte Wort, sondern das Wort in Kombination mit der Stimme, der »Wortmusik«, dem »Wortgesang«. Es verweist also nicht einfach auf eine bestimmte Bedeutung, sondern ist eine Kraft, die auf Verschiedenstes hinzuweisen vermag. Es ist das in gesungene Sprache verwandelte Ich. Es ist das Leben in sprachlicher Gestalt. Daher rührt in der vorislamischen Dichtung die tiefe Übereinstimmung zwischen den lautlichen Wertigkeiten des Wortes und dessen emotionalem und affektivem Gehalt.

3

Die orale Kultur setzt zunächst einmal Zuhören voraus. Denn die Stimme verlangt vor allem nach einem Ohr, das sie wahrnimmt. Deshalb verfügte die orale Kultur über eine spezielle

Technik des dichterischen Vortrags, die nicht darauf basierte, was ausgedrückt werden sollte, sondern darauf, wie man es ausdrückte. Dies umso mehr, als der vorislamische Dichter im Allgemeinen Dinge zur Sprache brachte, die dem Zuhörer schon vorher bekannt waren: seine Sitten und Traditionen, seine Kriege und Ruhmestaten, seine Triumphe und Niederlagen. Die Originalität des Dichters lag also nicht darin, was er zum Ausdruck brachte, sondern mit welcher Methode. Je kreativer und persönlicher er sich dieser bediente, desto stärker kam seine Individualität zum Tragen und desto größer war die Bewunderung seitens des Zuhörers. So kam dem vorislamischen Dichter die Aufgabe zu, die kollektiven Erfahrungen der Gemeinschaft, ihre alltäglichen, weltanschaulichen und moralischen Erscheinungsformen auf singuläre Weise abzubilden, in einer individuellen dichterischen Sprache. Man könnte somit sagen, dass der vorislamische Dichter sich selbst nur dadurch zum Ausdruck brachte, indem er sich zum Sprachrohr der Gemeinschaft machte. Er war einer, der mit seinem Gesang Zeugnis ablegte. Wir sollten uns also nicht über jenes Paradox in der vorislamischen Dichtung wundern: Einheit des Inhalts einerseits, Vielfalt des Ausdrucks andererseits.

4

Dem Rezitieren *(inschad)* und Memorieren kam sozusagen die Funktion eines Buches zu, durch welches die vorislamische Dichtung zum einen verbreitet, zum anderen bewahrt wurde.

Wenn wir den Ursprung des Wortes *naschid* (›Lied‹, ›Hymne‹) im Arabischen zurückverfolgen, erkennen wir, dass dieses

›Stimme‹ und ›Heben der Stimme‹ bedeutet, so wie es auch die rezitierte Dichtung selbst bezeichnet. Aus dem Prinzip, dass die vorislamische Dichtung für den Vortrag bestimmt war, ergab sich als weiteres Prinzip, dass der Dichter selbst seine Gedichte vortragen sollte. Denn Dichtung klingt besser aus dem Mund ihres Verfassers, wie es al-Djahiz (777–869)[1] ausdrückt. Hier deutet sich an, dass die Araber in vorislamischer Zeit den dichterischen Vortrag als eigenständige Begabung betrachteten, zusätzlich zur Gabe des dichterischen Ausdrucks. In der Tat kam der Begabung zum Vortrag eine außerordentliche Bedeutung dabei zu, die Zuhörerschaft für sich einzunehmen, in den Bann zu schlagen, zu beeindrucken. Was umso wichtiger war, als dass das Hören für die Menschen in vorislamischer Zeit die Grundlage für sprachliches und musikalisches Bewusstsein war. Oder wie Ibn Khaldun (1332–1406)[2] es ausdrückt: »Der Vater aller Zungenfertigkeiten ist das Hören.« So gesehen ist es nicht verwunderlich, dass ein Gedicht umso mehr beeindruckte, je besser der Vortrag war.

Der dichterische Vortrag ist nichts anderes als eine Art von Gesang. Das literarische Erbe der Araber strotzt von Hinweisen, die das bestätigen. Oft wurden die vortragenden Dichter mit singenden Vögeln verglichen, und die vorgetragenen Gedichte mit deren Gezwitscher. Ein berühmter Ausspruch

---

[1] Aus Basra, einer der bedeutendsten Prosaschriftsteller und Essayisten der Abbasidenzeit. Auf Deutsch liegt ein ausführlicher Querschnitt seines Werks in dem Band vor: *Arabische Geisteswelt*. Dargestellt von Charles Pellat auf Grund der Schriften von al-Gahis, Zürich 1967.

[2] Aus Tunis, war Jurist und Historiker und gilt als Begründer der zyklischen Geschichtstheorie. Auf Deutsch liegt von ihm vor: *Die Muqaddima*. Betrachtungen zur Weltgeschichte. Aus dem Arabischen von Alma Giese, München 2011. (Anm. d. Hrsg.)

bringt das, was wir meinen, auf den Punkt: »Der Gesang ist der Leitzügel der Dichtung.« Und bei Hassan Ibn Thabit (653–660)[3], dem sogenannten »Dichter des Propheten«, heißt es in einem ebenfalls berühmten Vers:

> *Singen sollst du, wenn du ein Gedicht aufsagst –*
> *Gesang ist die Arena der Dichtung!*

Hier offenbart sich uns die organische Verbindung zwischen Dichtung und Gesang in der vorislamischen Zeit, und man versteht, was gemeint ist, wenn al-Marzubani (910–994)[4] sagt: »Die Araber maßen die Dichtung am Gesang«, oder: »Der Gesang ist die Waage der Dichtung«. Ibn Raschiq[5] zufolge war der Gesang der Ursprung von Reim und Versmaß. Weiter führt er aus, Versmaße seien die Fundamente der Melodien und Gedichte die Stimmgabeln für den richtigen Ton. Den deutlichsten Beweis dafür, dass Dichtung für die vorislamischen Araber Rezitation und Gesang in einem bedeutete, liefert das »Buch der Lieder« des Abu l-Faradj al-Isfahani (897–967)[6], welches in 21 Bänden vorliegt und mit dessen Niederschrift er fünfzig Jahre zubrachte.

Ibn Khaldun geht diesem Phänomen auf den Grund, in-

---

[3] Dichter aus Medina, schrieb nach seiner Bekehrung Gedichte auf Mohammed.

[4] 910–994, aus Bagdad, Sprachgelehrter und Biograph.

[5] 1000–1063, Hofdichter in Kairouan, einer der wichtigsten arabischen Literaturkritiker und Theoretiker der Poetik.

[6] Bagdad, Verfasser des enzyklopädischen »Buchs der Lieder«, einer Sammlung von Geschichten und Anekdoten, häufig über Dichter und ihre Verse. Auf Deutsch liegt folgende Auswahl vor: Abu l-Faradsch: *Und der Kalif beschenkte ihn reichlich.* Aus dem Arabischen von Gernot Rotter, Tübingen 1977.

dem er sagt: »Der Gesang galt schon in alten Zeiten als Kunstgattung, denn er war eng mit der Poetik verbunden, ja er war deren melodische Ausgestaltung. Mit ihm beschäftigten sich in ihrem Bemühen, sich die Methoden der Dichtung und ihrer Disziplinen anzueignen, auch die herausragendsten Dichter und Gelehrten des Abbasidenreichs.« An weiterer Stelle definiert er den Gesang als »melòdische Ausgestaltung von Gedichten, deren Versmaß sich daraus ergibt, dass man die Laute in regelmäßige Intervalle einteilt.«

Was den dichterischen Vortrag selbst anbelangt, so unterlag dieser in vorislamischer Zeit besonderen Traditionen, die auch in den nachfolgenden Epochen noch Bestand haben sollten. So pflegten manche Dichter beispielsweise im Stehen zu rezitieren. Andere lehnten es stolz ab vorzutragen, solange man ihnen keine Möglichkeit zum Sitzen bot. Wiederum andere machten Bewegungen mit den Händen oder dem ganzen Körper, so wie al-Khansa' (gestorben ca. 644)[7], die, wie es in den Überlieferungen heißt, »ekstatisch hin und her schwankte und dabei den Blick gesenkt hielt«. Daran lässt sich sehen, wie es in der Mündlichkeit zu einem Zusammentreffen von stimmlicher und körperlicher bzw. von sprachlicher und gestischer Wirkung kommt.

Einige Dichter trugen während der Rezitation ihrer Gedichte elegante, speziell dafür vorgesehene Kleidung, so als wäre der Vortrag eine Hochzeitsfeier oder ein religiöses Fest. Auch in späteren Epochen gab es solche, die sich nach Art der vorislamischen Dichter kleideten – dabei die ungebrochene Verbindung zwischen Gegenwart und Vergangenheit betonend.

Einer der Dichter, die in vorislamischer Zeit für die exzel-

---

[7] Besonders für ihre Trauerlyrik berühmte, frühislamische Dichterin.

lente Qualität ihres Vortragsstils bekannt waren, war al-A'scha, der vom Kalifen Mu'awiya (605–680)[8] »Zimbel der Araber« genannt worden sein soll. Für diese Bezeichnung existieren die unterschiedlichsten Erklärungen: Eine besagt, er habe »sein Publikum durch seinen genuin arabischen Vortragsstil in Begeisterung versetzt«; eine andere, er habe seine Verse hymnisch vorgetragen; eine weitere, seine Dichtung sei von den Arabern oft gesungen worden. Oder es wird die Qualität seiner Dichtung oder seines Vortragsstils gerühmt. All diese Erklärungen stellen eine Verbindung zwischen Dichtung, Rezitation und Gesang her. Darauf zielt auch ein Ausspruch von al-Farazdaq (640–728)[9] ab, den er an den Dichter 'Abbad al-'Anbari richtete, nachdem er dessen Vortrag gehört hatte: »Dein Vortragsstil lässt die Verse in meinem Geiste noch schöner erscheinen.«

5

Der dichterische Gesang *(naschid)* war wie ein Körper mit Versmaß, Rhythmus und Melodie als dessen Gliedmaßen. Von seiner gesanglichen Beherrschung hing ab, was für eine Wirkung er auf das Gehör ausübte. Der *naschid* war eine stimmliche Kunstfertigkeit, die eine andere sich mit ihr ergänzende Fertigkeit erforderte, nämlich die Kunst des Zuhörens. Jene Beherrschung erwuchs aus einer schrittweisen Herausbildung spezieller rhythmischer Strukturen.

---

[8] Vierter Kalif nach Muhammads Tod und Begründer der Umayyadendynastie in Damaskus, das er zur Hauptstadt seines Reichs machte.

[9] Aus Basra, berühmter satirischer Dichter.

Die meisten Gelehrten sind der Ansicht, dass Rhythmus in vorislamischer Zeit zum ersten Mal in jener Art von Reimprosa auftrat, die man *sadj'* nannte. Demnach wäre die Reimprosa die früheste Form der vorislamischen oralen Dichtung, im Sinne einer lyrischen Sprache mit einem einheitlichen Muster. Dem folgte der *radjaz*, welcher entweder – wie der *sadj'* – aus nur einem Halbvers, aber mit einem Versmaß aus regelmäßigen rhythmischen Einheiten, gebildet wurde oder aber aus zwei Halbversen. Die Qaside war die Vollendung der rhythmischen Entwicklung. Sie bestand aus zwei gleich langen, metrisch gebundenen Halbversen, die an die Stelle von zwei gleich langen Sätzen in Reimprosa traten.

Die Wurzel des Wortes *sadj'* verweist auf ›Gurren‹ und ›Gesang‹. Man sagt: *sadja'at al-hamama* (»Die Taube gurrte«; sie machte also mit ihrer Stimme ein Geräusch des Werbens und des Frohlockens), und: *sadja'at al-naqa* (»Die Kamelstute gab sehnsuchtsvolle, in die Länge gezogene Laute von sich«). Die Laute der Taube ähneln denen der Kamelstute in ihrer Dauer und Gleichförmigkeit. Dadurch erklärt sich, dass *sadj'* auch ›gleichförmiges Voranschreiten‹ bedeutete. Der Ausdruck wurde so zu einem Terminus in der Rhythmik, und das Verb *sadja'a* bekam den Sinn ›in gereimter Form sprechen, wie in Gedichten, aber ohne Metrum‹. Das Verbalnomen *sadj'* nahm die Bedeutung ›Gleichmäßigkeit, Regularität, sprachliche Ähnlichkeit‹ an, in dem Sinne, dass jedes Wort im Satz dem ihm korrespondierenden Wort ähnelt.

Die *sadj'* genannte Reimprosa existierte, von der Technik her gesehen, in drei Varianten:

1. Beide Teile haben die gleiche Gewichtung und die gleiche Länge, wobei sich die Endreime lautlich jeweils exakt entsprechen. Diese Variante wird Doppelung genannt.

2. Jedes der Wörter in einem der beiden Teile reimt sich mit dem ihm korrespondierenden Wort des jeweils anderen Teils.

Diese Form der Reimprosa ist den Rhetorikern zufolge die beste, sofern sie nicht übertrieben wirke.

3. Die Teile sind gleichwertig, wobei die Endreime aus artikulatorisch ähnlich gebildeten, aber nicht unbedingt identischen Lauten bestehen.

Wie allgemein bekannt, erlebte die Reimprosa in frühislamischer Zeit einen Niedergang und wäre beinahe verschwunden. Möglicherweise lässt sich dies, wie man vermutet hat, auf seine Verbindung mit Wahrsagerei und der Figur des Wahrsagers in vorislamischer Zeit zurückführen. Der Prophet Mohammed soll ihn gemäß einem von ihm überlieferten Ausspruch sogar untersagt haben: »Hütet euch vor der Reimprosa der Wahrsager!« Angeblich verbannte er ihn auch aus Gebeten und Ansprachen, wegen seiner Ähnlichkeit mit dem, was die Wahrsager bei ihren Vorhersagen prophezeiten.

Dennoch trat die Reimprosa in darauffolgenden Epochen wieder in Erscheinung. Man verwendete sie vor allem für die literarische Prosa in Ansprachen, Briefen und Makamen[10]. Dieser Gebrauch nahm in späterer Zeit dermaßen übertriebene und gekünstelte Ausmaße an, dass sie nur noch zu einer sinnentleerten Form wurde.

Die Qaside ihrerseits besteht aus Halbversen. Man verwendet das von derselben Wurzel abgeleitete Verb *qasada* in Sätzen wie: »Er brach das Rohr in zwei Hälften.« Die Bezeich-

---

[10] Gereimte arabische Kunstprosa. In Übersetzung von Friedrich Rückert mit nachgeahmter Reimprosa liegt vor: al-Hariri: *Die Verwandlungen des Abu Seid von Serug*, Leipzig 1988.

nung ›Qaside‹ käme also demnach nicht von *qasd* in der Bedeutung ›Absicht, Ziel‹, bezöge sich also nicht auf den Inhalt des Gedichts, sondern auf dessen äußere, in zwei Halbverse geteilte Form. Ibn Khaldun glaubt jedoch im Unterschied dazu, die Bezeichnung ›Qaside‹ rühre daher, dass deren Verfasser – um zu seinem »Ziel« *(qasd)* zu gelangen – von einem Kunstgriff zum nächsten übergehe, von einem Thema *(maqsud)* zum anderen, indem er das erste Thema und seine Aspekte so lange bearbeite, bis es zu dem zweiten Thema passe. Al-Djahiz gibt eine andere Erklärung: Die Qaside sei so genannt worden, »weil deren Verfasser sie mit seinem Verstand geschaffen hat, und weil er eine Absicht damit verfolgt […] und sich um deren Verschönerung bemüht.«

Die Qaside war die in der Poetik vorherrschende Form, möglicherweise weil sie es am besten vermochte, den seelischen Bedürfnissen gerecht zu werden, und weil sie am besten für das Singen und Rezitieren geeignet war.

Die Tatsache, dass der Vers in der Qaside eine unabhängige Einheit für sich darstellt, geht, wie wir meinen, auf Gegebenheiten der Rezitation und des Gesangs zurück sowie auf Gegebenheiten, die mit der akustischen Rezeption in Verbindung stehen, nicht jedoch auf die arabische Mentalität, wie einige behaupten, denen zufolge es sich um eine am Teilaspekt und nicht am Ganzen interessierte Mentalität handele.

Es sei auch betont, dass der Reim in der Qaside in erster Linie eine rezitatorisch-musikalische Funktion erfüllte. Zu seinen Bedingungen gehörte es, dass man ihn nicht um seiner selbst willen einsetzte. Vielmehr sollte er sich organisch in die Komposition des Verses einfügen und mit dessen Versmaß und Sinn übereinstimmen. Der Reim hatte also eine ganz zentrale Stellung, war nicht einfach eine Hinzufügung oder ein Lückenfüller. Das Versende, welches als Reim in den nachfolgenden Versen zu wiederholen war, umfasste sowohl Konsonanten als auch Vokale. Beispielsweise sollte es der Dichter vermeiden, Endungen mit -i und Endungen mit -u aufeinander folgen zu lassen. Ebenso war darauf zu achten, nicht dasselbe Reimwort ein weiteres Mal im Laufe des Gedichts zu verwenden, und es nicht mit dem darauffolgenden Vers zu verknüpfen. All diese Bedingungen betonten die in erster Linie rezitatorisch-musikalische Funktion des Reims. Es handelte sich bei diesem also um stimmlich-rhythmische Einheiten und nicht um eine bloße Ansammlung von Konsonanten und Vokalen. Deshalb war es notwendig, dass sich die wiederholten Konsonanten ähnelten und dass man besonders auf den ihnen nachfolgenden Endvokal achtete, denn von diesem wurde der Ton getragen. Auf diese Weise verlieh der Reim dem Vers, und damit der ganzen Qaside, eine harmonische und symmetrische Dimension, welche eine seelische, musikalische und zeitliche Regelmäßigkeit gewährleistete.

6

Die Besonderheiten der vorislamischen dichterischen Mündlichkeit dienten in den nachfolgenden Epochen den meisten Kritikern und Theoretikern der arabischen Dichtung als Grundlage, ja sie bahnten überhaupt erst einer Beschäftigung mit ihr den Weg. Daraus gingen Kriterien und Regeln hervor, die nach wie vor maßgeblich sind – nicht nur für das dichterische Schreiben, sondern auch für die damit verbundenen ästhetischen, ideellen und epistemologischen Ansätze.

Eine erschöpfende Untersuchung all dieser Aspekte würde

eine detaillierte Geschichte der arabischen Poetik erfordern. Deshalb beschränke ich mich hier auf folgende drei Aspekte, die für den Zweck dieser Studie am relevantesten sind: die Flexion, das Metrum und die auditive Rezeption.

7

Zunächst sei darauf hingewiesen, dass die Araber eine Systematisierung der vorislamischen dichterischen Mündlichkeit erst zu einer Zeit unternahmen, als eine gegenseitige Beeinflussung zwischen arabisch-islamischer Kultur einerseits und griechischer, persischer und indischer Kultur anderseits bereits begonnen hatte. Ziel war es, die rhetorischen und musikalischen Besonderheiten der arabischen Dichtung, durch welche sie sich von der Dichtung anderer Nationen unterschied, hervorzuheben, zu pflegen und in der dichterischen Praxis anzuwenden. Dadurch sollte die Identität der arabischen Dichtung und die des arabischen Dichters betont werden.

Das Streben, sich von anderen abzuheben und auf die eigene Besonderheit zu pochen, war bestimmend für das geistige Schaffen der Araber während jener Epoche der gesellschaftlichen und kulturellen Symbiose von Arabern und Nicht-Arabern. Dies galt vor allem für Basra, das damalige kulturelle Zentrum des Abbasidenreichs, den »Mittelpunkt der Erde und Herz der Welt«, wie ein arabischer Historiker die Stadt einst nannte. Unter ihren Bewohnern waren fremde Akzente und Abweichungen von der Sprachnorm weit verbreitet. Die Perser hatten aus ihrer Sprache Lehnwörter und ein paar grammatische Regeln ins Arabische eingeführt, von der Verbreitung ihrer Musik ganz abgesehen. Taha Husain

(1889–1973)[11] fasst die damalige kulturelle Situation als eine Mischung folgender Elemente zusammen: »einer rein arabischen Kultur, die sich zum einen auf den Koran und die mit ihm verbundenen religiösen Wissenschaften, zum anderen auf die Dichtung und in diesem Zusammenhang auch auf Grammatik und Sprache stützte; einer hellenistischen Kultur, deren Grundlagen Medizin und Philosophie waren; und einer orientalischen Kultur, die sich aus Einflüssen der Perser, der Inder und der semitischen Kulturen Mesopotamiens speiste«.

In diesem Milieu also etablierte man ein Regelwerk für den Sprachgebrauch, da man fürchtete, dass das fehlerhafte Sprechen bis in den Koran und in die Hadithe[12] vordringen könne. Poetische Versmaße wurden festgelegt, um die Rhythmik der Dichtung zu bewahren und um sie von den Versmaßen und Rhythmen der Griechen, Aramäer, Perser und Inder zu unterscheiden. Ebenso wurden Regeln für die Komposition, die Wertschätzung und die Überlieferung von Dichtung aufgestellt.

8

Ibn Khaldun legt in seiner Muqaddima dar, wie die sprachliche und dichterische Mündlichkeit in ein System von Regeln integriert wurde. Ihm zufolge hätten die alten Araber die Dichtung so rezitiert und gesungen, wie es ihrem Talent und ihrer Veranlagung entsprochen habe, ohne dass sie dafür ir-

---

[11] 1889–1973, Ägypten, einer der bedeutendsten arabischen Autoren und Kritiker des 20. Jahrhunderts. Auf Deutsch liegt seine Autobiographie vor: *Kindheitstage*. Übersetzt von Marianne Lapper, Berlin 1962.

[12] Überlieferte Berichte von den Aussprüchen und Taten des Propheten und damit eine der zentralen Grundlagen des islamischen Rechts.

gendwelcher Regeln bedurften. Sie hätten sich ganz auf ihren Geschmack und ihr Gefühl verlassen. Da der Hörsinn der Vater der Zungenfertigkeiten sei, und sich die sprachliche Kompetenz der Araber durch »das, was sie von arabisierten Nicht-Muttersprachlern, mit denen sie sich in den Städten vermischt hatten, an sprachlichen Abweichungen hörten«, verändert habe, fürchteten die arabischen Gelehrten, »dass jene Kompetenz degenerieren und sich der Koran und die Hadithe im Laufe der Zeit ihrem Verständnis verschließen könnten. Also leiteten sie aus dem Sprachgebrauch allgemeingültige Gesetze ab, gleichsam Universalia und Grundprinzipien. Auf diese Weise klassifizierten sie alle Arten von sprachlichen Äußerungen und stellten Analogien her. Beispielsweise stellten sie fest: Das Subjekt des Verbs wird mit der Vokalendung -u vokalisiert, das Objekt mit einem -a, das Subjekt eines Nominalsatzes mit -u. Sie erkannten also, dass mit der Veränderung der Vokalendungen auch semantische Veränderungen einhergingen. Für diese Flexion prägten sie den Terminus *i'rab* (›Ausdruck‹; eigentlich: ›eine arabische Form geben‹) und für das die Veränderung bedingende Wort den Terminus *'amil* (›Agens‹, ›Regens‹), um nur einige Beispiele zu nennen. Aus all dem entwickelte sich schließlich eine spezifisch arabische Fachterminologie, die man schriftlich festhielt und zu einer eigenen, *nahw* (›Grammatik‹) genannten Disziplin entwickelte.«

Als erster Grammatiker trat Abu l-Aswad al-Du'ali in Erscheinung. Sein Werk wurde überarbeitet und ergänzt von al-Khalil (718–791)[13], welcher auch ein eigenes linguistisches Traktat verfasste mit dem Ziel, die sprachlichen Normen zu bewahren. Er fürchtete, dass diese verloren gehen könnten und

---

[13] Basra, berühmter arabischer Sprachgelehrter, gilt als Begründer der arabischen Metrik.

»daraus eine Unkenntnis des Korans und der Hadithe resultieren würde«. Das Werk trägt den Titel *Kitab al–'ayn* (›Buch der Quelle‹). In ihm sind alle im arabischen Wortschatz existierenden Konsonantenverbindungen aufgeführt, geordnet nach solchen mit zwei, drei, vier oder fünf Wurzelkonsonanten – wobei Letztere die längst mögliche Kombination von Konsonanten in der arabischen Sprache darstellen.

Abu l-Aswad al-Du'ali (605 – 688) war der Erste, der im Koran den *i'rāb*, also die Kasusendungen, durch Vokalzeichen festlegte. Es wird überliefert, er habe einen Schreiber kommen lassen und ihm aufgetragen: »Wenn du siehst, dass ich beim Lesen eines Buchstabens den Mund öffne (also ein ›a‹ artikuliere), dann mach einen Punkt über diesem. Wenn ich meinen Mund schließe (also ein ›u‹ artikuliere), dann mach einen Punkt auf der Linie des Buchstabens. Wenn ich ein ›i‹ artikuliere, dann mach den Punkt unter dem Buchstaben.« Diese Punkte dienten als frühe Flexionszeichen und wiesen den Menschen den Weg zu einer richtigen Lesart des Korans.

Später führte Nasr Ibn 'Asim al-Laithi (7. Jahrhundert) mit dem sogenannten *i'djam* eine weitere Art von Punktierung ein. Er ordnete die Konsonanten nach Gruppen entsprechend ihrer formalen Ähnlichkeit. Um formgleiche Buchstaben voneinander zu unterscheiden, verwendete er Unterscheidungszeichen, die entweder aus einem oder zwei Punkten bestanden und mal über dem Buchstaben und mal darunter stehen konnten. Somit zielte der *i'rab* auf die Unterscheidung der Satzteile nach ihrer syntaktischen Funktion ab, während der *i'djam* die Unterscheidung formal ähnlicher Buchstaben zum Ziel hatte.[14]

---

[14] In frühen Koranmanuskripten werden bestimmte Konsonanten noch nicht unterschiedlich geschrieben, so dass sich eine große

Al-Khalil vollendete die Arbeit des al-Du'ali, indem er den Kurzvokal ›a‹ durch ein kleines, zur Seite geneigtes *alif* symbolisierte (d. h. einen kurzen Strich), den Kurzvokal ›u‹ durch ein kleines, ebenfalls zur Seite geneigtes *waw* (d. h. eine kleine Schleife), den Kurzvokal ›i‹ durch ein *ya'* (d. h. einen Haken), welches schließlich einen seiner Bestandteile verlor und unter den Buchstaben gesetzt wurde. Auch führte er das *hamza* (Symbol für den Stimmabsatz), das *taschdid* (Symbol für die Konsonantenverdopplung) und das *idgham* (Kontraktion zweier Buchstaben) ein. Erstmals verwendete er die Kurzvokalzeichen auch in der Mitte des Worts als Aussprachehilfe.[15] Dies war der Ausgangspunkt seines Interesses für die Musikalität der Wörter.

Die grammatischen Studien des al-Khalil beschäftigten sich mit den Wurzeln, dem Aufbau und der Vokalisierung der Wörter; mit den Buchstaben und ihren entsprechenden Lauten, isoliert und in Kombination; sowie mit etymologischen Fragen. Anders gesagt, er untersuchte die Worteinheiten zum einen isoliert voneinander, um ihre allgemeine morphologische Struktur im Arabischen zu erschließen, zum anderen im Satzzusammenhang im Hinblick auf ihre semantische Funktion. Er gilt als ein Begründer der Phonetik, indem er das Wort als eine Gruppe von Lauten betrachtete.[16] Sein musikalisches Gespür spielte eine zentrale Rolle

---

Mehrdeutigkeit ergab, der die Kennzeichnung verschiedener Konsonanten durch Punkte darüber oder darunter abhalf.

[15] Man kann viele arabische Wörter oft nur mit Hilfe dieser Vokalzeichen richtig aussprechen, da die arabische Schrift eine reine Konsonantenschrift ist.

[16] Über al-Khalil wird berichtet, er habe sich in vielen Disziplinen hervorgetan, darunter Gesang und Rhythmik, Theologie und Dialektik, Schach und Backgammon. »Er war in der Tonlehre kundig

bei der Bestimmung der phonetischen Artikulationsstellen und bei der Differenzierung zwischen den Lauten. Dies ermöglichte es ihm, Lautmuster für Verben und Nomina zu bestimmen und poetische Versmaße zu etablieren.

9

Die von al-Khalil vorgenommene Herleitung und Klassifizierung der poetischen Versmaße war zweifellos eine kreative Leistung, die nicht nur sein tiefes Gespür für Musikalität offenbart, sondern auch seine außerordentlichen analytischen Fähigkeiten. Im »Großen Buch der Musik« des al-Farabi (870–950)[17] finden wir eine Bestätigung dessen, legt doch al-Farabi die elementare Verbindung zwischen Dichtung und Musik dar – auf eine präzise und theoretisch fundierte Weise, die für das Verständnis des fundamentalen Werks des al-Khalil und die Würdigung seiner Pionierleistung von großem Nutzen ist.

Nach al-Farabis Auffassung gehen Dichtung und Musik auf ein gemeinsames Genre zurück: Beide würden bestimmt von Komposition, Metrum und der Relation zwischen Dy-

und verfasste darüber ein Werk. Sein Wissen über die Töne und ihre Positionen führte ihn zur Beschäftigung mit der Prosodie. […] Über Musik und Rhythmik verfasste er ebenfalls eine Abhandlung, mit dem Titel *Tarākib al-Aswāt* (›Strukturen der Laute‹).« [Anm. von Adonis]

[17] Bagdad, einer der bedeutendsten arabischen Philosophen, auch als Musiktheoretiker hervorgetreten. Auf Deutsch liegt unter anderem die staatsphilosophische Schrift vor: *Die Prinzipien der Ansichten der Bewohner der vortrefflichen Stadt.* Aus dem Arabischen übersetzt von Cleophea Ferrari, Stuttgart 2009.

namik und Ruhe. Der Unterschied zwischen den beiden bestehe jedoch darin, dass in der Dichtung die Wörter gemäß ihrer Bedeutung, in rhythmisierter Form und unter Befolgung der grammatischen Regeln der Sprache angeordnet seien. Die Musik hingegen zeichne sich dadurch aus, dass sie die rhythmisierte Sprache gemäß ihren eigenen Methoden der Komposition adaptiere und sie in Form von quantitativ und qualitativ aufeinander abgestimmten Tönen wiedergebe.

Al-Farabi fährt fort: Da das Verfassen von Dichtung und gereimter oder metrischer Prosa im Allgemeinen älter als das Komponieren von Melodien sei; da Dichtung schon gesungen vorgetragen worden sei, bevor es Versmaße gegeben habe; und da Musikinstrumente erst später als der Gesang entstanden seien, stünden Musik und Dichtung nicht nur in einer rein sprachlichen, sondern in einer ganz speziellen Beziehung. Wenn Sprechen allein zum Zwecke der Kommunikation erfolge, lösten die Worte beim Adressaten nicht viel mehr als das Gefühl aus, verstanden zu haben, was gemeint sei. In diesem Falle hätten die einzelnen lautlichen Einheiten dieselbe Artikulationsdauer wie im normalen Sprechakt. Wenn nun aber die Einheiten in eine andere Relation zueinander gebracht würden, indem die Vokale innerhalb des Wortes gedehnt und dessen Silben mit unterschiedlicher Intensität und Gewichtung gesprochen würden, dann nehme man sie auf eine Weise wahr, die das Zuhören erst zu einem Genuss mache. Dann riefen sie beim Zuhörer eine größere Aufmerksamkeit hervor und übten einen stärkeren Einfluss auf ihn aus. Wörter auf diese ungewohnte Weise zu artikulieren erfordere ein Zusammenspiel von Sensibilität und Imaginationskraft, um den richtigen metrischen Rhythmus zu finden, der die Bestandteile der Wörter zu verbinden und deren Auseinanderdriften zu verhindern vermöge. Dies geschehe, indem man zum Zweck der melodischen Gestaltung ihre Vokale dehne, kürze oder ganz elidiere. Da eine durch Melodie – also durch Versmaße – gebundene Sprache in den Bereich der Linguistik falle, wiesen die Melodien je nach Sprache und deren artikulatorischen und kompositorischen Methoden spezifische Ausprägungen und Unterschiede auf.

Hier stoßen wir auf das Hauptmotiv für die Verwendung von Versmaßen, wie es auch von al-Khalil postuliert wird: Es gehe darum, der arabischen Dichtung und Musik einen unverwechselbaren Charakter gegenüber denen anderer Sprachen zu verleihen. So gesehen ist das Versmaß mit einem Instrument, einem methodischen Prinzip zu vergleichen und stellt gewissermaßen eine Antwort auf die persischen und indischen Musikinstrumente dar, welche sich seit dem späten siebten Jahrundert in der islamisch-arabischen Gesellschaft zu verbreiten begannen. Für das Postulieren einer Sonderstellung bezieht man sich vor allem auf die für die arabische Sprache bezeichnende Verbindung von Lautbild und sprachlicher Funktion der einzelnen Morpheme, dank deren sich das Arabische hervorragend für die dichterische Komposition eigne und dafür, die einzelnen Laute in eine melodisch adäquate Form zu gießen.

Al-Farabi zufolge entspricht Musik, die von poetischem Ausdruck durchdrungen ist, ganz und gar ihrer natürlichen Bestimmung und nimmt hinsichtlich Wirkung und visionärer Kraft den ersten Rang ein. Deshalb seien ihr die Araber – und die orientalischen Kulturen im Allgemeinen – außerordentlich zugetan, liege sie doch in der Natur des Menschen. Sie verschaffe ihm Genuss, Ruhe und Wohlklang, rege seine Phantasie und seine Vorstellungskraft an und fördere seine emotionalen und kontemplativen Fähigkeiten.

Da perfekte Melodien diejenigen seien, die mit der menschlichen Stimme hervorgebracht würden – also mit dem natürlichen, aus den Stimmbändern emporsteigenden Gesang –, und da die Dichtung in gewisser Weise ebenfalls diesen Stimmbändern entspringe, so sei die Verbindung von Dichtung und Musik ganz natürlich. Anders gesagt, die perfekten Melodien sind diejenigen, die aus der dichterischen Sprache hervorgehen und deren Zweck es ist, seelisches Wohlbefinden zu verschaffen, aber auch Genuss, Sensibilität, Phantasie und Vorstellungskraft zu steigern.

Al-Farabi unterteilt diese Melodien in drei Kategorien, analog zu den Unterteilungen des dichterischen Ausdrucks: Die erste nennt er ›die stark Machende‹, die die Seele stärke und ihre Emotionen noch intensiver hervortreten lasse; die zweite ›die weich Machende‹, die der Seele Sanftmut und Weichheit verleihe; die dritte ›die Ausgleichende‹, die die Seele in ein Gleichgewicht zwischen Stärke und Weichheit bringe und ihr im Zuge dessen Ruhe und Stabilität ermögliche.

Weiter fügt al-Farabi hinzu: »Da aus den Emotionen und Phantasien der Seele eine Reihe von moralischen Haltungen und Handlungen erwachsen, kommt diesen perfekten Melodien eine positive Wirkung auf Gesellschaft und Moral zu. Sie veranlassen die Zuhörer zu einem Handeln, das den in sie gesetzten Erwartungen gerecht wird, und dazu, sich alle erdenklichen mentalen Stärken anzueignen, wie etwa Weisheit und Kenntnis der Wissenschaften.«

Den Rhythmus definiert al-Farabi als ein »Muster, welches die Melodie in Zeitintervalle von klar definierter Länge und Proportion unterteilt«. Dadurch würde eine Verbindung zwischen den einzelnen Teilen der Melodie hergestellt und ließen sich jeweils die betont und unbetont zu artikulierenden Elemente bestimmen. Die Rhythmuslehre zeichnet sich also durch besondere Methoden der Klangkomposition aus, bei welchen es auf die Anzahl betonter und unbetonter Silben ankommt.

Damit bestätigt sich, dass das Metrum ein Instrument oder ein Prinzip ist, eine spezifische rhythmische bzw. gesangliche Modalität, welche die Elemente einer Melodie einem bestimmten Arrangement unterzieht. Der Vers ist al-Farabi zufolge »nur durch die in der jeweiligen Sprechergruppe vorherrschende Praxis definiert«. Im Falle des Arabischen ist er »eine Äußerung, die einem vollkommenen Metrum unterliegt«. So sind der Vers und jene Modalität lyrisch-rezitative Konventionen, die mit der vorislamischen Mündlichkeit eng verbunden sind.

10

Ich wende mich nun dem dritten der in Kapitel sechs genannten Aspekte zu, nämlich der Beziehung zwischen der dichterischen Mündlichkeit und dem Akt des Hörens. Dieser Beziehung ist es zuzuschreiben, dass das Interesse der poetischen Studien um das Prinzip des Hörens und um die Verbindung zwischen der Dichtung und ihrer Zuhörerschaft kreiste. Eine solche Betrachtungsweise setzt voraus, dass der vorislamische Dichter nicht für sich selbst dichtete, sondern für andere – jene, die seine Dichtung über das Hören rezipierten, um von ihr ergriffen zu werden. Deshalb wurde die Eignung zum Dichtertum an der Fähigkeit des Dichters gemessen, etwas zu schaffen, was den Zuhörer tief in seiner Seele berührte. Der Dichter war also geradezu besessen von dem Streben, die passenden Worte zu finden für das, was seinem Publikum auf der Seele brannte – war doch das Niveau seiner dichterischen Ausdruckskraft davon abhängig, inwieweit der Zuhörer seine Sprache verstehen konnte. Das, was diesem auf der Seele brannte, war im Grunde genommen Teil des gemeinsamen Horizonts, und in seinem Verstehen spiegelte sich ganz einfach der allgemein verbreitete Geschmack wider. Das, was Dichtung auszeichnete, war nicht in den Aussagen oder Feststellungen des Dichters zu finden, sondern – wie al-Djurdjani es ausdrückt – in der »Art und Weise dieses Feststellens«. Die Poetizität ergab sich dabei aus der Intensität der Wirkung auf den Zuhörer.

So wurde die Dichtung von den Kritikern danach beurteilt, inwieweit sie es vermochte, den sogenannten *tarab* hervorzurufen, also einen Zustand der musikalischen Verzückung. Grundlage der Poetizität war eine Ästhetik der auditiven Vermittlung und des In-Verzückung-Setzens. Diese wurde unter politischer und ideologischer Einwirkung zu einer Art propagandistischer Ästhetik umfunktioniert, insofern als die Dichtung zu einer Redekunst wurde, die auf ihre ganz eigene Weise auf die Stimmungen der Menschen einzuwirken vermochte – entweder in Form von überschwänglichen Lobeshymnen oder von Schmähungen, Zuckerbrot oder Peitsche.

Diese Ästhetik verlangte vom Dichter auf der Ebene der Semantik die Vermeidung von »abseitigen Anspielungen, obskurem Fabulieren und mehrdeutigen Suggestionen«. Er sollte sich vielmehr »das Gegenteil davon zum Ziel machen« und »Metaphern verwenden, die der Realität nahekommen, statt sich von dieser zu entfernen«, schrieb etwa Ibn Tabataba. Zumal die dichterische Sprache – ob realistisch oder metaphorisch – auf Nützlichkeit ausgerichtet sein müsse.

Solche Ansichten führten letztendlich zur Trennung zwischen Dichtung und Denken. Al-Djahiz geht in seiner Betonung dieser Trennung sogar so weit, die Dichtung als Antithese zum Denken zu betrachten. Ihm zufolge sei dichterischer Ausdruck verständlich, ohne dass man dazu des Denkens oder der Interpretation bedürfe.

Diese Trennung der Dichtung vom Denken ließ die Ästhetik der vorislamischen Dichtung noch stärker in den Vordergrund treten und ging mit einer Präferenz für das »reine« Beduinentum gegenüber der »bastardisierten« urbanen Welt einher sowie mit der Verankerung eines bestimmten Bilds von Dichtung, nämlich dem gesanglich-rezitativen. Vielleicht kann dies erklären, warum die Philologen dem Begriff der Natürlichkeit *(badaha)* in der Dichtung, welcher als Synonym für Spontaneität und Instinkt und als Antonym für elaborierten Stil *(tahbir)* und Artifizialität gilt, eine so große Bedeutung beimaßen.

Auf der formalen Ebene erfordert jene Ästhetik Ausdrücke von musikalischem Wohlklang, wodurch die Poetik als die »Dirigentin des Musikensembles« erscheint, wie al-Farabi es ausdrückt. Eine wohlklingende Melodie ist für ihn in diesem Zusammenhang eine, in der sich die Schönheit des Gehörten mit einer leicht zu verstehenden Aussage verbindet. Er schreibt jenen dichterischen Melodien, die den angenehmsten und gefälligsten Hörgenuss bieten, folgende Eigenschaften zu:

1. Sie sind ›rein‹: In ihnen ist nichts, was sie trübt, weder qualitativ noch quantitativ.
2. Lange Passagen werden mit »verwackelten«, changierenden Melodien unterlegt, um sie aufzubrechen.
3. Langgezogene Melodien sind ›weich‹ (sanft dahinplätschernd).

4. Manche Melodien erhalten eine ›emphatische‹ Note (durch Zusammenpressen der Lippen, wodurch Laute durch die Nase gesprochen werden).

5. Manche werden ›nasal‹ moduliert (indem einige Laute durch die Lippen und einige durch die Nase gesprochen werden).

6. Manche eilen ›flinken Schrittes‹ dahin.

7. Manche sind klar und deutlich akzentuiert.

8. Manche erhalten eine zusätzliche Emphase, indem sie aus der Brust heraus gebildet werden (insbesondere bei Melodien, die für Männerstimmen konzipiert sind).

Diese musikalischen Eigenschaften können nur in Verbindung mit einer einfachen, klaren, geschmeidigen, flüssigen, vokalreichen Sprache zur Geltung kommen. Denn Vokale sind diejenigen Laute, die am besten mit einer Melodie harmonieren und die einen Eindruck hinterlassen, der nicht abstößt, ein Gefühl erzeugen, das keinen Widerwillen hervorruft, wie al-Farabi es ausdrückt.

Von daher rügten die Kritiker die Verwendung von Elementen aus westlichen Sprachen in der Dichtung, ebenso wie die Verwendung von Wörtern, die schwer zu artikulierende Laute enthalten. Hingegen priesen sie den Gebrauch vertrauter Ausdrücke sowie leicht zu artikulierender und angenehm klingender Wörter. Denn durch solche könne das Gemeinte schneller erfasst werden. Al-Djahiz fasst die Position der Kritiker in dieser Frage folgendermaßen zusammen: »Ebenso sollten die Laute der Wörter und die einzelnen Verse der Dichtung harmonisch und glatt, geschmeidig und leicht sein ... auch zart und angenehm, flexibel angeordnet, leicht auf der Zunge; so als wäre der ganze Vers nur ein einziges Wort und als wäre das ganze Wort nur ein einziger Laut.«

Das ist es auch, was die folgenden Charakterisierungen von Sprachreinheit *(fasaha)* und Natürlichkeit besagen: »Die echten Beduinen verkörpern die vollkommene sprachliche Reinheit.« Natürlichkeit sei das, »was Araber und Nicht-Araber in ihrer Art sich auszudrücken voneinander unterscheidet« und was im Gegensatz zum elaborierten Stil – wie weiter oben erwähnt – stehe, einem Stil also, der sorgfältiges Bemühen und eine intellektuelle Herangehensweise erfordere. *Tahbir* sei den erst spät arabisierten Bevölkerungsgruppen und Städtern zu eigen, wie auch die Künstlichkeit; *badaha* und natürliche Begabung, die vorzüglichsten Merkmale der Dichtung, seien dagegen Eigenschaften der Beduinen. All dies mündete in die Formulierung künstlerischer Kriterien für die Dichtung, wie sie aus den Worten von al-Djahiz hervorgehen: »Die beste Art von sprachlicher Äußerung ist diejenige, deren Sinn sich bereits aus ihrer äußeren Form ergibt.«

Daraus ergaben sich eine Reihe von Bewertungsmaßstäben, wonach beispielsweise unterschiedliche Inhalte auch unterschiedliche Metren erforderten, weshalb man beim Dichten das zum jeweiligen Inhalt passende Versmaß auswählen müsse. Dies führte zum Postulieren einer engen Verbindung zwischen der Inhaltsseite und der Art des dichterisch-sprachlichen Ausdrucks. So bedürfen ernste oder leidenschaftlich-stürmische Inhalte langer Versmaße. Subtile, ruhige, scherzhafte oder tänzelnde Inhalte bedürfen dagegen kurzer und leichter Versmaße. Sogar die Bezeichnungen der Metren sind Anspielungen auf ihre Eigenschaften, wie zum Beispiel: ›der Lange‹, ›der Weiche‹ und so weiter.

Zu diesen Normen zählte auch der Grundsatz, dass der Reim wohlklingend und von angenehmer Tonalität sein müsse. Dies umso mehr, als der Reim gemeinsam mit dem Versmaß als unverzichtbares Charakteristikum der Dichtung galt;

und nur was über beides verfügte, verdiente den Namen Dichtung.

Ferner hatte der Dichter jeden Verstoß gegen das Prinzip der Musikalität zu vermeiden. Vor allem im Reim war darauf zu achten, keine Wörter mit Buchstaben, die als unmusikalisch galten, zu verwenden.

Eine weitere Notwendigkeit war es, die Qaside mit einer schön ausgestalteten Einleitung und einem entsprechenden Schluss zu versehen. Die Idee dabei war, dass ja das Erste, was dem Zuhörer zu Ohren kommt, der Beginn des Gedichts ist. Wäre dieser unästhetisch, dann würde ihm das Zuhören verleidet. Klingt er jedoch schön, dann wird er sich bereitwillig darauf einlassen und voller Vorfreude dem lauschen, was da kommt.

II

Zusammenfassend lässt sich sagen, dass in der arabisch-islamischen Gesellschaft vor allem in den ersten Jahrhunderten ihrer Entstehung der Blick auf das dichterische Schreiben durch die vorislamische Mündlichkeit vorgeprägt war. Die Qaside wurde als ein Wechselspiel von Appell und Reaktion betrachtet, als eine Dialektik wechselseitiger Aufforderungen zwischen dem dichterischen Ich und dem kollektiven Wir. Ganz so, als hätten sich die Gründe des vorislamischen Dichters für das Verfassen seiner Qaside und die der Stammesgemeinschaft für die Aufmerksamkeit, die sie ihm schenkte, von vornherein entsprochen. In diesem Sinne existierte kein Unterschied zwischen Dichtung und Leben: Das Leben war Dichtung und die Dichtung Leben. So erklärt sich die Kongruenz zwischen der Struktur der Qaside und der Dynamik

der Kommunikation sowie deren Wirkungskraft und Ziel-
richtung. Der Rhythmus war die Basis des dichterischen Ausdrucks in vorislamischer Zeit, denn von ihm ging eine vitale
Kraft aus, die das Ich mit dem Anderen verband. Ja er war der
Pulsschlag allen Lebens, der die Bewegungen der Seele mit
den Bewegungen des Körpers in Einklang brachte.

Durch ein Element unterschied sich die vorislamische
Dichtung rhythmisch fundamental von der Dichtung anderer
Völker: durch den Reim. So war dieser in der aramäischen,
alt-syrischen, hebräischen und griechischen Dichtung kein
solch zentrales Charakteristikum wie im Arabischen. Demzufolge betonten die frühen arabischen Kritiker, die Struktur
der vorislamischen Prosodie sei nicht auf Nachahmung der
Dichtung irgendeines anderes Volkes zurückzuführen, sondern sei ganz allein den Arabern eigen. Nach ihrer Ansicht
hatte sie mehrere Stadien durchlaufen, an deren Anfang jene
Wörter und Laute standen, mit denen der Kameltreiber seine
Tiere befehligte und die bereits eine Art von rhythmischer
Struktur aufzuweisen schienen; dann folgten die Kriegsgesän-
ge; und schließlich bildeten sich die *tafa'il* (Singular *taf'ila*)
genannten musikalischen Einheiten heraus. Die Einhaltung
des Reims beanspruchte eine besondere Aufmerksamkeit,
weil er entscheidend für die Bedeutung war und weil man ihn
als einen natürlichen Klang innerhalb des Verses betrachtete,
so wie die Geste das gesprochene Wort begleitet. Einige For-
scher sind der Ansicht, der Reim habe den Weg zum Versmaß
gewiesen, sei jener doch älter als Letzteres. Man kannte ihn
bereits in den verschiedenen Formen der Reimprosa. Die
vorislamischen Dichter begriffen instinktiv, dass es im Sinne
des Rhythmus unbedingt eine Übereinstimmung zwischen
den auf die Psyche einwirkenden Inhalten und der expressiven
Wirkung der Versmaße geben müsse, damit diese als Guss-

form für jene fungieren können. Auch müsse sich, wenn sich der Inhalt – und in dessen Folge die gedankliche Dynamik – ändere, zwangläufig auch das Versmaß ändern.

All dies zeigt deutlich, wie sehr die vorislamische Qaside durch die Charakteristika des dichterischen Gesangs und durch die Einheit von sprachlicher und physischer Bewegung geprägt war und wie facettenreich sie war – ein Amalgam unabhängiger und gleichzeitig miteinander verbundener Einheiten, nicht nur auf der Ebene der Gedichtabschnitte, sondern auch innerhalb selbiger auf der Ebene der einzelnen Verse. Auf der musikalischen Ebene zeichnete sich die Qaside durch ihre Klarheit und rhythmische Kraft aus, auf der kommunikativen Ebene durch ihre Kraft und ihre Wirkung und auf der Gedächtnisebene durch den Aspekt des Wiederholens und Auswendiglernens.

Dies hat einige zu der Ansicht gebracht, das Versmaß sei in der vorislamischen dichterischen Mündlichkeit keine von außen aufgestülpte Regel gewesen, nach der sich die dichterische Form habe richten müssen. Vielmehr sei die dichterische Form an sich schon in ihrer ganzen Essenz Versmaß gewesen. Andere sind der Meinung, dass das Zusammentreffen zwischen der Stimme des Dichters und dem Zuhörer nicht nur eine gemeinsame emotionale Erfahrung, sondern auch ein kollektives Fest gewesen sei.

12

Bei aller Vielfalt an Meinungen und Einschätzungen unter den Gelehrten besteht kein Zweifel daran, dass die vorislamische Dichtung die früheste Form der arabischen Dichtung war. Als solche schuf sie erstmals die Voraussetzungen für eine

Begegnung der arabischen Sprache mit dem Leben sowie für eine Begegnung der Araber mit sich selbst und mit der Außenwelt. Denn diese Dichtung war nicht nur eine sprachliche, sondern auch eine existentielle Praxis. In ihr manifestierte sich zum ersten Mal ein arabisches Geschichtsbewusstsein, und in ihr lagern weite Teile des kollektiven Unterbewusstseins der Araber. Wenn wir sie heutzutage lesen, erinnern wir uns daran, wie wir zum ersten Mal die Stimme erhoben, und lauschen den von der Geschichte und den Menschen angereicherten Klängen der Sprache. Diese Dichtung ist die erste künstlerische Inkarnation der Sprache, mit der wir sagen, wer wir sind, und mit der wir in der Finsternis des Unbekannten unseren Weg bahnen. Sie ist dabei nicht nur unser Urgedächtnis, sondern auch die Urquelle unserer Phantasie.

Heutzutage erleben wir allerdings eine umfassende Krise in unserem Verhältnis zu dieser Dichtung – eine Krise, die auf ebenjene genannten Interpretations- und Theorieansätze zurückzuführen ist. Denn diese hatten die für die mündliche Dichtung geltenden Charakteristika in Definitionen gegossen und sie zu absoluten normativen Regeln für die geschriebene Dichtung erhoben, denen zufolge keine Äußerung als Dichtung zu betrachten sei, wenn sie nicht über ein Versmaß gemäß der von al-Khalil definierten Methode der Mündlichkeit verfüge. Hatte sich doch diese Methode zu dem primären Unterscheidungsmerkmal von Dichtung schlechthin entwickelt. Jene Regeln sollten auf Dauer eine Trennwand zwischen Dichtung und Nicht-Dichtung bilden. Zu ihrer Zementierung hatte ein Klima der Regellastigkeit und Intellektualisierung sowie ideologischer Auseinandersetzungen zwischen Arabern und Nicht-Arabern während der ersten drei Jahrhunderte der islamischen Zeitrechnung beigetragen. Statt also das Metrum als Ergebnis der Kodifizierung eines rezitativ-gesanglichen Phänomens innerhalb einer bestimmten Form des Ausdrucks zu betrachten, ging man dazu über, es zu dem Kernelement jedweder Form von Dichtung zu stilisieren. Demzufolge näherte sich der vorherrschende Interpretationsansatz dem geschriebenen dichterischen Text, als wäre er ein mündlicher Text. Dabei wurde aus dem Bereich der Dichtung all das ausgeklammert, was Schriftlichkeit mit sich bringt: Kontemplation, Ergründung, Opazität, Reflektiertheit. Anders gesagt: Mündlichkeit ist spontane Artikulation, Schriftlichkeit hingegen bewusste Gestaltung. Dennoch wurden an die Schriftlichkeit dieselben Maßstäbe angelegt wie an die Mündlichkeit.

Somit hat man das Gefühl, dass es sich bei jenem kritischen Diskurs, welcher uns einst die vorislamische Dichtung erschlossen hatte und nach wie vor erschließt, um denselben Diskurs handelt, welcher sie uns heutzutage verschleiert.

13

Al-Khalil war ein Gelehrter auf den Gebieten der Grammatik, der Rhetorik und der Musik. Er betrachtete die Sprache als Struktur und System, erforschte die Musik der vorislamischen Dichtung und etablierte deren Versmaße mit ihren Regeln und Spielräumen. Sein Ziel war es nachzuweisen, dass auch die Araber über ihre eigene Musik mit urarabischen Merkmalen verfügten, insbesondere was Rezitation und Gesang betraf.

Bei alldem war sein Vorgehen das eines Gelehrten, der beschreibt und anschließend über das Beschriebene Theorien aufstellt. Seine Arbeit hatte für die Bewahrung der Sprache und der dichterischen Versmaße eine vergleichbare historische

Bedeutung wie die Werke anderer Autoren für die Überlieferung des Korans, der Hadithe und der diversen Ruhmestaten
der Araber.

Jedoch unterzogen spätere Generationen das Werk des al-
Khalil einer nationalistisch-ideologisch gefärbten Lesart und
erhoben es, obwohl es doch einen deskriptiven Ansatz verfolgt
hatte, in den Rang einer präskriptiven Norm – das alles unter
dem Einfluss der politisch, kulturell und ethnisch geprägten
Auseinandersetzungen zwischen Arabern und Nicht-Arabern. So wurde die dichterische Sprache in das Korsett eines
engmaschigen Regelwerks gezwängt, welches sie in ihrer Be-
wegungsfreiheit einschränkte und von kreativen Einflüssen
abschnitt.

Wenn wir heute Texte aus unserer dichterischen Vergangenheit lesen, dann nicht nur, um uns in die Perspektive al-
Khalils und seiner Nachfolger zu versetzen, sondern auch um
das zu sehen, was jenen verborgen blieb, was sie nicht sahen.
Wir können heute die Leerstellen und Widersprüchlichkeiten
herauslesen, die sie uns zurückließen. Widersprüchlichkeiten
vor allem deshalb, weil Kodifizierung und Normierung mit
der Natur der dichterischen Sprache unvereinbar sind. Denn
indem diese Sprache den Menschen in seiner Unbändigkeit,
seiner Leidenschaftlichkeit und seiner Widersprüchlichkeit
repräsentiert, bewahrt sie sich ihre Strahlkraft und ihre Selbsterneuerung. Sie ist stets eine Form des Durchbrechens von
Kodifizierung und Normierung. Sie ist die Suche nach dem
eigenen Selbst und die Rückkehr zu diesem, aber indem sie
sich gleichzeitig auch ein permanentes Exil außerhalb jenes
Selbst schafft.

Bei unserer Lektüre kommen wir nicht umhin, uns auch
mit Fragen zu befassen, die bislang nicht zur Sprache gekommen sind: Warum war der unter den Philologen vorherr-

schende normative Diskurs ein uniformer Diskurs mit einer monolithischen Sichtweise trotz der Vielzahl von daran beteiligten Stimmen? Woher rührte diese monolithische Sichtweise? Sollte damit etwas anderes verschleiert werden? Warum, und auf welche Weise? Galt nur sie als die einzig richtige Sichtweise? Wenn ja, wie war es dazu gekommen? Wie konnte einfach so dekretiert werden, dass die vorislamische Dichtung nicht zu verstehen und nicht einzuschätzen sei, wenn man sich nicht jener Sichtweise bediene? Wo doch eine heutige Lektüre die widersprüchliche Vielfalt jener Dichtung offenbart, die eine ebenso vielfältige Rezeption und Kritik erfordert. Hatte es vielleicht einst eine solche Vielfalt in der Betrachtung der vorislamischen Dichtung gegeben, und war diese nur verwischt oder unterdrückt worden? Warum? Auf welche Weise? Gab es eine Macht, die den normativen Diskurs bis zu einem solchen Grade monopolisierte, dass sie diesen selbst zu einem Machtfaktor werden ließ, der jedweden anderen Diskurs eliminierte? Um was für eine Macht handelte es sich dabei? Um eine religiöse, eine sprachliche, eine nationale? War sie ein Festhalten am Beduinentum – als einem Symbol für Reinheit und Ursprünglichkeit – und eine Ablehnung der Stadt, des Symbols für Hybridisierung und Verflachung? Oder von allem etwas? Ist das Fortbestehen jenes Diskurses – verstärkt dadurch, dass man ihn sich immer wieder in Erinnerung ruft – eine Form von Vergewisserung der eigenen Identität, und tendiert er aus diesem Grunde dazu, andere die Identität hinterfragende Diskurse zu eliminieren, so dass Identität zu einer reinen Wiederholung des immer Gleichen wird?

Diese Fragestellungen verweisen darauf, dass sich hinter jenem normativen, monolithischen, statischen Diskurs etwas verbirgt, was bislang unausgesprochen geblieben ist, was eine

Abwesenheit, eine Leerstelle markiert. Wir sind heute dazu aufgerufen, unser dichterisches Erbe und seine philologische Tradition auf eine Weise zu lesen, welche jene Abwesenheit, jene Leerstelle aufdeckt und das Schweigen zum Sprechen bringt.

2. Vorlesung
Poetik und Koran

I

Ich fasse zunächst noch einmal zusammen, was ich bereits in der vorangegangenen Vorlesung dargelegt habe: Mit Versmaß und Reim als den beiden wichtigsten Charakteristika der vorislamischen dichterischen Mündlichkeit hatte sich als erster Theoretiker al-Khalil auseinandergesetzt. Dieser studierte die Musik der vorislamischen Dichtung, um die poetische und musikalische Eigenständigkeit der Araber herauszuarbeiten, und zwar vor dem zeitgeschichtlichen Hintergrund einer intensiven Vermischung von Arabern und Nicht-Arabern – einer Situation also, in der die Werte der arabischen Kultur und die anderer Kulturen miteinander konkurrierten und sich gegenseitig beeinflussten. Unter Umständen wie diesen tritt das Bewusstsein für die eigene Identität und Besonderheit in den Vordergrund. So trugen jene Konstellationen zur Durchsetzung einer bestimmten Lesart der vorislamischen Poetik bei, die den Maßstäben der Mündlichkeit zur Vorherrschaft verhalf. Diese erstarrten schließlich zu einer Sammlung von Formeln und Lehrsätzen, welche die dichterische Rede in eine Art Imitation verwandelten und keine Unterscheidung zwischen der Natur des mündlichen Textes und der des schriftlichen Textes vornahmen. Das Hauptanliegen der Kritiker, die jenen Normen das Wort redeten, war es, die formale

Kontinuität der vorislamischen Poetik zu betonen, denn diese vermochte in ihren Augen die arabische Identität am profundesten und kraftvollsten zum Ausdruck zu bringen und zu repräsentieren. Also betrachteten sie jede Abweichung davon als Absage an jene Identität, als Pervertierung des arabischen Poetik-Ideals, ja als Korrumpierung der Dichtung an sich. In der Folge beschränkte sich ihr Bemühen darauf, die Muster der vorislamischen Mündlichkeit zu perpetuieren, die Dichtung konsequent im Lichte ebendieser Mündlichkeit zu rezipieren und auf die allgemeine Durchsetzung ihrer Charakteristika hinzuwirken. Diese wurden für absolut gehalten – ganz so, als handele es sich dabei um mathematische Axiome oder religiöse Prinzipien; und als sei die arabische Dichtung stets im Licht dieser als modellhaft betrachteten vorislamischen Dichtung zu lesen.

So wie al-Khalil für die theoretische Fundierung der vorislamischen dichterischen Mündlichkeit auf der Ebene der Rhythmik bahnbrechend war, so war es al-Djahiz auf der sprachwissenschaftlichen und komparatistischen Ebene.

Al-Djahiz war der Ansicht, dass die arabische Sprache den Sprachen anderer Völker überlegen sei und dass die Araber die »Goldmine sprachlicher Ausdruckskraft« seien. Mit Ausdruckskraft meint er nicht nur die reine Vermittlung von Informationen, denn diese kann auch mittels einer nicht so vollendeten Sprache erfolgen. Vielmehr bezieht sie sich auf den von den sprachlich gebildetsten Mitgliedern der arabischen Gesellschaft gepflegten Kommunikationsstil. Die Ausdruckskraft liege also im Stil, nicht in der Bedeutung. Und da, so al-Djahiz, die Bedeutungsebene ein universales, allen Völkern gemeinsames Element darstelle, die Ausdrucksebene aber kulturspezifisch sei, so liege die Poetik nicht im Inhalt, sondern im Ausdruck. Somit entspringt der dichterische Wert etwas sehr Spezifischem: der Sprache als solcher. Denn wir können nichts über den Vorzug und die Einzigartigkeit einer bestimmten Dichtung wissen, wenn wir nichts über dasjenige Element wissen, das ihr dieses Alleinstellungsmerkmal erst verleiht. Und dies sei, so al-Djahiz, im Falle der arabischen Dichtung ihre Ausdrucksform und ihr Metrum.

Diese Sichtweise führte al-Djahiz dazu, die Dichtung bei den Arabern analog zur Sprache als – wie er es nennt – »Instinkt«, »natürliche Veranlagung«, »erstaunlichen Wesenszug« zu betrachten, als etwas also, das nicht gedeutet werden könne, weil es gottgegeben sei. Dies verdeutlicht, wie er die poetische Annäherung der arabischen Dichter an die Dinge und an die Welt sieht: »Den Arabern ist alles Intuition und Improvisation, ja man möchte sagen Inspiration. Es gibt bei ihnen keine Mühsal, kein quälendes Sich-Gedanken-Machen« wie bei anderen Völkern – den Persern, den Indern, den Byzantinern. Auch wird aus der obengenannten Definition al-Djahizs verständlich, was er mit seiner Aussage meint, die arabische Dichtung sei »nicht zu übersetzen noch nachzudichten. Versucht man dies, zerfällt ihr Aufbau in seine Einzelteile, wird ihr Metrum außer Kraft gesetzt, verblasst ihre Schönheit und ruft kein Erstaunen mehr hervor«. Die Dichtung würde dadurch »kollabieren«, wie er es ausdrückt. Alles, was besonders und spezifisch an ihr sei, würde sich verflüchtigen, übrig blieben nur Allgemeinplätze. Da erscheint es einleuchtend, wenn er behauptet: »Der Nutzen der arabischen Dichtung kommt allein den Arabern zugute und jenen, die des Arabischen mächtig sind.«

Der Koran war nicht nur eine neue Vision oder Lesart des Menschen und der Welt, er repräsentierte auch eine neue Form der Schriftlichkeit. So wie er mit der vorislamischen Dichtung Gemeinsamkeiten auf der Ebene der Welterkenntnis hat, so hat er mit ihr auch Gemeinsamkeiten auf der Ebene des Ausdrucks. In diesem Sinne steht der koranische Text für eine fundamentale und umfassende Transformation: Durch ihn und in ihm nahm der Übergang von der Mündlichkeit zur Schriftlichkeit ihren Anfang – von einer Kultur der Intuition und Improvisation zu einer Kultur der Reflexion und der Kontemplation; von einer Sichtweise, die existentielle Fragen nur im Rahmen der für die vorislamische Kultur bezeichnenden Äußerlichkeit berührte, hin zu einer Sichtweise, die sich diesen Fragen in all ihrer metaphysischen Tiefe und Ganzheit widmete – was Fragen etwa nach dem Ursprung der Welt, dem Schicksal und dem Leben nach dem Tod einschloss.

Es ist hier nicht meine Absicht, den koranischen Text im Hinblick auf seine religiöse Vision zu untersuchen oder seine Ästhetik zu enthüllen; dazu sind schon zahlreiche scharfsinnige und umfassende Arbeiten vorgelegt worden. Ich möchte mich darauf beschränken, jene Horizonte aufzuzeigen, die der Koran durch seine schriftliche Struktur der arabischen Poetik eröffnet hat.

Dazu möchte ich zunächst kurz die wichtigsten Studien präsentieren, welche unter verschiedenen Aspekten Vergleiche zwischen dem koranischen und dem dichterischen Text angestellt haben. Zwar zielten sie damit im Wesentlichen darauf ab, die Unterschiede zwischen den beiden Textarten herauszuarbeiten und dabei die Überlegenheit des koranischen Texts zu betonen. Doch gleichzeitig machten sie durch ebendiesen

Vergleich (vielleicht ohne es zu beabsichtigen) den koranischen Text zu einem neuen literarischen Vorbild, welches in Konkurrenz zum alten vorislamischen Muster trat und über dieses hinausragte. Dadurch wurden Dichter und Literaturkritiker dazu angeregt, sich vom koranischen Text leiten und inspirieren zu lassen – vor allem jene, die in der vorislamischen Mündlichkeit kein poetisches Ideal oder Muster des guten Geschmacks sahen.

3

Unter den ersten Schriften, die den koranischen Text mit der vorislamischen Dichtung verglichen haben, ist das Werk *Madjaz al-Qur'an* (›Die Metaphorik des Korans‹) von Abu Ubaida zu nennen. Zu Beginn des 9. Jh. n. Chr. entstanden, behandelt es den metaphorischen Gebrauch von Sprache im Koran und gilt als wegbereitend für eine Kritikrichtung, die sich für die Untersuchung von künstlerischer Bildsprache und Methoden des Ausdrucks interessierte.

Ein weiteres Werk ist *Ma'ani al-Qur'an* (›Bedeutungen des Korans‹) von al-Farra' (gestorben 823). Er untersucht darin den Stil des Korans in struktureller und grammatischer Hinsicht. Er interpretiert Sure um Sure, erläutert Vers um Vers unter Einbeziehung ihrer sprachlichen und ihrer literarischen Dimension, wobei er sich dabei immer wieder auf Belegstellen aus der vorislamischen Dichtung stützt. Im Zuge seiner Untersuchung geht er auch auf die Stilmittel des allegorischen Ausdrucks ein, wie zum Beispiel: Metonymie, Allegorie, Gleichnis, Entlehnung, Hysteron-Proteron (›das Spätere zuerst‹), der Wechsel in der Anrede von der zweiten zur dritten Person. Des Weiteren behandelt er die Musikalität des koranischen Texts und definiert als deren Grundelemente die Kohäsion zwischen den Wörtern, die klangliche Harmonie und die Übereinstimmung der Reime an den Versenden. Er bemüht sich um eine theoretische Einordnung dieses rhythmischen Phänomens, indem er es mit den Versmaßen der vorislamischen dichterischen Mündlichkeit vergleicht. Beispielsweise zeigt er auf, welche Veränderungen an den Wörtern am Versende auftreten können, damit die musikalische Übereinstimmung und die metrische Struktur gewahrt bleiben, ähnlich wie beim dichterischen Reim.

Al-Djahiz versucht in seiner Studie des koranischen Texts, sich noch tiefgründiger mit der ästhetischen Wahrnehmung seiner künstlerischen Geheimnisse auseinanderzusetzen, vor allem in Bezug auf dessen metaphorische Sprache und die Musikalität seiner Komposition. Stets belegt er seine Ansichten durch Zitate aus der vorislamischen Dichtung. Breiten Raum nimmt bei ihm die Beschäftigung mit den Versmaßen des Korans ein, wobei er ihr jede Ähnlichkeit mit denen der Dichtung abspricht.

Ibn Qutaiba (gestorben 889) stellt in seinem Werk *Muschkil al-Qur'an* (›Die Problematik des Korans‹) eine tiefschürfende Analyse des koranischen Texts und seiner Rhetorik an. Er definiert seine Struktur als eine spezifische Ausprägung und Kombination von sprachlichen Ausdrücken, die in völliger Harmonie mit den ihnen zugehörigen Bedeutungen stehen. Seine Musikalität definiert er als einen Rhythmus im Inneren der Verse, welcher auf einer klanglichen Harmonie der Laute untereinander beruhe sowie auf einer Kontinuität des Endreims oder aber dessen Variation gemäß bestimmten Mustern. Er beschäftigt sich mit dem Einfluss des koranischen Texts auf die menschliche Seele, denn zu dieser spricht er, wissend um ihre Abgründe und Geheimnisse, erschüttert sie und nimmt sie für sich ein. Über die arabische Dichtung sagt er, Gott habe ihr in Bezug auf die Araber »die Rolle zugewiesen, die für andere Kulturen das Buch spielt. Er machte sie zu einem Reservoir der Wissenschaften und gab ihm Metrum, Reim und eine wohlgeformte Komposition zum Geleit«. Darauf greift er in seinen Äußerungen über die Metaphorik des koranischen Texts zurück. Seiner Ansicht nach kommt dem Phänomen der Wiederholung bestimmter sprachlicher Einheiten im Koran ein enormer rhetorischer Wert zu, welcher dem Text mehr Emphase oder Bestimmtheit verleiht, seine Bedeutung ergänzt oder seine Ausdrucksstärke erweitert, je nach Situation. Er kommt zu dem Fazit, der koranische Text bewege sich zwar durchaus in den Bahnen arabischer Sprachkunst, sei dieser jedoch überlegen, ja unvergleichlich.

Al-Rummani (gestorben 984) definiert in seinem Werk *Al-nukat fi i'djaz al-Qur'an* (›Anmerkungen zur Einzigartigkeit des Korans‹) die Rhetorik auf eine andere als bis dato übliche Weise, indem er sich auf den koranischen Text beruft. So ist er der Ansicht, jener komme nicht einfach die Aufgabe zu, Inhalte kognitiv zu vermitteln, sondern »eine Bedeutung durch ein möglichst ausdrucksstarkes Bild direkt ins Herz gelangen zu lassen«. In dieser Definition konvergieren die zwei Seiten der Rhetorik: ihre Wirkung auf die menschliche Seele und ihre stilistischen Methoden. Er beschäftigt sich mit der rhetorischen Figur und den Arten, sich ihrer zu bedienen, mit den Ausdrücken und den Techniken ihrer Komposition sowie mit den Endreimen. Letztere definiert er als »einander gleichende Laute an den Versgrenzen, die eine korrekte Rezeption der Inhalte sicherstellen«. Ferner stellt er für die Ästhetik eines Textes ein fundiertes Kriterium auf: Ein schöner Text sei ein solcher, »zu dem der menschliche Geist auf jedem erdenklichen Wege Zugang findet«, oder in der Sprache der modernen Literaturwissenschaft: ein semantisch offener Text.

Bayan i'djaz al-Qur'an (›Darstellung der Einzigartigkeit des Korans‹) von al-Khattab (gestorben 998) enthält zwei wichtige Aspekte: Zum einen den Versuch, die Komposition des Korans neu zu definieren, präziser und umfassender, als es deren Vorläufer vermochten. Zum anderen die Erkenntnis, dass Kultur eine notwendige Bedingung sowohl für die künstlerisch-kompositorische Kreativität als auch für deren Verstehen sei; Intuition und Sprachgewandtheit allein seien nicht genug – eine Aussage, die womöglich eine erstmals aufkeimende Kritik an der vorislamischen dichterischen Mündlichkeit erahnen lässt, wenn auch indirekt.

Al-Baqillani (gestorben 1012) lehnt in seiner Studie über die Ausdruckskraft des Korans jeden Vergleich zwischen koranischem *(ayah)* und dichterischem Vers *(bait)* ab, ebenso zwischen Sure und Qaside. Seiner Meinung nach steht die Komposition des Korans modellhaft für eine Ausdrucksform, die in keinerlei Hinsicht der sonst bei den Arabern anzutreffenden künstlerischen Sprache ähnle, sondern eine völlige Abkehr davon darstelle. Zur Verdeutlichung der Unmöglichkeit eines solchen Vergleichs teilt er die künstlerische Rede bei den Arabern in fünf Kategorien ein:

1. die Dichtung
2. die durch Versmaß, aber nicht durch Reim gebundene Rede
3. die in Reimprosa verfasste Rede
4. die durch Versmaß, aber nicht durch Assonanz gebundene Rede
5. die ungebundene Rede, d. h. völlig frei von Versmaß und Reim

Sein Fazit lautet, der koranische Text stehe außerhalb all dieser Kategorien. Er verfüge über eine Singularität, der ihn zu einem Genre für sich mache. Zur Verdeutlichung analysiert er einige repräsentative arabische Texte, darunter Aussprüche des Propheten, seiner Gefährten und anderer berühmter arabischer Redner; die *Mu'allaqa* des Imru' al-Qais (gestorben ca. 540)[1] als Vertreter der »alten« Dichtung; sowie Gedichte des al-Buhturi (821–897)[2], der für das »Moderne« steht. Dabei weist er auf die Mangelhaftigkeit dieser Dichtung gegenüber dem Koran hin. Ferner kritisiert er jene Dichter, die sich einbildeten, sie könnten von der Komposition des Korans für ihr eigenes dichterisches Schaffen profitieren, und preist jene, die dabei blieben, ihre Dichtung nach der »Art der Araber«, der Art der vorislamischen Mündlichkeit also, zu verfassen.

4

Parallel zu dieser Beschäftigung mit dem koranischen Text erlebten auch poetologische und linguistische Studien einen Aufschwung. Deren Verfasser stellten – auf ihrer Suche nach Richtigkeit und Präzision – Vergleiche zwischen der vorislamischen Dichtung und dem koranischen Text an und diskutierten dabei Fragen, die die Rhetorik beider Texte gleichermaßen betrafen. Als Beispiele seien folgende Werke erwähnt: *Naqa'id Djarir wa-l-Farazdaq* (›Die Fehde zwischen Djarir und al-Farazdaq‹) von Abu Ubayda; *Djamharat asch'ar al-arab* (›Anthologie der Gedichte der Araber‹) von al-Quraschi (8. Jh.); *Ma'ani al-schi'r* (›Die Bedeutungen der Dich-

---

[1] Berühmtester vorislamischer Dichter, halblegendäre Gestalt.
[2] Aus Bagdad, bekannter Dichter der Abbasidenzeit.

tung‹) von al-Aschnandani (8. Jh.); *Naqd al-nathr* (›Kritik der Prosa‹) von Qudama Ibn Dja'far (gestorben 958); *Kitab al-sina'atain* (›Buch der zwei Künste‹) von Abu Hilal al-Askari (gestorben 1005).

All diese Studien kommen zu dem Ergebnis, der Mensch sei nicht in der Lage, einen mit dem Koran vergleichbaren Text zu verfassen. Die diesbezügliche Gegenposition wird weniger offen vertreten, kommt jedoch explizit in den Worten des Mu'taziliten al-Nazzam (gestorben ca. 845)[3] zum Ausdruck: »Die Komposition des Korans ist kein Wunder. Menschen wären zu Ähnlichem oder sogar Besserem in der Lage.«

Nimmt man diese beiden Positionen zusammen, wird einem bewusst, in welchem Ausmaß der koranische Text Dreh- und Angelpunkt aller – um Rhetorik und Sprachkunst im Allgemeinen sowie um Dichtung und Prosa im Besonderen kreisenden – Debatten war. Man kann klar erkennen, dass er neben seiner prophetisch-religiösen Dimension auch über eine literarisch-künstlerische Dimension verfügte. Im Bezug auf Letztere lassen sich zwei unterschiedliche Lesarten des koranischen Textes festmachen:

Die eine war auf die vorislamische Mündlichkeit fixiert sowie auf das damit einhergehende Konzept der Natürlichkeit und des in seiner ursprünglichen Form Tradierten. Die Vertreter dieser Lesart betrachteten den koranischen Text (also den ›himmlischen‹ Text) im Lichte der vorislamischen Dichtung (des ›irdischen‹ Textes) und umgekehrt. Somit wiesen sie der vorislamischen Dichtung den Charakter eines Modells, eines Vorbilds zu, wodurch diese als eine naturgegebene, unvergleichliche Ausdrucksform erschien, die als Quelle und

---

[3] Aus Basra und Bagdad. Die Mu'taziliten waren rationalistische islamische Theologen der frühen Abbasidenzeit.

Muster zu gelten hatte: Schließlich sei die schönste Art des menschlichen Ausdrucks die vorislamische Dichtung – übertroffen nur durch die schönste aller Ausdrucksformen, menschlich wie göttlich, den Koran, welcher sich ja auch der Sprache jener Dichtung bediene. Der vorislamische Stil wurde von ihnen mit einer Bezeichnung bedacht, mit der sie dem distinktiven Charakter arabischer Poetik Ausdruck verliehen: *tariqat al-arab* ›die Methode der Araber‹.

Die Vertreter der zweiten Lesart waren darauf bedacht, nicht nur dem Konzept der Natürlichkeit Bedeutung beizumessen, sondern auch der Kultur, die jener Veranlagung als Nährboden gedient hatte. Diese Lesart war es, die die Grundlage bilden sollte für das, was man – in direkte Anlehnung an die Poetik der Mündlichkeit – eine ›Poetik der Schriftlichkeit‹ nennen könnte. Die Vertreter dieser Lesart rezipierten den Koran als einen in spiritueller und intellektueller Hinsicht universalen Text, in dem für sie nicht nur die Natürlichkeit zum Ausdruck kam, sondern auch eine Kultur, eine umfassende geistige Vision. Ist die Sprache des Korans als einer Offenbarungsschrift einerseits prophetischen oder göttlichen Ursprungs, so ist sie gleichzeitig auch poetischer Art – handelt es sich doch um dieselbe Sprache wie die der vorislamischen Dichtung. Und ist sie als Sprache, in der die islamische Offenbarung herabgesandt wurde, zwar sakraler Art, so ist diese Heiligkeit doch in einen historischen Kontext eingebettet, denn sie vermittelt sowohl eine Vision des Spirituellen als auch der menschlichen und kulturellen Sphäre. Sie ist das in Raum und Zeit situierte Übersinnliche, ist also Transzendenz und Immanenz in einem.

Das bedeutet, der koranische Text war beiden Lesarten zufolge grundlegend für die innovative kulturelle Dynamik in der arabisch-islamischen Gesellschaft, diente ihr als Quelle und Angelpunkt. Meines Erachtens war es aber die zweite Lesart, welche den Übergang von der vorislamischen Poetik der Mündlichkeit zu einer Poetik der Schriftlichkeit anbahnte, deren Prinzipien al-Djurdjani in seiner Theorie der Komposition des Korans formulierte. Einige Kritiker hatten dazu schon Vorarbeit geleistet, insbesondere al-Suli (gestorben 947).

Somit lässt sich sagen, dass gerade der koranische Text, den man gewissermaßen als Gegenspieler der Dichtung betrachtet hatte, indirekt der Dichtung bis dahin unbekannte, grenzenlose Horizonte eröffnet sowie eine echte Literaturwissenschaft begründet hat.

5

Die erste nahezu vollständige Apologie einer Poetik der Schriftlichkeit wurde von al-Suli vorgelegt. Damit ist die dichterische Methode gemeint, für die der Dichter Abu Tammam (788–845) steht, auch ›moderne Methode‹ genannt. Sie steht im Gegensatz zur ›Methode der Araber‹ oder ›alten Methode‹ der vorislamischen Mündlichkeit. In seiner Verteidigung der modernen Methode hebt al-Suli folgende Punkte hervor:

1. Die moderne Methode ist dadurch charakterisiert, dass sie Inhalte kreiert, die die vorislamische Mündlichkeit noch nicht kannte, und dass sie eine neue dichterische Sprache erschafft. Dichterische Erneuerung schafft also etwas, das den Altvorderen unbekannt war.
2. Das Kriterium für die Beurteilung eines dichterischen Textes muss dessen Qualität sein, nicht die Tatsache, dass seine Entstehungszeit in frühere Zeit fällt. Vorzuziehen ist

immer diejenige Dichtung, die qualitativ – nicht chrono-
logisch – den ersten Rang einnimmt. Die Methode der
frühen Dichter sollte also nicht als Richtschnur dienen.

3. Eine grundlegende und umfassende kulturelle Bildung ist
eine unabdingbare Voraussetzung für jeden, der sich als
Kritiker auf dem Feld der Dichtung versuchen will. Denn
als solcher muss er zu denjenigen gehören, »die einen tiefen
Einblick in die Wissenschaft der Poetik haben«, wie al-
Suli es formuliert. Das Fehlen einer solchen Bildung bei
den Kritikern zurzeit von al-Suli war der Grund für ihre
Ignoranz gegenüber dem Wesen der modernen Dichtung,
insbesondere der des Abu Tammam, und der Grund für
ihre Feindseligkeit gegenüber der Bewegung der dichterischen Erneuerung und einer Poetik der Schriftlichkeit.

Al-Suli unterstreicht somit die Fortschrittlichkeit des Abu
Tammam und seine Vorreiterrolle für den neuen dichterischen Stil, welcher, wie al-Amidi (gestorben 1155) meint, im
Gegensatz zur vorislamischen Mündlichkeit auf »Ambiguität
und Subtilität der Inhalte« beruhe und von Dichtern ange-
wandt worden sei, die »sowohl im Umgang mit Bedeutungen als auch in ihrem handwerklichen Können versiert waren
und die zu gewähltem Ausdruck und philosophischer Rede
neigten«.

Al-Djurdjani formuliert diese Fragen – insbesondere die
einer Poetik der Schriftlichkeit, auf die es uns hier ankommt –
in seinen beiden Werken ›Die Geheimnisse der Wortkunst‹[4]
und ›Die Indizien der Unnachahmlichkeit‹ zu einer kohären-
ten Kritik aus. Für ihn offenbart sich die Poetik eines Textes
zuallererst in seiner Komposition *(nazm)*. Diese definiert er

[4] Deutsch von Hellmut Ritter, Wiesbaden 1959.

als »Aneinanderreihung der Wörter, so dass jedes einzelne das jeweils andere bedingt«. Dies bedeute jedoch nicht, dass man willkürlich eins zum anderen fügt, sondern dass man die Wörter so strukturiert, wie es der Anordnung ihrer Bedeutungen im menschlichen Geist entspricht. Auf diese Weise können die Bedeutungen so miteinander harmonieren, wie es der Verstand verlangt. Dieser Definition zufolge ähnelt die Komposition kunsthandwerklichen Tätigkeiten wie der Goldschmiedekunst, dem Kolorieren, dem Eingravieren und allen Künsten, die auf bildliche Darstellung abzielen. Dies lässt an al-Djahizs Definition der Dichtung als »Akt der Gestaltung und der Illustrierung« denken.

Von daher hat man sich bei der Untersuchung der Komposition nicht auf den einzelnen Ausdruck zu konzentrieren. Denn ein solcher »zeichnet sich nicht für sich allein genommen als isoliertes Wort aus. Vielmehr erweisen sich seine Vorzüge und seine Spezifik in dem Maße, in dem seine Bedeutung mit der des ihm nachfolgenden Ausdrucks im Einklang steht. Denn oft stoßen wir auf ein Wort, das uns an einer Stelle behagt, das wir an anderer Stelle dagegen als unangenehm und fremd empfinden«.

Auch sollte man bei der Komposition nicht auf die Bedeutungen im Einzelnen achten, denn sie verfügen für sich allein genommen über keinen immanenten Wert. »Sie haben dieselbe Funktion wie Farben, die man für Bilder und Illustrierungen verwendet. So wie man es bei einem Maler beobachten kann, der souverän über die Farben und ihre Schattierungen verfügt, mit denen er seinen Stoff bemalt, der sie an die geeignete Stelle in den dafür geeigneten Proportionen platziert, der ihre Mischung und ihr Arrangement bestimmt und dadurch ein bemerkenswerteres und ungewöhnlicheres Ergebnis erzielt als andere, denen solches nicht gelingt. Ebenso kann sich ein Dichter von einem anderen abheben in Bezug auf die Bedeutung, der beide Ausdruck geben wollen.«

So wie den isolierten Ausdrücken oder Bedeutungen kein Wert an sich zukommt, so auch nicht dem bloßen Wissen um die Sprache und ihren korrekten Gebrauch. Denn wäre dies der Fall, dann »dürfte man es nicht als Zeichen von literarischer Qualität werten, wenn ein Dichter in seiner Rede einen Ausdruck innovativ in einer bis dato unüblichen Metaphorik gebraucht. Dann wäre es angebracht, nur Metaphern zu verwenden, die im Sprachgebrauch der Araber bereits etabliert und bekannt sind. Literarische Qualität liegt jedoch in der Kunst, die richtige Auswahl zu treffen, und im Wissen um die geeignete Anordnung der Wörter. (…) Wenn man Sprache mit der Illustrierung oder dem Kunstschmiedehandwerk vergleicht, und die Bedeutung mit dem Material, das dabei verarbeitet wird – wie Silber oder Gold, aus dem man einen Ring oder einen Armreif formt –, dann wäre es abwegig, wenn man zur Beurteilung der Form des Rings oder der Qualität der Arbeit nur das verwendete Material betrachtete. In derselben Weise wäre es absurd, wenn man sich nur auf die Bedeutung konzentrierte, um zu ermitteln, worin das literarisch Wertvolle der dichterischen Rede liegt«.

Daraus ergeben sich zwei Erkenntnisse. Erstens: Die Poetik hängt davon ab, wie man Bedeutung definiert. Zweitens: Die Poetik offenbart sich einem nicht allein durch Zuhören. Man muss den Text vielmehr »mit ganzem Herzen« betrachten, dabei auch den »Intellekt zu Hilfe nehmen«, »reflektieren, den Verstand konsultieren und auf die Mechanismen des Verstehens zurückgreifen«. Würden wir in diesem Zusammenhang al-Djurdjani fragen, wie es sich mit dem Metrum verhalte, so lautete seine Antwort wohl: »Das Metrum ist für uns nicht von Belang.« Er würde hinzufügen, dass er keine

Poetik propagiert, die sich über das Metrum definiert, sondern über einen gekonnten Einsatz von Vergleich, Metapher, Metonymie und Anspielung sowie ein ganz spezifisches handwerkliches Können. Metrum habe »mit Ausdruckskraft und Rhetorik nichts zu tun. Andernfalls müssten zwei Qasiden mit dem gleichen Versmaß auch in ihrer Ausdruckskraft und Rhetorik miteinander übereinstimmen. Weder macht das Metrum die poetische Rede zu dem, was sie ist, noch wird dadurch das eine Gedicht besser als das andere.«

6

Wenn die Komposition das Geheimnis der Poetik ist, was ist dann das Geheimnis der Komposition? Al-Djurdjani zufolge ist es die Metaphorik: »Die Schönheit der Sprache erwächst überwiegend – wenn nicht gar vollständig – aus der Kunst der Metapher und der mit ihr verbundenen Stilmitteln.« Der metaphorischen Sprache hafte etwas »Magisches« an, wie er es ausdrückt. Sie lässt die dichterische Rede »in stets neuen Formen« erscheinen und »vermittelt uns eine Fülle von Bedeutungen in einfachsten Worten«. Durch diese Sprache werde das Unbelebte lebendig und beginne zu sprechen, bekämen stumme Körper Ausdruckskraft und würden subtile Gedanken – Geheimnisse des Verstands – in einer quasi fleischgewordenen Form erfahrbar. Physische Eigenschaften würden durch sie immer mehr verfeinert, bis aus ihnen etwas Spirituelles werde, das man nur durch Intuition wahrnehmen könne.

Die bildhafte Sprache verfügt über mehrere Stufen, deren oberste von der Metapher selbst eingenommen wird. Bei dieser bekommt das Bild erst dann eine aufrüttelnde und treibende

Kraft, wenn eine Ähnlichkeit zwischen zwei in ihrer Wesensart unterschiedlichen Dingen hergestellt wird. Je extremer der Abstand zwischen beiden ist, desto beeindruckender wirkt das Bild und desto mehr berührt es die Seele. Es trifft auf Anklang, indem es dem Menschen ermöglicht, die beiden Dinge als gleich und ungleich, als harmonierend und divergierend zu sehen. Die Metapher operiert hier auf geradezu magische Weise, »indem sie Divergierendes miteinander in Einklang bringt – so als näherte sie Ost und West einander an, als ließe sie uns die Gegensätze aufgehoben erscheinen und als präsentierte sie uns Leben und Tod, Wasser und Feuer als Einheit.« Sie gewährt uns Einlass in eine Welt der Fremdheit, wie al-Djurdjani sie nennt, in welcher Metaphern und poetische Bilder von den Sinnen nicht unmittelbar aufgenommen werden können und nicht gleich auf den ersten Blick in der Vorstellung Gestalt annehmen. Denn jene können erst ins Bewusstsein gelangen »nach einem Prozess des Vergewisserns, des Erinnerns, des Unter-die-Lupe-Nehmens der bereits bekannten Bilder und des Stimulierens der Phantasie, so dass sie diese visualisieren und sich die ihrem Blickfeld entschwundenen Bilder vergegenwärtigen kann«. »Jede Ähnlichkeit, die auf äußere Merkmale oder Strukturen zurückzuführen ist, kann ohne weiteres wahrgenommen werden. Daher muss ein auf dieser Grundlage angestellter Vergleich trivial und abgedroschen wirken. Ein Vergleich hingegen, der den umgekehrten Weg einschlägt, einen Gegenpol zum erstgenannten bildet, wirkt extravagant und außergewöhnlich. Somit lassen sich bildliche Vergleiche je nach ihrer Nähe zu diesen beiden Polen unterteilen: Solche, die dem ersten am nächsten kommen, sind am banalsten; solche, die sich hingegen eher am zweiten orientieren, sind am sublimsten und im Hinblick auf ihre Fremdartigkeit am innovativsten.« Das gemeinsame Prinzip hinter all dem ist das Herstellen einer Synthese von unterschiedlichen Dingen, oder prägnanter ausgedrückt: »größtmögliche Synthese bei extremer Divergenz«.

Al-Djurdjani erklärt, was an der metaphorischen Sprache Anlass zur Bewunderung gibt, indem er sagt: »Die menschliche Natur ist so angelegt, dass sie einer Sache, die aus einer unerwarteten Richtung kommt, aus einer Quelle, die nicht ihrem Wesen entspricht, umso größere Bewunderung und Aufmerksamkeit schenkt.«

7

Aber wie können wir erkennen, was eine gute Dichtung ausmacht? Wie können wir in der Art ihrer Ausführung den Aspekt der Subtilität entdecken, die »Konvergenz von Können und Meisterschaft«, wie al-Djurdjani es ausdrückt? Als Antwort auf diese Frage weist er darauf hin, es gebe »unter allen Mysterien und Problemstellungen kein so seltsam obskures und erstaunliches wie das der Literarizität, keines, das sich dermaßen dem Verständnis entzieht. Das, womit die Gelehrten und Rhetoriker sie beschrieben haben, sind Symbole, die nur versteht, wer sich auf derselben Stufe der Subtilität befindet wie sie und wer gut für das Entziffern jener Zeichen gerüstet ist«. Er fährt fort, die Bedeutung in der Dichtung sei »wie die Perle in einer Muschel. Man sieht nichts von ihr, bevor man sie nicht aus ihrer Schale herausbricht«. Nicht jeder Gedanke »führt zur Aufdeckung dessen, was in ihr enthalten ist, und nicht jeder Idee ist es erlaubt, bis zu ihr vorzudringen. Nicht jeder ist also erfolgreich beim Aufbrechen der Schale und kann dadurch in den Kreis der Wissenden eintreten«. Zumal die Bilder, welche die metaphorische Sprache

erschafft, »auf etwas hinweisen, was von der Imagination verkörpert wird«, und nicht verstanden werden können, außer
mit »instinktivem Verstand und dem Blick des Herzens«.
Denn sie sind subtil und verästelt, obskur und fremd, können
also nur begriffen werden »durch eine Art von Interpretation«,
die sich auf tiefgründige Kontemplation, Reflexion und sub-
tiles Denken stützt. Ja nur derjenige kann sie wirklich verstehen, der über einen geistigen Horizont und eine Vision
verfügt, die ihn vom ›gemeinen Volk‹ abheben, jemand also
von »reinem Intellekt, messerscharfem Verstand, solider Natur und einer Seele, die bereit ist, die Weisheit in sich aufzu-
nehmen«.

Bei alldem ist es unerlässlich, die Details der dichterischen
Technik zu verstehen, denn dadurch »können verschiedene
Arten des Sehens und des Hörens gegeneinander abgewogen
werden, während sich unter einem undifferenzierten Blick
aufs Ganze alles gleicht«. Wenn wir ein bestimmtes Detail
wahrnehmen, dann sehen, hören oder schmecken wir es,
indem wir es aus einer Masse von Dingen auswählen und es
von den ihm beigemischten Elementen abstrahieren. Wenn
wir uns aber nicht um das Detail scheren, ergeht es uns wie
jemandem, der die Dinge unbedacht an sich reißt und sie dabei völlig entwertet.

So wie es Abstufungen auf Seiten der Rezeption gibt, so
gibt es auch Abstufungen bei der technischen Versiertheit des
Dichters. Denn dieser erwirbt sich seinen Rang entsprechend
seinem Geschick bei der Erschaffung neuer sprachlicher Bilder. Je nachdem erklärt man den einen zum »Meister seines
Handwerks und Inspirierten«, zum »scharfsinnigen Innova-
tor, dem als Erstem eine bestimmte Art von dichterischer
Kreation gelang, die somit unter seinem Namen bekannt
wurde und ihn zu einem Vorreiter machte«. Den anderen

bezeichnet man als Lehrling und Nacheiferer, der »sein Vorbild gekonnt imitiert«, obwohl jeder weiß, dass »Imitation eine Schwäche« ist.

Wenn wir dem die Meinung al-Djurdjanis hinzufügen, wonach den gewöhnlichen Bedeutungen und Sachverhalten kein besonderer poetischer Wert zukomme, ein solcher vielmehr durch das Denken erschlossen werden müsse oder in der von ihm so genannten »Bedeutung der Bedeutung« zu finden sei – womit gemeint ist, dass uns die wörtliche, zunächst einleuchtendste Bedeutung eines Ausdrucks zu einer anderen Bedeutung führt –, so können wir zu dem Schluss gelangen, dass es sich bei der Dichtung und dem Verständnis für sie um eine ausgefeilte Kunstfertigkeit handelt, die Menschen von gutem Geschmack und umfangreichem Wissen vorbehalten sind.

Al-Djurdjani vollzieht also mit seiner Betrachtungsweise – die ich hier nur sehr verkürzt dargestellt habe, soweit sie im Rahmen dieser Vorlesung von Relevanz ist – einen beinahe vollständigen Bruch mit den Kriterien der vorislamischen Mündlichkeit und stellt neue Kriterien für eine Poetik der Schriftlichkeit auf, die von den durch den Koran eröffneten literarischen Perspektiven inspiriert sind.

8

Aus dem oben Dargelegten geht hervor, dass die Modernität der arabischen Dichtung und ganz allgemein das moderne Schreiben ihre Wurzeln im koranischen Text haben. Während die Poetik der vorislamischen Mündlichkeit das Traditionelle repräsentierte, legten die Koranstudien die Fundamente für eine neue kritische Herangehensweise an den Text, ja schufen eine neue Wissenschaft der Ästhetik und machten damit den Weg frei für eine neue arabische Poetologie.

Nimmt man dazu noch den Einfluss des Korans auf die Verfahren des mystischen Schreibens hinzu, dann wird klar, in welchem Maße die koranische Art des Schreibens ein neues ästhetisches Empfinden für die künstlerische Sprache, ja eine neue literarische Praxis hervorbrachte und in welchem Maße der Koran zur »Quelle der Literatur« geworden war, wie Ibn al-Athir (gestorben 1239) es ausdrückt. So stellen die Studien über den Koran die wichtigste Quelle für eine Untersuchung der arabischen Sprache dar.

9

Bevor ich auf die Aspekte der Modernität, die der koranische Text begründet hat, verweise und versuchen werde, diese auf ein paar wenige allgemeine Prinzipien zu komprimieren, möchte ich einige der Dichter präsentieren, die von der zweiten Hälfte des 8. Jahrhunderts nach Christi an jene Theorien in die Praxis umgesetzt haben, die in den genannten Studien zum koranischen Text formuliert worden waren. Muslim Ibn al-Walid (gestorben 823) war beispielsweise der Erste, der eine Angleichung seiner Qasiden an die Rhetorik des koranischen Texts versuchte, wie sie von al-Rummani definiert worden war (»eine Bedeutung durch ein möglichst ausdrucksstarkes Bild direkt ins Herz gelangen lassen«). Gemäß Ibn Qutaiba war Muslim Ibn al-Walid »der Erste, der den Bedeutungen Subtilität und der Rede Grazie verlieh«. Nach Meinung anderer war er der Erste, der sich rhetorischer Figuren wie Metapher, Antithese oder Assonanz als Stilmittel bediente, wobei er sich vom koranischen Text inspirieren ließ.

Baschar Ibn Burd (gestorben 784) gehörte zu den Vorläufern einer Auflehnung gegen die vorislamische dichterische Mündlichkeit und der Schaffung einer an der Schriftlichkeit orientierten dichterischen Sprache, einer urbanen Sprache als Ersatz für die Sprache der Wüste. Abu Nuwas (gestorben 811) führte diese Sprache zu einem noch nie dagewesenen künstlerischen Höhepunkt, von dem ausgehend die dichterische Sprache eine fast vollständige Verwandlung erlebte. In seiner Dichtung drückt sich der Beginn einer schriftlichen dichterischen Modernität in ihrer reichhaltigsten, umfassendsten und komplexesten Form aus. Sie ist eine nach Erkenntnis strebende Annäherung an die Dinge, die Welt und den Menschen, mit einer neuen Sensibilität, einer neuen Ästhetik.

Abu Tammam geht in seinem dichterischen Ansatz von einer Vision aus, welche die Dichtung als eine Art Erschaffung der Welt durch Sprache sieht, und vergleicht die Beziehung zwischen dem Dichter und dem Wort mit der Beziehung zwischen zwei Liebenden und die Dichtung mit der Erotik. Dadurch stellt er ungewohnte Beziehungen zwischen den Wörtern untereinander, zwischen dem Wort und dem Gegenstand sowie zwischen dem Menschen und der Welt her und sorgt somit dafür, dass die Unterscheidung zwischen Bedeutung und Ausdruck wie auch das überkommene Konzept einer oralen Dichtung selbst ins Wanken geraten.

10

Folgende Prinzipien bildeten sich auf dem Gebiet der Ästhetik und der Literaturkritik unter dem Einfluss der Koranstudien heraus und waren wegbereitend für den Übergang von der Poetik der vorislamischen Mündlichkeit zu einer Poetik der Schriftlichkeit:

1. *Dichterisches Schreiben soll keine bereits vorhandenen Modelle nachahmen.*

Dieses Prinzip impliziert nicht nur, dass der Dichter eine Imitation der vorislamischen Dichtung vermeiden soll, sondern auch, dass von ihm das Einschlagen neuer Wege erwartet wird, was die Formen des Ausdrucks, das Eintauchen in die Tiefen der Seele sowie die Annäherung an die Welt und an die Dinge in ihr betrifft. Dies trug in der literarischen Kritik zur Verankerung von Begriffen bei, die allesamt für Individualität und Innovationsgeist stehen. Von Baschar Ibn Burd wurde beispielsweise gesagt, er sei der »Meister der Erneuerer« und habe Wege eingeschlagen, die noch niemand zuvor gegangen sei. Ein weiteres Beispiel findet sich in der Bezeichnung von Abu Tammam als »Haupt der Poesie«, als »Wegbereiter (einer Schule)«. Man nannte ihn einen »Erfinder« und seine Dichtung ein »Wunder«. Al-Buhturi, der sein Schüler und Freund war, bezeichnete ihn als »Großmeister«, andere als »Imam der Literatur«. Schließlich sei noch das Beispiel des al-Mutanabbi (gestorben 965) erwähnt, dessen Dichtung von Abu al-Ala' al-Maʿarri[5] (gestorben 1057) als »Wunder des Ahmad« bezeichnet wurde.

Auch impliziert dieses Prinzip die Notwendigkeit, immerzu gegen das Etablierte zu verstoßen, damit die Dichtung ihren neuen und merkwürdigen Charakter bewahrt.

---

[5] Auf Deutsch liegt vor: Abul Ala Al-Maʿarri: *Die Notwendigkeit des Unnützen.* Übersetzt von Cyrus Atabay, Düsseldorf 1993.

2. *Sowohl beim Dichter als auch beim Kritiker ist ein profundes*
   und breitgefächertes kulturelles Wissen vorauszusetzen.
   Das Schreiben und Lesen von Dichtung erfordert Wissen,
   Erfahrung und intellektuelle Disziplin. Natürliches Talent,
   Improvisationskunst und bloßes sprachliches Wissen ge-
   nügen nicht.
   Daraus resultiert die Vorstellung, dass Dichtung nicht für
   die Allgemeinheit bestimmt sei, sondern für eine spezielle
   Gruppe, außerhalb deren sie nur schwer verstanden wer-
   den könne.

3. *Alte und moderne Dichtung sind beide ungeachtet ihrer zeit-*
   lichen Entstehung zu betrachten und gemäß ihrer eigenen
   künstlerischen Qualität zu beurteilen.
   In diesem Prinzip klingt die Vorstellung an, dass sich dichterische Vollkommenheit nicht anhand des Alten definieren lässt und dass das Moderne nicht notwendigerweise
   weniger wert ist als jenes. Ja, es kann sogar über mehr
   Ästhetik verfügen. Das Alte ist demzufolge kein Modell
   und kein Maßstab mehr.
   Dieses Prinzip hatte die Betonung bestimmter dichterischer
   Elemente und die Schmälerung der Bedeutung anderer
   Elemente zur Folge. Wir haben dies zum Beispiel bei al-
   Djurdjani gesehen, welcher dem Metrum um seiner selbst
   willen weniger Bedeutung zumaß, und bei al-Baqillani,
   welcher in seiner Analyse der Qaside und der koranischen
   Sure deren Einheit betonte. Auch wurden in der Folge
   dieses Prinzips die Struktur des Textes und seine Details
   Gegenstand einer näheren Untersuchung, kam es zu einer
   Aufhebung der Trennung zwischen Ausdruck und Bedeutung und zur Feststellung, dass die Ausdrücke für sich genommen weder hässlich noch schön sind. Denn ihre Häss-

lichkeit oder Schönheit hängt ab von ihrem jeweiligen Kontext, der Art, wie sie an die anderen Wörter in ihrer Umgebung anknüpfen. Die rhetorische Kraft der Sprache liegt nicht in Einzelwörtern, sondern erwächst aus der spezifischen Art, wie diese miteinander verwoben werden, und aus den sich daraus ergebenden künstlerischen und semantischen Beziehungen.

4. *Die Herausbildung einer neuen ästhetischen Sichtweise ist erforderlich.*
Denn die Klarheit der vorislamischen Mündlichkeit ist nicht länger Richtschnur für Schönheit und Wirkungsmacht. Im Gegenteil gilt eine solche Klarheit nun als Antithese des Poetischen in der Definition eines al-Djurdjani. Dichterische Ästhetik kommt vielmehr dem rätselhaften, unklaren Text zu, welcher eine Vielzahl von Interpretationen und Deutungen erlaubte – einem Text also, »zu dem der menschliche Geist auf jedem erdenklichen Wege Zugang findet«, wie al-Rummani es ausdrückt.

5. *Der Dynamik der Kreativität und des Experimentierens ist Priorität einzuräumen.*
Dichtung scheint stets das Normale, den Allgemeinplatz, das Überlieferte zu transzendieren. Sie hat »keine Angst davor, den Konsens zu durchbrechen«, wie al-Djurdjani es ausdrückt. Dichtung sei eine »Art von Revolte«, oder eine Alchemie, indem sie »einer Vermutung die Autorität eines Beweises verleiht, um diesen anschließend wieder in den Zustand der Vermutung zurückzuverwandeln; aus wertlosen Materialien kostbare und edle Kreationen erschafft; die Essenzen verkehrt und die natürlichen Elemente transformiert, dadurch die Richtigkeit der Alchemie bezeugend

und die Suche nach dem Elixier vollendend – wobei allerdings die Dichtung spiritueller Natur ist, sich in Imagina-
tionen und Gedanken hüllt, keine physischen Konturen
annimmt«.

Vielleicht sind zum Abschluss die folgenden Zeilen aus der
Feder des Abu Nuwas, welche gleichzeitig eine Art poetisches
Manifest darstellen, am besten geeignet, die Bandbreite der
neuen Poetik zum Ausdruck zu bringen:

> *Ich aber sage, was mir eingibt die Ahnung,*
> *und strafe den Augenschein Lügen.*
> *Ich nehme mir vor, der Bedeutungen viele*
> *mit einem Wort nur zu sagen.*
> *Ich wohne im Wahn; verlasse ich ihn,*
> *so nur, um im Rätsel zu landen,*
> *wie wenn ich auf der Jagd nach etwas Schönem wäre,*
> *das unklar ist, obwohl es vor mir steht.*

3. Vorlesung
Poetik und Denken

I

Ich möchte diese Vorlesung zum Thema Poetik und Denken
bei den Arabern beginnen, indem ich auf drei Aspekte ein-
gehe. Der erste bezieht sich auf die arabische Literaturkritik;
der zweite auf jene Wissenschaften, die nach arabisch-isla-
mischem Verständnis der Sprache zuzuordnen sind: Grammatik *(nahw)* und Rhetorik *(balagha),* ferner Rechtswissenschaft *(fiqh)* und scholastische Theologie *(kalam)*. Der dritte
Aspekt steht im Zusammenhang mit der Philosophie.

1. Für die literarische Kritik war die vorislamische Dichtung
   meist ein leuchtendes Vorbild. Jedwede spätere Dichtung
   wurde ungeachtet ihrer tatsächlichen Qualität danach beurteilt, wie stark sie sich in ihrer Methode jenem Vorbild
   annäherte oder sich von ihm entfernte. Diese Kritik speiste
   sich aus der Wahrnehmung, dass die vorislamische Dichtung nicht einfach nur der Grundstock des arabischen
   ›Liedguts‹ war, sondern auch ein Grundstock an ›Wahrheiten‹ und ›Erkenntnissen‹. Das heißt, dass der vorislamische Dichter nicht einfach nur vorgetragen oder gesungen,
   sondern auch gedacht hat und dass die vorislamische Qaside nicht einfach nur klanglich-ästhetischen Genuss, sondern auch Wissen beschert hat. Anders gesagt: Die vor-

islamische Dichtung war nicht monolithisch, sondern vielstimmig. Die Problematik, die sich nun in diesem Zusammenhang ergab, bestand darin, dass diese Vielstimmigkeit von der Kritik auf ein einziges Modell reduziert wurde, das Modell des *naschid*, also des gesungenen Vortrags. Somit gewannen die mit dem *naschid* assoziierten Werte bei der Wahrnehmung der vorislamischen Dichtung die Oberhand, und in der Folge wurden für die poetologische Beurteilung vor allem die Kriterien der dichterischen Mündlichkeit herangezogen. Als Ergebnis davon kam es zu einer weitgehenden Trennung zwischen Dichten und Denken. Sobald die Kritik bei einem bestimmten Dichter einen gewissen Hang zur Intellektualität ausmachte, stellte sie ihn als »Abweichler« von der sogenannten »arabischen Methode« der Poetik hin. Mal verlieh sie dieser Abweichung das Etikett »Undurchsichtigkeit« *(ghumud)*, mal »Kompliziertheit« *(ta'qid)*, mal »Exzentrizität« *(ighrab)* und mal »Abwegigkeit« *(muhal)*. All diese Bezeichnungen wurden verwendet, um den dichterischen Wert des jeweiligen Werks zu schmälern. Unter den Vertretern jener Kritikerschule waren manche so sehr den Kriterien jener »arabischen Methode« verhaftet, dass sie sogar beispielsweise einen Abu l-Ala' al-Ma'arri aus dem Kreis der Dichter ausschlossen und sich damit begnügten, ihn »den Weisen« zu nennen. Zuvor hatten sie al-Mutanabbi gegenüber einen ähnlichen Standpunkt eingenommen, nachdem sie schon Abu Tammam als »Verderber« der arabischen Dichtung und der »arabischen Methode« bezeichnet hatten.

Diese Kritikerschule vergaß, dass die genannten Dichter durch die Einbeziehung des Denkens in ihre Dichtung gewissermaßen an die vorislamische Dichtung anknüpften –

wenn auch freilich auf eine vielschichtigere und eine tief-
gründigere Weise.[1]

Auch wurde von jenen Kritikern gern vergessen, dass es
ja sie selber waren, die immer wieder die Tatsache ins Gedächtnis gerufen hatten, dass Dichtung für die Araber
nicht nur eine »Anthologie ihres Liedguts« gewesen sei,
sondern auch eine »Anthologie ihres Wissens«, ein »Zeugnis ihrer Glanzleistungen und Misserfolge«, eine »Quelle,
zu der sie zurückkehren« (Ibn Khaldun). Auch nannten
sie die Dichtung eine »Fundgrube für Recht und Weisheit«,
einen »Hort des Verstands«, einen »Führer und Lotsen«,
einen »Verkünder des Wissens«, eine »das Erbe der Vergangenheit verewigende« Kraft (al-Djurdjani). Kurz gesagt, sie
vergaßen, dass die vorislamische Dichtung über ihre re-
zitativ-gesangliche Eigenschaft hinaus eine spezielle, auf
dem Denken basierende Methode zur Annäherung an die
Welt und die Dinge in ihr darstellte. Sie beruhte eben nicht
nur auf einer emotionalen, sondern auch auf einer intellektuellen Erfahrung.

2. Auch jene Ordnung des Wissens, die einerseits auf der Religion (mit ihren Komponenten Rechtswissenschaft und
Theologie) und andererseits auf der Sprache (mit ihren
Komponenten Grammatik und Rhetorik) basierte, trennte
strikt zwischen Dichten und Denken. Das Paradoxe daran

---

[1] Dasselbe lässt sich auch an vielen Stellen der Dichtung von
al-Schanfara (7. Jh. n. Chr.), Urwa Ibn al-Ward (gestorben 596),
al-Samau'al (gestorben 560), al-Afwah al-Audi (gestorben 570),
Alqama al-Fahl (gestorben 598), Zuhair Ibn Abi Sulma (530–627),
Tarafa Ibn al-Abd (538–564), Adi Ibn Zaid (gestorben 587), Labid
Ibn Rabi'a (560–661) und Abid Ibn al-Abras (gestorben 554) beobachten, um nur einige Vertreter zu nennen. (Anm. von Adonis)

war allerdings, dass das, was die Religion als Verirrung und Fehlentwicklung ansah, von den Vertretern jener Wissensordnung zu einer Quelle des ästhetischen und seelischen Genusses umgedeutet wurde. Ein weiterer Widerspruch bestand in der Tatsache, dass ebenjene Wissenschaft, welche sich auf einen geschriebenen Text mit den ihm eigenen Merkmalen der Schriftlichkeit bezog, nämlich den Koran, eine theoretische Auseinandersetzung mit der rezitativ-gesanglichen Mündlichkeit vorantrieb, deren künstlerische Eigenheiten hervorhob und dazu beitrug, dass diese zementiert und zu etwas geradezu Absolutem erklärt wurden.

3. Die auf logischer Beweisführung basierende Ordnung des Wissens, welches einerseits einen methodischen und erkenntnistheoretischen Bruch mit den beiden eben genannten Wissensordnungen repräsentierte, knüpfte andererseits hinsichtlich der poetischen Auffassung doch wieder an jene an. Es ergänzte sie, indem es zusätzlich zu deren spezifischen Argumentationsmustern seine eigenen rationalen, aus der griechischen Philosophie entlehnten Argumentationsmuster hinzufügte.

Wie wir gesehen haben, hatte die Dichtung aus Sicht ihrer arabischen Theoretiker entweder Unterhaltung und Hörgenuss zu bieten, oder aber sie musste auf Ablehnung und Ächtung stoßen. Ihre Sphäre war die des Unwahren, des Irrationalen oder auch die der Sensibilität und des Genusses. Mit anderen Worten, der poetische Ansatz galt als ein mangelhaftes, ja negatives Instrument, um sich den Dingen und Geheimnissen der Welt zu nähern. Dichtung war bestenfalls Spielerei, Imitation und Vorspiegelung.

Aus einem religiösen Blickwinkel betrachtet, lässt sich eine

Rechtfertigung für diese theologisch-sprachliche Sicht-weise finden. Wenn wir das arabische Verb *scha'ara* ›füh-len‹, dessen Wurzel dem Wort *schi'r* ›Dichtung‹ zugrunde liegt, etymologisch zurückverfolgen, dann stoßen wir auf die Bedeutung ›erfahren‹, ›wissen‹, ›verstehen‹, ›begreifen‹. Im Sinne dieser ursprünglichen Bedeutung ist jedes Wis-sen gleichzeitig Dichtung. Man nannte den Dichtenden einen *scha'ir*, weil er wahrnahm und verstand, was niemand sonst wahrnahm und verstand. Später setzte sich *schi'r* je-doch als Terminus für eine durch Versmaß und Reim be-stimmte Form des Ausdrucks durch, also eine durch nicht zu überschreitende Leitmarkierungen eingegrenzte Spra-che. Das Verb *scha'ara* nahm schließlich die Bedeutung ›fühlen‹ an. So wurde Dichtung mit Gefühl assoziiert, wurde zu etwas, mit dem wir Empfindungen Ausdruck verleihen, die uns gerade erst ins Bewusstsein gelangen. So sagt man: »Ich fühlte mich fiebrig.« Und nicht etwa: »Ich fühlte, dass Gott einzig ist.« Denn Gott zeichnet sich nicht dadurch aus, dass man ihn fühlt, sondern dadurch, dass man ihn begreift. Vielleicht mag dies auf religiöser Ebene eine Erklärung dafür sein, warum die Dichtung auf das Fühlen eingeengt wird und warum man so strikt zwischen ihr und dem Denken trennt. Die Dichtung soll gar nicht über die erste Phase des Begreifens hinausgehen, weshalb ihr mit dem Fühlen ausreichend gedient ist. Was über das Fühlen hinausgeht, fällt in den Bereich der Religion. So verbreitete sich die Überzeugung, dass die Dichtung von Natur aus nicht in der Lage sei, Wissen zu vermitteln oder die Wahrheit zu enthüllen. Denn sie sei wie ihre Quelle, das Fühlen: trügerisch und wertlos. Man könne die Wahr-heit nicht über die Dichtung, sondern nur über die Reli-gion erkennen. Die Rolle der Dichtung beschränke sich darauf, ästhetischen Genuss zu verschaffen – innerhalb des von der Religion Erlaubten.

Dies steht im Widerspruch zur ursprünglichen Bedeutung des Wortes *schi'r*, so dass es uns erlaubt ist, diese vorherrschende Bedeutung des Begriffs in Frage zu stellen und das Dichten wieder mit dem Denken zu versöhnen. Denn die Dichtung begnügt sich nicht damit, die Dinge zu fühlen, sondern beinhaltet auch ein Nachdenken über sie.

Aber selbst wenn sich eine Rechtfertigung für diese theologisch-sprachliche Ordnung des Wissens mit ihrer Ablehnung der Poetik finden lässt, wie kann man die literarische Kritik selbst rechtfertigen? Tatsächlich untergräbt diese Kritik eine ernsthafte Untersuchung der Poetik auf fundamentale Weise, insofern es sich dabei nicht um eine Kritik der Dichtung als solcher handelt, sondern um eine Kritik ihrer funktionalen und gesellschaftlich-ethischen Beziehungen. Der Kritiker hatte eher ein funktionales als ein poetisches Verständnis der Dichtung. Denn in seiner Wertschätzung und Beurteilung ging der Kritiker von vornherein von der Frage »Was ist Dichtung?« aus und versuchte, diese so klar und bestimmt wie möglich zu beantworten.

Diese Aspekte würden eigentlich eine gesonderte Untersuchung erfordern, die damit zu beginnen hätte, dass wir unser denkerisches und literaturkritisches Erbe einer Revision unterziehen und auf dieser Grundlage die Geschichte der arabischen Dichtung und ihrer Ästhetik neu schreiben.

Was wir in der Theorie vermissen, das finden wir im kreativen Text. Ein solcher Text, wie wir ihn von einigen Dichtern und Mystikern kennen, überschreitet jene Wissensordnungen und Theorien, indem er durch seine Struktur und seine Vision eine organische Beziehung zwischen Dichtung und Denken aufbaut und uns durch seine Intuitionen und Einsichten neue ästhetische und gedankliche Horizonte eröffnet.

Diese Art von Text speist sich im Wesentlichen aus einer Sichtweise, die den Menschen nicht in Empfindung einerseits und Denken andererseits aufteilt, die Gefühl und Verstand nicht trennt, sondern die den Menschen als eine Gesamtheit betrachtet, die nicht in Einzelteile zerlegt werden kann: als eine Kraft, die aus einem homogenen Bewusstsein erwächst. Als ein der Sphäre der Schriftlichkeit zuzurechnender Text steht ein solcher Text dem oralen Text diametral entgegen. Ich möchte in diesem Zusammenhang darauf hinweisen, dass die Mystik eine neue dichterische Sprache und Form, ja eine ganz neue Art von Dichtung neben der metrischen Dichtung und in Abgrenzung zu ihr erschuf.

Ich werde drei Autoren präsentieren, an deren Texten sich die Einheit von Dichten und Denken im kreativen Schreiben der Araber beispielhaft illustrieren lässt und die, da sie unterschiedliche Aspekte abdecken, ein ziemlich getreues Bild davon vermitteln können: Abu Nuwas, al-Niffari und al-Maʿarri.

3

Man kann das Werk des Abu Nuwas als einen ersten – und dennoch bereits nahezu perfekten – Grundstein für jene Einheit betrachten. Den roten Faden seines Werks bildet die Dialektik zwischen dem, was der Dichter zurückweist, und dem, was er akzeptiert und propagiert. So lehnt er die Werte des beduinischen Lebensstils sowie den religiösen Dogmatismus ab, insbesondere in seiner moralisierenden Form. Propagiert werden von ihm hingegen der urbane Lebensstil und seine Werte, die Überwindung der religiösen Engstirnigkeit, der bewusste Tabubruch. Kaum einer seiner Texte ist frei von diesem Widerstreit. Dieser Widerstreit mündet stets in eine dichterische Schöpfung, in der sich ein Teil des gedanklichen und dichterischen Horizonts abzeichnet, den der Dichter eröffnen möchte. So können wir zwischen den Zeilen immer einen ganz eigenen Weg zur Erkenntnis und ein eigenes Wertesystem herauslesen. Poesie besteht hier im Aufdecken der Energie und der unterdrückten Begierden des Menschen. Nur durch deren explosionsartiges Freisetzen kann die Kluft zwischen seinem Fühlen und seinem Handeln sowie zwischen seinen Wünschen und seinen Fähigkeiten überwunden werden. Poesie besteht ferner in dem, was eine solche Explosion erst möglich macht: das Niederreißen der Barrieren, die uns den Zugang zum Reich der Freiheit verwehren. Das Werk des Abu Nuwas wird von einer Flamme beseelt, die jedes Hindernis verschlingt, sei es nun religiöser oder gesellschaftlicher Art. Dies erklärt die Tatsache, weshalb für ihn Lebensfreude nicht aus erlaubten, sondern im Gegenteil aus verbotenen Handlungen erwächst. Für ihn bringt das Durchbrechen von Tabus ein anarchisches Glücksgefühl hervor, welches seinerseits eine Art Umsturz des bestehenden kulturellen und moralischen Systems und die Verheißung einer künftigen Kultur ohne Unterdrückung und ohne Fesseln bedeutet; einer Kultur, die nicht mehr daraus besteht, etwas vorzuschreiben und zu verbieten, sondern die ein Leben ermöglicht, in dem der Rhythmus des Körpers und der Rhythmus der Realität beim Klang der Musik der Freiheit miteinander harmonieren.

Abu Nuwas benutzt die Frivolität als Maske, hinter der er sich verbirgt. Er erklärt den Rauschzustand, welcher den Körper von der Zensur durch Logik und Traditionen befreit, zum Symbol der totalen Befreiung, gleich einem gewaltigen Schmelztiegel der Verwandlung. Wein steht in seinen Gedichten für weit mehr als nur für Wein. Er ist ein Symbol, ein Indikator. Er hat das Potential, Dinge zu verändern, sie entweder zu vernichten oder zu erschaffen, sie abzulehnen oder zu bejahen. Er ist der Schöpfer: jene uralte Kraft, die auf nichts zurückzuführen ist, sondern auf die alles andere zurückgeht. Von ihm nimmt die Entstehung des Lebens ihren Ausgang, zu ihm kehrt am Ende alles wieder zurück. Dazwischen gibt er dem Leben seinen wunderbarsten Sinn – die Liebe. Er ist demzufolge die Kraft, die das Leben verändert, zwischen seinen Gegensätzen vermittelt und die gewohnte Logik der Zeit aufhebt. Er ist die Ekstase, die entsteht aus der Begegnung mit sich selbst und dem Einssein mit der Welt. So wie der Schöpfer die Essenz des Seins ist und die Welt ein Wald von Symbolen für seine Namen, Eigenschaften und Handlungen, so ist der Wein ebenfalls Essenz. Die Dinge der Welt sind nichts weiter als ein Gewebe aus Kongruenzen zwischen dem Wein und dem Universum. Denn er ist das Feuer, ein lebendiges Wesen, das sieht und spricht. Die Gläser, in die man ihn gießt, sind Lichtquellen und Sterne. Die Trinkrunde gleicht einer himmlischen Sphäre, vor deren Hintergrund sich Tod und Wiederauferstehung einander abwechseln. Das Vordringen zum Innersten des Ichs ist gleichzeitig auch ein Vordringen zum Innersten der Natur.

Während nun dieses Symbol des Weins auf einen Tabu-bruch verweist, welcher auf der Ebene der Werte alles als möglich erscheinen lässt, so verweist es auf der Ebene der Erkenntnis auf die Erforschung des Unbekannten – sei es im Menschen selbst oder in der Natur. Der symbolische Gehalt des Weins zeigt uns, dass das Sichtbare die andere Seite des Unsichtbaren ist und dass das sinnlich Wahrnehmbare an der Schwelle zum Nichtwahrnehmbaren steht: wo Grenzen ver-schwinden, wo das Verborgene und das äußerlich Sichtbare eins werden. So wie der Wein den Menschen, ohne dass er seinen Aufenthaltsort verlässt, an jenen anderen, verborgenen Ort transportiert, so transportiert er ihn auch, ohne dass er die Gegenwart verlässt, in eine andere Zeitsphäre, wo das Leben zu einer niemals endenden Euphorie wird.

Somit hat die Frivolität eine reinigende und befreiende Kraft. Sie ist ein rauschendes Fest, das eine Überwindung der Kultur des Vorschreibens und Verbietens hin zu einer Kultur der Freiheit in Aussicht stellt, innerhalb deren der Mensch Herr über sein Denken, über sein Tun und über sein Verhalten ist. So gesehen drückt sich im Symbol des Weins eine Umkehrung der Werte aus: Sünde wird zur alleinigen Tugend. Abu Nuwas erklärt, er strebe nicht danach, gewöhn-liche Sünden zu begehen, die jeder beliebige Mensch bege-hen könne. Vielmehr gehe es ihm um Sünden, die sich auf einem seinem Streben nach Befreiung angemessenen Niveau bewegen – gewaltige Sünden, die, wie er es ausdrückt, alle anderen Sünden in den Schatten stellen. Wir hören ihn pre-digen, sich gegen den »Tyrannen des Himmels« aufzulehnen, den »Genuss im Verbotenen« zu suchen und sich auf die »Pilgerfahrt zur Weinschenke« zu begeben. Sein stolzes We-sen verbiete es ihm, sich mit anderen als verbotenen Dingen zu begnügen. »Mein Glauben mir, und den Leuten ihr Leuteglaube!«[2], ruft er aus. Gerade im sündhaften Treiben sieht er die Möglichkeit, zur Unschuld zu gelangen.

4

Ich wende mich nun dem zweiten Beispiel zu, dem Werk des al-Niffari. Das Übersinnliche und das Verborgene sind die Themen, um die das Werk des al-Niffari kreist und denen er auf den Grund zu gehen versucht. Es handelt vom Raum mystischer Entdeckung. Dieser Versuch führt ihn jedoch zu der Einsicht, dass es, so groß die Fortschritte auch sein mögen, stets immer weiterer Bemühungen bedarf. Alles, was er erkennen kann, ist nur ein Vorgeschmack auf das, was noch unbekannt ist und ihn zu weiterer Erkenntnis auffordert. So als käme er, ungeachtet allen Wissens, das er sich aneignet, immer wieder zu der Feststellung: »Ich weiß, dass ich nichts weiß.« Um sich auszudrücken, bedarf diese Erfahrung einer Sprache, die sich gleichermaßen dem Allgemeinen wie auch dem Rational-Logischen entzieht. Denn sie gehört dem nicht Sagbaren zu. Die Sprache lässt sich hier auf das Abenteuer ein, das Nichtsagbare auszusprechen.

Dies ist für al-Niffari ein stetiger Ansporn, zu dem, was jenseits des Bekannten liegt, vorzudringen. Dabei unterzieht er sich einer ständigen Selbsterneuerung, um stets gegenwärtig zu sein, bereit, seine Entdeckungsreise fortzusetzen. Im Spannungsfeld zwischen dem Sprechen und dem Schweigen, hoch über jener Schlucht, in der – wie al-Niffari es ausdrückt – »das Grab des Verstands und der Friedhof der Dinge« liegt,

---

[2] Anspielung auf den Koranvers »Euch euer Glaube und mir meiner« (Sure 109, Vers 6: Anm. d. Hrsg.).

bewegt sich sein Text, schweigend in seiner Beredsamkeit und beredsam in seinem Schweigen. Er benutzt Sprache nicht, um sich durch Wörter auszudrücken, denn diese sind machtlos, sondern durch die symbol- und zeichenhaften Beziehungen, die er aus diesen Wörtern weben kann. Die Sprache ist hier wesenhaft metaphorisch. Sie entfernt die Bedeutungen der Wörter aus ihrem allgemeinverständlichen Kontext und überträgt sie in einen anderen Kontext, der sich nur durch Interpretation erschließt. Deshalb scheinen die Wörter von etwas Undefinierbarem überwuchert zu sein. Was sie ausdrücken, liegt nicht in ihnen selbst, sondern in dem, was sich hinter ihnen verbirgt. So als drückten sie paradoxerweise aus, was sie nicht auszudrücken vermögen.

Al-Niffari gibt der Religion eine subjektive Dimension und begründet dadurch eine Sichtweise, die vom traditionell-religiösen Erkenntnisbegriff abweicht. Und in der Art, wie er sich dem koranischen Text interpretatorisch nähert, revolutioniert er dessen Betrachtung. In beiden Fällen transportiert er uns von der oberflächlichen zur inneren Bedeutung, von der rationalen zur sinnlichen Erkenntnis. Seine Betonung der subjektiven Erfahrung ist eine Absage an das Normative. Es gibt kein Modell für das Werk des al-Niffari: Es ist durch und durch originär – ein durch und durch ursprünglicher Text. Da es eine nicht wiederholbare Erfahrung entwirft, bewahrt es sich seine Fähigkeit zur permanenten Selbsterneuerung. Dies macht es zu einem eng mit der Unendlichkeit verknüpften Text. Mit der Betonung des Subjektiven kommt eine weitere Fragestellung ins Spiel. Gemäß einer Sichtweise, die an der Oberfläche verharrt, hatte sie noch gelautet: »Wie soll ich handeln, damit mein Verhalten und mein Denken im Einklang mit dem Gesetz stehen?« Nun aber ist die Frage: »Wer bin ich? Wie kann ich mich selbst erkennen und wie die Wahrheit?«

Somit erscheint das Werk des al-Niffari als ein völliger Bruch mit den diversen Erscheinungsformen der Überlieferung. Mit diesem Bruch erneuert er die kreative Energie der Araber und gleichzeitig die dichterische Sprache. Sein Geschichtsbild speist sich aus der Vision seines Herzens und dem Rausch der Sprache. Er hebt das dichterische Schreiben auf ein zuvor nicht gekanntes Niveau, in der sublimsten und eigenartigsten Form, die der Sprache möglich ist. Bei ihm kann man erstmals lesen, was dem Menschen Sorgen bereitet, wonach es ihn dürstet, welche Fragen er sich stellt – all jene Wogen des Lebens, die im Auf und Ab der Gezeiten aufeinanderprallen, in einem Wechselspiel von Abwesenheit und Anwesenheit im Lichtschein der Ewigkeit.

Was die Poetik dieses Werks am profundesten prägt, ist vielleicht die Tatsache, dass die darin angelegte Explosion des Denkens mit einer Explosion der Sprache selbst einhergeht. Denn indem al-Niffari das Denken aus seiner Isolation herausholt, bringt er auch die Sprache ans Licht. Er befreit beide aus den Fängen von Zweckbestimmtheit und Rationalität und gibt ihnen ihre zentrale Rolle wieder: das Eintauchen in die Tiefen des Ichs und der menschlichen Existenz sowie das Aufdecken ihrer unterschiedlichen Dimensionen. Jene Explosion ist voll von überraschenden Erleuchtungen, gegensätzlichen und doch ineinandergreifenden Spannungen, durch welche der Text sich auf die Bühne des Ichs zu ergießen scheint, in Bildern, die ineinanderfließen und sich wieder entwirren, sich einander nähern und sich wieder voneinander entfernen, abseits jeder Kausalität, als handele es sich um einen Traum. Es scheint, als seien es die Wörter des Texts, die für sich selbst sprechen – miteinander flüsternd, debattierend, streitend und sich versöhnend in einem mitreißend schönen Wahn. So als spiele der Text mit sich und der Existenz ein

Spiel von noch nicht dagewesener Brillanz und Anmut und als sei die Sprache die in Vokale und Konsonanten gegossene Bewegung des Seienden, ja als sei sie ganz und gar mit der Erfahrung verschmolzen. Denken ist hier pures Dichten und Dichten pures Denken.

Somit versetzt uns das Werk des al-Niffari in eine einzigartige Welt voller Glanz und Glückseligkeit. Das Werk als solches ist die Glückseligkeit. Bei seiner Lektüre spüren wir, dass wir aus den uns erdrückenden Lebensumständen ausbrechen und der Erlösung nahekommen können. Es ist ein Werk, das die Distanz zwischen dem Menschen und dem Sakralen aufhebt. Es ist die Humanisierung des Sakralen und die Sakralisierung jenes dichtenden und »denkenden Schilfrohrs«, als das Blaise Pascal den Menschen bezeichnet hat.

Dennoch lesen wir darin: Das Übersinnliche kann nicht erkannt werden und bleibt demzufolge im Wesentlichen Sehnsucht nach dem Übersinnlichen. So wie die Sehnsucht das Sprechen hervorruft, so ruft das Sprechen ebendiese Sehnsucht hervor und verwandelt sie in eine Sehnsucht nach deren Ursache: dem Übersinnlichen, von dem man von Zeit zu Zeit einen kleinen Schimmer zu Gesicht bekommt, das aber versteckt, fern und kaum wahrnehmbar bleibt. In dieser Sehnsucht, die nicht vergeht, entdecken wir bei der Lektüre des al-Niffari folgendes Paradox: Die Wahrheit in ihrer ganzen Eindeutigkeit und Uneindeutigkeit existiert nur in Form der Erfahrung dieser wesenhaften Einheit, in der das Denken Dichten und das Dichten Denken ist.

5

Ich komme nun zum dritten und letzten Beispiel: dem Werk des al-Ma'arri.

Al-Ma'arri unterzieht die Überzeugungen und Gedanken seiner Zeit einer Befragung, die das Denken in das Gewand der Dichtung kleidet und die Dichtung in die Energie des Denkens. Mit anderen Worten, er gibt jenen Überzeugungen einen gedanklichen Rahmen, den er mit der Sensibilität der Poesie und vielgestaltigen seelischen Wirkungen erfüllt. So betreten wir bei der Lektüre des Werks von al-Ma'arri ein Feld der Betrachtung, das uns den Dichter in seiner ganzen Vielgestaltigkeit rezipieren lässt, ohne dass diese zur Interpretation seines Werks ausreicht. Die Art von Erkenntnis, von der sein Werk nur so strotzt, ist jener anderen Erkenntnis, welche auf endgültigen Wahrheiten beruht, insbesondere der religiösen Erkenntnis, entgegengesetzt. Er deckt die Tabus seiner Zeit auf und ermuntert dazu, über Dinge nachzudenken, die sich nicht ohne weiteres erschließen. Er steht für die Abkehr von Dogmen jedweder Natur und von allen Gewissheiten, aus welcher Richtung sie auch kommen mögen. Somit scheint seine Dichtung den Leser in einen Zustand des Verlorenseins zu werfen, oder sagen wir des Nichts, das als die wesentliche Bestimmung der Welt verstanden wird.

War die Dichtung gemäß der »arabischen Methode« eine »Kunst des Ausdrucks«, so machte al-Ma'arri daraus eine Kunst der Bedeutung. Genauer gesagt ist das Werk al-Ma'arris ein Zusammentreffen von Ausdrucksformen, die wir bereits beherrschen, und Bedeutungen, nach denen wir erst noch suchen müssen. Doch handelt es sich um eine Suche, die stets zu Unsicherheit und Zweifel führt. Denn al-Ma'arri legt keine neuen Fundamente, weder auf der Ebene der Sprache noch auf der der Bedeutung. Ganz im Gegenteil, alle seine Äußerungen ziehen diese beiden Ebenen in Zweifel, sind sie für ihn letztlich nur Mittel, um Vergeblichkeit und Nichtigkeit beim Namen zu nennen. Er erschafft sich seine Welt sozusagen mit dem Tod als Ausgangsbasis. Der Tod allein ist für ihn das erlösende Elixier, selbst das Leben ist nur ein langsamer Tod. Die Kleidung, die der Mensch trägt, ist sein Leichentuch und das Haus, in dem er lebt, sein Grab. Sein Leben ist sein Tod – und sein Tod sein wahres Leben. An anderer Stelle sagt er in Abwandlung davon: Das Heimatland ist ein Gefängnis, der Tod die Haftentlassung. Einzig das Grab ist dem Menschen ein sicherer Zufluchtsort. Deshalb ist es für den Menschen am besten, wenn er wie ein Baum stirbt, der mit Stumpf und Stiel herausgerissen wird und von dem weder Wurzeln noch Äste zurückbleiben. Denn der Mensch ist bloßer Unrat, weshalb sich die Erde erst dann wird reinigen können, wenn die Menschheit von ihr verschwunden ist. In diesem Sinne erklärt er, der abscheulichste aller Bäume sei derjenige, der die Menschen hervorgebracht habe. Das Leben sei eine Krankheit, und der Tod deren Medizin. Der Tod sei ein Fest des Lebens. Denn er verleihe dem Menschen eine zusätzliche Duftnote, so wie der Moschus durch sein Zerstampfen an Aroma gewinne. Ja die Seele sei geradezu von einem Todestrieb besessen und verzehre sich ständig danach, sich mit ihm zu vermählen.

Das Werk al-Maʿarris enthüllt den ursprünglichen Mangel im Leben. Anders gesagt, das Leben ist von Natur aus mangelhaft. Die Zeit ist in ihrer ganzen Verkommenheit nichts als sinnlose Spielerei. Die Geburt des Menschen ist nichts anderes als die Ursünde, denn das Leben ist von Grund auf schlecht.

Wozu dann überhaupt Dichtung? Um uns daran zu erinnern und damit jeder die Verse von al-Maʿarri nachspricht:

Mein Körper ist Lumpen, mit der Erde vernäht
O Schneider der Welten, vernähe auch mich!

6

Das dichterische Werk von Abu Nuwas, al-Niffari und al-Ma'arri lässt sich als eine Kombination von rationalem Denken und Imagination beschreiben: Zum einen geht deren Werk über die Wissensgebiete der damaligen Zeit hinaus und bewirkt verstörende Erkenntnisse bezüglich Religion, Werte, Moral, Gott, des Übersinnlichen, des Lebens, des Todes und diverser anderer Probleme, mit denen sich der Mensch konfrontiert sieht. Ihr Werk entspringt einem obsessiven Drang, die Wahrheit zu erforschen und sich selbst und die Welt kennenzulernen.

Zum anderen ist in diesen Werken der Aspekt der Vorstellungskraft, nicht im Sinne einer bloß gefühlsmäßigen, psychologischen Fähigkeit, sondern im Sinne der Mystik, was besonders im Werk des al-Niffari sichtbar wird. Die Vorstellungskraft ist demgemäß ein Medium zwischen der Seele, die der Welt des Übersinnlichen angehört, und der sinnlichen Wahrnehmung, die auf konkreter Beobachtung beruht. Und sie ist ein Fundus, aus dem die Seele ihre primäre Materie bezieht; eine unbegrenzte Energie des freien Schaffens; ein Licht, das verwandelnd wirkt, indem es den Vorhang der Dunkelheit zerreißt, der die Dinge verhüllt. Und eben weil die Vorstellungskraft Licht ist, kann sie nicht fehlgehen. Der Irrtum ist ein Kind des rationalen Urteils, während die Vorstellungskraft kein Urteil abgibt. Der Irrtum liegt in der Kraft, welche das Urteil abgibt, dem Verstand. Dieser kann fehlgehen bei der Einordnung dessen, was die Imagination zum

Vorschein bringt. Deshalb können die Texte der Mystiker nicht rational beurteilt werden, sind sie doch aus der mystischen Erfahrung geboren, welche mit Verstand und rationalen Urteilen nichts zu schaffen hat.

Mit den Augen der Vorstellungskraft betrachtet, entstehen jene Bilder, mit deren Hilfe wir die durch sie symbolisierte Wahrheit erst erkennen können. Die Imagination ähnelt der Gebärmutter: So wie sich der Embryo in der Gebärmutter entwickelt, wachsen die Bedeutungen in der Imagination heran und nehmen unterschiedliche Formen an. Auf diese Weise leitet uns die Imagination vom Bekannten zum Unbekannten.

Während weder im Werk des Abu Nuwas noch in dem des al-Niffari eine Distanz zwischen Poetik und Denken wahrzunehmen ist, erscheint das Werk des al-Ma'arri im Vergleich dazu oft in eine Art von kalter Intellektualität getaucht, aber auch überlagert von einer erdrückenden Albtraumhaftigkeit. Hier trifft das zu, was T. S. Eliot über die Dichtung William Blakes sagt: »Die Dichtung Blakes ist verstörend wie jede große Dichtung.«

Verstörend ist das Werk des al-Ma'arri nicht in dem Sinne, dass es krankhaft wäre oder von kalter Komplexität, sondern dass es seinen Leser permanent einem Abgrund von Vergeblichkeit und Nichtigkeit aussetzt.

Auf einer anderen Ebene betrachtet, können wir das Werk jener drei beispielhaften Autoren als eine um Erkenntnis ringende Annäherung an die Dinge und an den Menschen charakterisieren, welche zum einen mit psychologischen Ingredienzien angereichert ist und zum anderen Distanz zu Logik und Vernunft hält. Die Bedeutung kommt in ihnen in einer symbolischen Struktur zum Ausdruck. Es gibt in diesen Texten keine Trennung von dem, was man Gefühle nennt, und dem, was als Kontemplation und Bewusstsein gilt. Dichtung ist hier eine existentielle Vision und eine spirituell-meditative Erfahrung. Sie ist eine nach Erkenntnis strebende Betrachtungsweise, doch ihre Methoden sind weder Überlieferung noch Vernunft, weder Beweisführung noch Logik. Vielmehr sind es Intuition, Einsicht und der Blick des Herzens.

7

Wenn wir wir uns nun dem Ursprung des Wortes *fikr* (›Denken‹) zuwenden, stellen wir fest, dass es nach seiner Herkunft eher auf Seele und Herz statt auf den Verstand verweist. Es bedeutet nämlich die Hinwendung zu einem Ding. Gemeint ist die Hinwendung im Herzen, die Sorge. Wenn wir also denken, bedeutet dies ›mit dem Herzen betrachten‹.

Die Etymologie des Wortes *aql* (›Verstand‹, ›Vernunft‹) verweist hingegen auf den Bereich der Moral, denn es ist der Verstand, der dem Menschen Verbote auferlegt und ihn von seinen Leidenschaften fernhält beziehungsweise der ihn daran hindert (*ya'qil*, was etymologisch verwandt ist), sich in Gefahren zu stürzen. Demzufolge ist das Denken eine Mischung aus Intuition und Reflexion.

Wenn wir die Dichtung als seelisch-gedankliche Intuition betrachten, dann wird uns deutlich, dass die Trennung zwischen ihr und dem Denken letztendlich auf die Ansicht zurückzuführen ist, Dichtung sei irreleitend – nicht nur, weil sie sich auf trügerische Sinne verlasse, sondern weil sie auf eine Weise ›denke‹, die sich in kein konkretes System pressen lasse. Und in der Tat denkt sie in Symbolen und Bildern, vor deren Hintergrund die rationalen Erkenntnisweisen unzulänglich scheinen, weil sie unfähig sind, eine Erkenntnis zu liefern, die so umfassend ist, wie sie behaupten.

So gesehen ist es verständlich, warum die hier behandelte Art von Texten auf die Gralshüter jener Ansätze, seien sie religiöser oder rationaler Natur, verstörend wirken mussten. Denn zum einen präsentieren sie ein Weltwissen, das sich einer Einordnung in diese Wissensordnungen widersetzt oder zu dem vorzudringen ihnen die geeigneten Methoden fehlen. Zum anderen wird durch sie die Unmöglichkeit einer allumfassenden Vision, einer absoluten Erkenntnis manifest, in deren Besitz sich jene Ordnungen des Wissens wähnen.

Mithin ist die Erkenntnis in diesen Texten etwas Dynamisches, Hervorsprudelndes, Unbändiges. Sie ist ein Dekonstruieren, ein Experimentieren. Ihre Grundlage ist nicht die Analyse, die Logik oder eine vorgegebene Methode, sondern vielmehr der Mensch, seine Erfahrung, seine Vitalität und Aktivität. Die Welt erscheint in diesen Texten als eine Unendlichkeit aus freien Räumen und Zusammenballungen, von Zerstreuung und Vielfalt: Es gibt keine Stabilität, nichts im Denken ist von vornherein festgelegt.

Tatsache ist, dass diese Texte religiöse und philosophische Angelegenheiten behandeln, jedoch auf ihre besondere Art und mit ihrer eigenen Ausdrucksweise, und dass sie Standpunkte und Meinungen offenlegen, die immer wieder die etablierte Ordnung mit ihrem religiösen oder philosophischen Wissen durcheinandergewirbelt haben. Weder hinsichtlich ihrer Erfahrungen noch hinsichtlich ihrer Entdeckungen beziehen sie sich auf bereits Gedachtes, wie die Texte der Religion und der Philosophie dies tun. Vielmehr dringen sie bis zu dem vor, was bisher ungedacht, unterdrückt, verborgen und weit weg war. Sie offenbaren folglich Wahrheiten mit einer Methodik, die sich weder auf religiösen Glauben noch auf empirisch-rationale Argumentation stützt; einer Methodik, die über die Sache selbst ein Wissen vermittelt, das sich von dem durch Religion oder Philosophie vermitteltendem Wissen völlig unterscheidet.

Hinzugefügt sei, dass es sich beim Wissen in jenen Texten nicht um absolute Gewissheiten oder um Antworten handelt, wie dies bei den beiden anderen genannten Erkenntnisarten der Fall ist. Wissen ist hier ganz im Gegenteil ein Fragen. In der arabisch-islamischen Erkenntnistradition verbindet man mit dem Denken stets das Antwortgeben. Und da die Dichtung nun einmal keine Antworten liefert, trennt man strikt zwischen ihr und dem Denken. Aber auch wenn es stimmt, dass der Dichter keine Antworten gibt, so bedeutet dies nicht, dass er nicht denkt. Im Gegenteil: Indem sich Dichtung im Fragenstellen manifestiert, bietet sie Perspektiven des Suchens und Erkennens statt absoluter Gewissheiten. Fragen ist Denken, denn es ist mit Unruhe und Zweifel verbunden. Antwort geben bedeutet hingegen eine Art Stillstand des Denkens, denn es ist mit Ruhe und Gewissheit verbunden. Anders gesagt: Fragen ist eine Form von Denken, die einem das Weiterdenken erlaubt.

Schließlich ermöglichen uns diese Texte, das dichterische Denken auf vier Ebenen zu verorten:

1. Die poetische Bildersprache jener Texte enthüllt das Dunkle, Mysteriöse im Innern des Menschen; sie kehrt hervor, was der Leser fühlt oder woran er denkt, ohne es je bewusst hinterfragt zu haben. Damit stellt sie ihm Schlüssel und Methoden zur Verfügung, um Einblick in seine innere Welt zu nehmen und diese besser zu verstehen.

2. Diese Bildersprache enthüllt die grundlegenden Aspekte der äußeren Welt und vermittelt gleichzeitig das, was bis-

lang unterdrückt, ignoriert oder vernachlässigt wurde. Indem der Text auf eine bestimme Art und Weise diese vorhandenen Wahrheiten in den Mittelpunkt rückt, bringt er Fragestellungen hervor, die auf andere Wahrheiten verweisen. Auf diese Weise erweitert er den Bereich der Erkenntnis und der Erfahrung.

3. Die erwähnten Entdeckungen und Fragestellungen lösen sich im Zuge der Lektüre aus dem rein emotionalen Rahmen heraus und fügen sich in umfassendere Strukturen ein. Was ästhetisch motiviert ist, geht in einen größeren Zusammenhang von Leben und Denken über. Was vorher rein individuell war, wird ein Gemeinsames, von allen Geteiltes.

4. Die sublimsten unter jenen Entdeckungen können sich als regelrechte Schlüssel zum Unbekannten erweisen, als Grundlage für neue, unerwartete Visionen. Sie helfen uns nicht nur beim Verstehen der Realität, sondern erlauben es uns gleichfalls, auf ihrer Grundlage das Künftige vorauszuahnen. Denn indem sie das Sein und die Seele beleuchten, eröffnen sie Möglichkeiten des Denkens und Handelns gleichzeitig.

8

Zuletzt bleibt mir noch, darüber zu sprechen, was die wesentliche Besonderheit dieser Texte ist, und zwar die Sprache. Darin verschmelzen Denken und Dichten zu einem einheitlichen Bewusstsein, ja das Denken scheint geradezu aus der Dichtung zu entströmen wie der Duft aus der Rose. Diese Charakteristik äußert sich in der metaphorischen Struktur des Ausdrucks.

»Ein Großteil der Sprache ist Metapher, nicht wortwört-

liche Bedeutung«, sagt der Linguist Ibn Djinni (932–1002).
Das Metaphorische sei eine Abweichung vom wahren, ursprünglich vorgesehenen Sinn der Sprache. Gründe für den
Wandel von wörtlich gemeinter in bildliche Sprache sind Be-
deutungserweiterung, Emphase und Vergleich. Das Metaphorische ist im Arabischen weit mehr als nur ein Ausdrucksmittel. Es ist bereits in der Struktur der Sprache angelegt und
verweist auf das spirituelle Bedürfnis, über die offenkundige
Realität, also über das Vorgegebene, das Unmittelbare, hin-
auszugehen. Es ist das Produkt einer Sensibilität, die sich vom
Faktischen eingeengt fühlt und die hinter die Kulissen blicken
will, also einer metaphysischen Sensibilität. Das Metaphorische ist transzendierend: So wie die bildliche Sprache über
sich selbst hinausgeht, hin zu etwas nicht so leicht Zugäng-
lichem, so geht sie auch über die Realität hinaus, von der sie
spricht. Als sei sie ihrem Wesen nach eine Gegenbewegung
zur existierenden Realität, stets auf der Suche nach einer
Alternative.

Somit holt die Metapher die Realität aus ihrem gewohnten
Kontext heraus, indem sie die Wörter, deren sie sich dabei bedient, gleichfalls aus ihrem gewohnten Kontext herausholt.
Sie ändert, indem sie den Wörtern eine andere Bedeutung
gibt, auch die Bedeutung der Realität. Dabei stellt sie neue
Beziehungen zwischen den einzelnen Wörtern sowie zwischen den Wörtern und der Realität her.

Und da die Metapher die Wörter aus den Schranken befreit, die ihnen die Realität setzt, sind die neuen Beziehungen,
die sie zwischen Wörtern und der Realität herstellt, Beziehungen voller Möglichkeiten. In ihnen ist Raum für eine
Vielzahl von Bedeutungen, die zu ganz unterschiedlichen Auf-
fassungen, Meinungen und Bewertungen führen können. Von
daher ist die Metapher nicht dazu da, endgültige Antworten

zu geben, denn sie ist schon für sich eine Kampfzone gegensätzlicher Bedeutungen. So ist sie ein steter Quell des Fragestellens und muss aus der Warte jenes Wissens, das sich als unumstößlich betrachtet, beunruhigend und verstörend wirken.

All dies deutet darauf hin, dass die Metapher mit einer bestimmten Vision der Wirklichkeit verbunden ist. Sie beschränkt sich nicht darauf, einen Standpunkt zu dieser Wirklichkeit einzunehmen, sondern steht auch für eine bestimmte Art zu denken, die Wirklichkeit zu enthüllen und auszudrücken.

Wenn wir dem die Meinung von al-Djurdjani hinzufügen, wonach »die Metapher immer wirkungsmächtiger als die Realität ist«, welche Stellung käme dann Religion und Philosophie in einer Geschichte des Denkens zu, also in einer Geschichte der Wahrheit in Gestalt metaphorischer Rede? Diese Frage führt uns zu einem weiteren Aspekt jener Trennung von Dichten und Denken, die in beiden für die arabische Kultur maßgeblichen Ansätzen der Erkenntnisfindung, der religiösen und der philosophischen, vorherrschend ist. Beide interessieren sich jeweils auf ihre spezielle Weise für das, was sie als Wahrheit bezeichnen und eine klar definierte Bedeutung hat. In der Metapher hingegen gibt es nur Wahrscheinlichkeiten. Folgerichtig beschreibt die religiöse Wissensordnung die Metapher als Entfernung der Wörter von ihren gewohnten Bedeutungen, als Verdrehung der Wörter von ihren Inhalten. Diese Verdrehung korrumpiere die Sprache und ihre Bedeutungen, denn sie gebäre Irrtum und Falschheit. Zumal ja die Wörter von Gott geschaffen worden seien, damit jedes Wort den ihm zugehörigen Inhalt ausdrücke. Trenne man die beiden voneinander, würden die Wahrheiten, die der Schöpfer uns nahebringen wollte, entwertet. Der richtige Weg sei es also, jedem Ausdruck den ursprünglich für ihn bestimmten Inhalt zuzuweisen; ein Irrweg hingegen sei es, ihn mit einer anderen als der vorgesehenen Bedeutung zu versehen. Es dürfte klar sein, dass solche Aussagen nicht nur die Metapher in ein schlechtes Licht rücken, sondern ebenso die Dichtung.

Aus dem Vorangegangenen wird der Unterschied zwischen dem Horizont der poetischen Erkenntnis und dem Horizont der religiösen und philosophischen Erkenntnis deutlich. Letztere geht davon aus, dass die inhaltliche Bedeutung durch einen auf die Wahrheit verweisenden Signifikanten ausgedrückt werden müsse, damit man sich ihrer vollkommen und in all ihren Aspekten bewusst werden könne. Dagegen geht die poetische Erkenntnis davon aus, dass man das Verlangen danach verspürt, dieses Wissen zu vervollkommnen, solange man den Sinn einer Äußerung nicht vollständig kennt. Würde man den Sinn nämlich vollständig kennen, dann hörte das Streben nach Vollkommenheit auf. Was wir bereits wissen, hat den Zweck, in uns das Verlangen nach dem, was wir noch nicht wissen, zu entfachen – das Verlangen also nach einer vollkommeneren Erkenntnis. Aus der Perspektive des religiösen und philosophischen Wissens erscheint die Welt abgeschlossen, vollendet, weil sie zu einer Gewissheit, einer Überzeugung, einer Doktrin geworden ist. Aus der Perspektive der poetischen, also metaphorischen Erkenntnis ist sie hingegen offen und unbegrenzt, weil sie voller Möglichkeiten steckt, ein stetiges Suchen und Entdecken ist.

Dies führt uns vor Augen, wie sehr das Arabische in seiner metaphorischen beziehungsweise poetischen Struktur eine Sprache ist, die zum Suchen, zum Erkennen des Unbekannten und zum Erlangen der Vollkommenheit anregt. Sie ist viel zu unermesslich, als dass sie sich durch die vorgegebene Realität eingrenzen ließe. Im Bereich des Ausdrucks verfügt sie über eine Dimension der Unbegrenztheit, die der Unbegrenztheit im Bereich des Wissens entspricht.

Aus der Warte der mystischen Erfahrung betrachtet ist das Metaphorische vergangenheitslos. Es ist ein permanenter Neubeginn und bildet eine Brücke zwischen dem Sichtbaren und dem Unsichtbaren. Da es ihm darum geht, dieses Unbekannte zu enthüllen, beruht das poetische Bild nicht auf Gegenüberstellungen und Vergleichen, sondern ist eine originäre Schöpfung, die aus der Zusammenführung zweier voneinander getrennten Welten zu einer einzigen Welt erwächst. Das Bild ist dabei nicht nur eine rhetorische oder deskriptive Technik, sondern vielmehr eine ursprüngliche Kraft, die derselben Dynamik folgt wie die dichterische Intuition. Es sträubt sich dagegen, vom Verstand oder von der Realität beschränkt zu werden. Es entflieht den Grenzen des Verstandes und der Realität, da es auf etwas verweist, das diese überschreitet. Von ihm geht ein greller, enthüllender Lichtstrahl aus, der direkt auf das Unbekannte gerichtet ist. Das Bild ist also Verwandlung, Veränderung.

Daraus können wir erkennen, dass das dichterische Schreiben in der Mystik keine Literatur im konventionellen Sinne ist, sondern ein Genre für sich, das sich nur schwer definieren und in Regeln fassen lässt. Denn dieses Schreiben ist eine ständige Entdeckung des Unbegrenzten und beinhaltet die fortwährende Zerstörung gegebener Formen, dabei selbständig die Form wechselnd. Wie bei der Bildhaftigkeit der Metapher handelt es sich bei der Form um eine originäre Schöpfung: Sie ist nicht wiederholbar, konstruierbar, adaptierbar oder kopierbar. Sie ist kein Gewand, keine Hülle, kein Gefäß. Sie ist ein weiter, von Wellen durchwogter Raum, ein Pulsieren der Gefühle und des Denkens im Rhythmus des Herzens.

Deshalb gibt es in dieser Art des Schreibens keine abstrakte Form um ihrer selbst willen. In ihm tritt Form immer als Form von etwas auf. Somit hat jedes Gedicht seine eigene spezifische Form.

9

Aus dem bisher Gesagten folgt, dass das dichterische Schreiben eine Lesart der Welt und ihrer Dinge ist – gewissermaßen eine Lesart von sprachlich aufgeladenen Dingen, aber auch von Sprache, die von Dingen aufgeladen ist. Das Geheimnis der Poetik liegt darin, dass sie stets auf einer Gegenrede zum herrschenden Diskurs beharrt, um der Welt und ihren Dingen neue Namen geben und sie somit in einem neuen Licht betrachten zu können. Die Sprache erschafft hierbei nicht allein das Ding; vielmehr erschafft sie sich mit dessen Erschaffung selbst. Dichtung ist, wenn das Wort sich selbst transzendiert und dabei die von seinen Buchstaben vorgegebenen Schranken durchbricht. Wenn das Ding ein neues Bild und eine andere Bedeutung annimmt. Genau das zeigt sich in jener Art des Schreibens, die wir am Beispiel von Abu Nuwas, al-Niffari und al-Ma'arri dargestellt haben. Deren Werk ist nur ein kleiner Ausschnitt aus einem umfangreichen literarischen Korpus, das in dem richtigen ästhetischen und theoretischen Rahmen einzuordnen und dessen tatsächliche Bedeutung zu verstehen, wir erst in jüngster Zeit begonnen haben.

4. Vorlesung
Poetik und Modernität

I

Wir können die Poetik einer arabischen Moderne im Mittel-
alter nur dann richtig verstehen, wenn wir sie in ihrem historischen Kontext betrachten, gesellschaftlich, kulturell und
politisch. Ihre Entstehung im achten Jahrhundert ging einher
mit revolutionären Bewegungen, die auf politischer und sozia-
ler Ebene Gleichheit und Gerechtigkeit forderten und sich
gegen die herrschende Diskriminierung von Muslimen untereinander aufgrund ihrer Abstammung und Hautfarbe wand-
ten. Sie verband sich mit geistigen Bewegungen, welche die
althergebrachten kulturellen und nicht zuletzt religiösen Vorstellungen auf unterschiedliche Weise in Frage stellten.

Der damals vorherrschenden Auffassung zufolge basierte
der arabische Kalifatstaat auf einer Vision, einer Botschaft:
der des Islams. Das bedeutete zum einen, der Kalif war als
Oberhaupt jenes Staates nicht einfach nur Nachfolger *(khali-
fa)* seines Amtsvorgängers, sondern hatte auch das von ihm
übernommene Erbe in Theorie und Praxis zu bewahren und
weiterzuführen. Zum anderen war für diesen Staat die Gemeinschaft *(umma)* konstituierend. Das bedeutete, dass der
Konsens ein zentrales Gebot war. Politik und Denken waren
Teil der religiösen Sphäre, die Religion stellte eine monolithische Einheit dar.

So erklärt sich, warum die Herrschenden jene neuen Bewegungen meistens bekämpften. In politischer Hinsicht betrachteten sie sie als antireligiös – waren sie doch Gegner der Kalifatsherrschaft, die ihre Legitimation aus der Religion bezog. In intellektuell-philosophischer Hinsicht bezichtigte man sie der Ketzerei und Apostasie. Sei es, weil sie die Definition und Lehre tugendhaften Verhaltens nicht mehr allein der Religion zubilligen wollten oder weil sie die Rolle der göttlichen Offenbarung für den Erkenntnisprozess leugneten; Erkenntnis und Wahrheit waren für sie Angelegenheiten der Vernunft. Im Hinblick auf ihren Hang zur Mystik galten sie als Abweichler von orthodoxer islamischer Praxis *(sunna)* und Religionsgesetz *(schari'a)*. Denn die mystisch inspirierte Bewegung der Sufis unterschied zwischen dem »äußerlich Sichtbaren« *(zahir)* und dem »Verborgenen« *(batin)*, und entsprechend zwischen dem »Religionsgesetz« und der »Wahrheit«. Dabei waren sie der Überzeugung, dass Erkenntnis und Wahrheit ihren Ursprung im »Verborgenen« haben, und sprachen von der Möglichkeit einer Einswerdung von Gott und Existenz sowie von Gott und Mensch.

Anders gesagt bezeichneten die Herrschenden all jene, die nicht gemäß der Kalifatskultur dachten, als Unterstützer inakzeptabler Neuerungen *(ahl al-ihdath)* und stellten dadurch deren Zugehörigkeit zum Islam in Frage. Daraus wird deutlich, dass die Ausdrücke *ihdath* (›Innovation, Modernisierung‹) und *muhdath* (›das neu Geschaffene, Moderne‹), mit denen man die neue, gegen uralte Prinzipien verstoßende Dichtung bezeichnete, ursprünglich aus dem religiösen Wortschatz stammten. Was wiederum ein klarer Hinweis darauf ist, dass die herrschende Elite das Neue in der Dichtung als ebensolche Abweichung von der Kalifatskultur und den altehrwürdigen Idealen empfand wie politische und intellektuelle Dissidenz, wie auch darauf, dass das Poetische im Leben der Araber stets mit der politisch-religiösen Sphäre verwoben war und bis heute ist.

2

Aus alldem folgt, dass die Problematik der dichterischen Modernität *(hadatha)* in der arabischen Gesellschaft weit über die Grenzen der Dichtung im engeren Sinne hinausreicht. Es handelt sich um eine generelle Krise der Kultur, welche in gewisser Weise auch eine Krise der Identität ist und die im Kontext von Konflikten zu sehen ist: einem gesellschaftsinternen Konflikt mit unterschiedlichen Facetten und Ebenen; und einer Auseinandersetzung der arabischen Gesellschaft mit äußeren Akteuren. In diesem Zusammenhang lässt sich beobachten, dass die Rückwendung zum Alten sich immer dann besonders stark manifestierte, wenn die internen Konflikte zunahmen oder wenn die Bedrohung von außen akuter wurde. Wir finden im gesellschaftlichen Leben der heutigen arabisch-islamischen Welt eine deutliche Kontinuität dieses geschichtlichen Phänomens, was unsere Beobachtungen bestätigt.

Vielleicht erleichtert uns dies das Verständnis dafür, warum Modernität in der arabischen Gesellschaft bis heute eine Strömung geblieben ist, die mal erstarkt wie in der Zeit vom achten bis zum zehnten Jahrhundert und mal schwächer wird und einen regelrechten Niedergang erlebt wie in den darauffolgenden Jahrhunderten. Ein entscheidender Faktor ist dabei stets die Intensität jener erwähnten inneren und äußeren Konflikte. Dies erklärt vielleicht auch, warum die Modernität meist eine Kraft der Ablehnung, des Infragestellens und der

Anregung geblieben ist, ohne in einer bewussten, fundamentalen und umfassenden Weise in die arabische Mentalität oder die arabische Lebensweise Eingang gefunden zu haben. Und schließlich lässt sich damit vielleicht auch die Dominanz der alten, traditionellen Denkmuster im arabischen Alltagsleben sowie in Dichtung und Philosophie der Araber deuten.

3

Mit der Eroberung Bagdads durch die Mongolen im Jahre 1258 begann die arabische Gesellschaft, vom Weg abzukommen, den ihr die erwähnte Modernität erschlossen hatte. Weitere Faktoren für diese Abkehr waren die Kriege gegen die Kreuzfahrer und später vor allem die Fremdherrschaft der Osmanen.

Zwischen dem frühen 19. Jahrhundert und der Mitte der vierziger Jahre des 20. Jahrhunderts kehrte die Frage der Modernität wieder auf die Tagesordnung zurück. Es war dies die Zeit der europäischen Kolonialherrschaft, aber auch des Kontakts mit westlicher Kultur und Moderne sowie der sogenannten arabischen ›Renaissance‹ (*nahda*; diese Bezeichnung böte allein schon genug Stoff für eine eigene Studie). Gleichzeitig wurde die Debatte über die Probleme und Fragen, die die Moderne aufwirft, wieder aufgegriffen. Die Meinungen teilten sich dabei in zwei Richtungen: in eine traditionalistische, sich als ursprünglich begreifende, welche in der Religion und den arabischen Sprachwissenschaften ihre Grundlage sah; und in eine grenzüberschreitende, welche sich im Gegensatz dazu vor allem auf den europäischen Säkularismus berief. Doch behielt die traditionalistische Kultur die Oberhand, insbesondere auf der Ebene der Eliten, begünstigt

durch ökonomische, soziale und politische Umstände im Inneren wie im Äußeren.

Das Ursprüngliche, Althergebrachte ist gemäß jener Kultur
das Muster zur Erkenntnis der endgültigen Wahrheit im religiösen, sprachlichen und dichterischen Bereich. Dies bedeutet, dass die Zukunft bereits darin enthalten ist, dass es also
keinem Angehörigen dieser Kultur geziemt, sich vorzustellen,
dass es Wahrheiten und Erkenntnisse geben könnte, die über
jenes Althergebrachte hinausgehen. Jene Modernität, wie sie
von Abu Nuwas und Abu Tammam auf dem Gebiet der Sprache und der Dichtung begründet wurde; von Ibn al-Rawandi
(825–910), al-Razi (1149–1209) und Djabir Ibn Hayyan[1] auf
dem Gebiet der Philosophie; von den Mystikern auf dem
Gebiet der visionären Erfahrung – jene Modernität also,
die neue Erkenntnisse über den Menschen und die Welt zur
Voraussetzung hat, über welche unsere Vorfahren noch nicht
verfügten, war in den Augen jener rückwärtsgewandten Denkrichtung nicht nur eine Kritik an den alten Traditionen, sondern eine regelrechte Auflehnung gegen sie.

Anders ausgedrückt, beinhaltete die Rede von der Modernität immer auch etwas, was in der Vergangenheit noch nicht
bekannt war. Das Neue enthüllt so gesehen ein bestimmtes
Defizit oder eine bestimmte Leerstelle innerhalb des Alten.
Demzufolge kann die Modernität als Angriff auf die gesellschaftlichen Grundpfeiler gesehen werden, was erklären würde, wie eine Innovation, die im Widerspruch zum Alten steht,
den Vorwurf der ketzerischen Neuerung und der Gottlosigkeit nach sich ziehen kann. So erscheint es auch plausibel,

---

[1] Der lateinische »Geber« lebte in der zweiten Hälfte des achten Jahrhunderts. Die zahlreichen ihm zugeschriebenen Schriften sind ver-
mutlich späteren Datums. (Anm. d. Hrsg.)

dass Termini wie *hadith* (›modern‹), *muhdath* (›neu geschaffen‹) und *ihdath* (›Innovation‹), die ursprünglich aus der religiösen Sphäre stammen, auf den Bereich der Dichtung übertragen wurden, wie ich in einer meiner früheren Vorlesungen dargelegt habe.

Die traditionalistische Kultur verkörpert sich durch die fortgesetzte Ausübung eines Wissens, welches von der Ansicht ausgeht, die Wahrheit sei in einem Text zu suchen, nicht in der Erfahrung der Realität. Sie ist ein für alle Mal vorgegeben, für eine andere Wahrheit ist kein Platz. Dem Denken kommt die Rolle des Erklärens und Unterweisens zu, wobei der Ausgangspunkt immer der Glaube an jene Wahrheit ist. Nicht erwünscht ist hingegen das Suchen und Fragenstellen, um zu neuen, abweichenden Wahrheiten zu gelangen.

So war es nicht verwunderlich, dass eine solche Kultur die Modernität ablehnen musste, stand diese doch im Widerspruch zu den Traditionen. Dies galt ganz besonders für alles, was zu einer Infragestellung ihrer religiösen Sichtweise und ihrer religiösen Wissensordnung führen könnte.

Aufgrund dieser »fundamentalistischen« (im Sinne von ursprungszugewandten) Auffassung von Erkenntnis bei den Eliten und Herrschenden müssen sich die Araber – trotz aller Veränderungen, die in den vergangenen eintausendvierhundert Jahren stattgefunden haben – wie Schauspieler auf einer Theaterbühne vorkommen, auf der immer wieder dieselbe Geschichte aufgeführt wird, mit dem einzigen Ziel, die Vergangenheit kontinuierlich wiederaufleben zu lassen.

Verstärkt wurde die Dominanz dieses Ansatzes dadurch, dass das »moderne« arabische Denken es versäumt hat, ihm mit Analyse, Kritik und Dekonstruktion entgegenzutreten. Vielleicht hat es dessen Vertretern an Mut dazu gefehlt. Oder sie gaben sich der Illusion hin, der Gegner würde sich wie durch eine Art ›Zaubertrick‹ in Luft auflösen – eine Illusion, die sich schnell in ihr Gegenteil verkehren sollte. Dies mag bis zu einem gewissen Grade erklären, weshalb viele »moderne« arabische Denker sich mit dem vom Westen ausgehenden Modernisierungsschock arrangiert haben und in der Moderne vor allem eine technologische Errungenschaft sehen. In diesem Sinne war und ist die Modernität in der arabischen Gesellschaft bis heute etwas von außen Importiertes. Es handelt sich um eine Modernität, die das neue Produkt übernimmt, nicht aber die Mentalität und die Methode, die es hervorgebracht haben. Moderne ist aber vor allem ein Standpunkt und eine Sichtweise, weniger ein fertiges Produkt.

Auf der dichterisch-künstlerischen Ebene führte die Dominanz der traditionalistischen Kultur zur Rückbesinnung auf die Wertvorstellungen der vorislamischen Mündlichkeit. Tatsächlich war ein Großteil der während der *nahda* entstandenen Dichtung nichts anderes als ein affirmatives Loblied auf diese Rückbesinnung. Jene hingegen, die vorgaben, sich im Sinne einer Erneuerung gegen das Alte aufzulehnen, stützten sich dabei nicht auf existierende Vorläufer einer arabischen Modernität, wie etwa Abu Nuwas und Abu Tammam oder die mystische Literatur, noch auf Theorien über die Sprache der modernen Dichtung, wie sie schon al-Djurdjani entwickelt hatte. Stattdessen war die moderne europäische Dichtung das Vorbild, welches sie zitierten und imitierten.

So kam es, dass die Krise der Modernität in ebenjener Epoche der *nahda* ihre größte Zuspitzung erfuhr. Denn in deren Folge erlebte die arabische Gesellschaft eine Spaltung sowohl hinsichtlich der theoretischen Vorstellungen als auch im Bezug auf die Alltagspraxis. Da gab es auf der einen Seite die Imitation von Ausdrucksformen vergangener Epochen, um damit zeitgenössische Probleme und Erfahrungen zu benennen. Diese Imitation betraf nicht nur die Mittel des Ausdrucks, sondern auch die der Einfühlung, der Annäherung und der Reflexion. Sie trug dazu bei, jene Formen zu zementieren, indem man sie zu absoluten Prinzipien erhob, von denen man nicht abweichen durfte. Man musste sie sich nur immer wieder in Erinnerung rufen, denn in ihnen glaubte man die poetische Wahrheit zu finden. Als Folge davon tritt uns die arabische Persönlichkeit in der Dichtung der *nahda* als ein Amalgam von Selbsttäuschungen entgegen, und scheint es, als sei die Zeit bei den Arabern stehengeblieben.

Auf der anderen Seite war diese Renaissance hinsichtlich der politischen und alltäglichen Praxis eine Epoche beinahe völliger Abhängigkeit vom Westen.

Damit legte diese Renaissance die Grundlage für eine doppelte Abhängigkeit: von der Vergangenheit, die den Arabern, indem sie sich auf sie zurückbesinnen, Ersatz für eigene Schaffenskraft bietet; und vom europäisch-amerikanischen Westen, den die Araber intellektuell und technologisch kopieren, um dadurch ihren Mangel an eigenem Erfindergeist auszugleichen. Tatsächlich entstammt ein Großteil der vorherrschenden arabischen Kultur in ihren theoretischen Aspekten, insbesondere was den religiösen Bereich anbelangt, der Vergangenheit, während ein Großteil ihrer technologischen Aspekte westlichen Ursprungs ist.

Beide Fälle haben den Verlust der eigenen Persönlichkeit zur Folge; in beiden Fällen kann man von einem geborgten Verstand, einem geborgten Leben sprechen. Denn die Kultur, um die es hier geht, lehrt einen nicht nur die Konsumierung von Dingen, sondern auch die Konsumierung von Menschen.

Im selben Kontext ist auch die Tatsache zu sehen, dass alle Dichter (respektive Kritiker, Literaten, Denker), die seit den fünfziger Jahren des 20. Jahrhunderts die Bildfläche betraten, sich um zwei kulturelle Traditionen scharten: um die des Eigenen (des Alten, des Traditionellen) und die des Anderen (des Modernen, des Europäisch-Amerikanischen). Diese beiden Traditionen verschleiern jede auf ihre Art und Weise die im arabischen Erbe bereits vorhandenen Elemente von Modernität und Kreativität: Erstere, indem sie die Rückkehr zu den Ursprüngen propagiert. Letztere, indem sie diese Elemente entweder gar nicht wahrnimmt oder indem sie so sehr vom Fremden geblendet ist, dass sie keinen Blick mehr hat für ihren eigenen Charakter und für das, was sie von anderen Traditionen unterscheidet.

Ich gebe gern zu, dass ich einer derjenigen war, welche sich an der westlichen Kultur orientierten. Doch andererseits gehörte ich auch von Beginn an zu jenen, die schon bald darauf über diese Positionierung hinausgingen. Als Rüstzeug bedienten wir uns dabei eines Bewusstseins und einer Begrifflichkeit, dank deren wir unser Erbe unter einem neuen Blickwinkel lesen und unsere kulturelle Eigenständigkeit verwirklichen konnten. Ich muss auch gestehen, dass ich die Modernität der arabischen Dichtung nicht innerhalb der vorherrschenden arabischen Kulturszene und ihrer Wissensordnungen kennengelernt habe. Vielmehr war es erst die Lektüre von Baudelaire, die meine Rezeption von Abu Nuwas verändert und mir seine Poetik und Modernität enthüllt hat. Die Lektüre von Mallarmé war es, die mir die Geheimnisse der dichterischen Sprache und ihre modernen Aspekte bei Abu Tammam vor Augen geführt hat. Die Entdeckung der mystischen Erfahrung der Sufis mit all ihrer Einzigartigkeit und Schönheit habe ich der Lektüre von Rimbaud, Nerval und Breton zu verdanken. Und die Lektüre der modernen französischen Kritiker schließlich hat mir den Blick auf die Modernität der Sprachkritik eines al-Djurdjani ermöglicht, insbesondere was die Dichtung und die Eigenschaften ihres sprachlichen Ausdrucks betrifft.

Mir erscheint es keinesfalls paradox, wenn ich sage, dass die (erst spät entstandene) Modernität des Westens mir die Augen für unsere eigene (schon früh vorhandene) arabische Modernität geöffnet hat; eine Modernität, welche sich nicht auf unser ›modernes‹, also gegenwärtiges politisch-kulturelles System reduzieren lässt, das ja nach westlichem Vorbild entstanden ist.

Das Problem besteht darin, dass sich der moderne arabische Dichter einerseits in einem fundamentalen Konflikt mit der systemkonformen Richtung innerhalb der arabischen Kultur befindet, welche die alten Quellen traditionell interpretiert; andererseits aber auch in einem Konflikt mit jenen Aspekten westlicher Kultur, die vom arabischen »System« übernommen und propagiert werden. Es handelt sich dabei um ein System, das uns von der arabischen Modernität abschneidet und damit vom Reichtum und der Tiefe unseres Erbes. Dabei geht es Hand in Hand mit den vorherrschenden traditionalistischen Strömungen und mit kulturellen Strukturen, welche sich während der Kolonialzeit herausgebildet haben und welche uns bis heute permanent mit den westlichen Errungenschaften konfrontieren – allerdings nur in ihren technologisch-konsumorientierten Formen.

Der beunruhigendste Aspekt dabei ist, dass der moderne arabische Dichter tatsächlich in einem doppelten Belagerungszustand lebt, der ihm einerseits von der Kultur der Fremdabhängigkeit und andererseits von der Kultur der quasi embryonalen Bindung an die Vergangenheit aufgezwungen wird.

Was diesen Aspekt noch verschärft, ist die Situation der arabischen Sprache selbst. Wir Araber sind in einer Kultur aufgewachsen, die das Arabische als versprachlichtes Abbild des Menschen betrachtet und gleichzeitig diesen als dichtendes und reflektierendes Abbild der Sprache, welche in sich Verstand und Gefühl vereint und Symbol und Garant der arabischen Identität schlechthin ist. So gesehen mag es scheinen, als sei sie es gewesen, die die Araber »erschuf« – indem sie ihnen in vorislamischer Zeit die natürliche Begabung mitgab, in der Zeit der Prophetie die Inspiration und in späterer islamischer Zeit den Verstand. Die Sprache war im arabischen Bewusstsein ursprünglich sogar die Existenz selbst, und alles Wissen über die Existenz schien im Wissen über die Sprache gebündelt zu sein. Die »Materialität« dieser Sprache, die einem Schöpfungsakt entsprungen ist, lässt den Rhythmus des Seins hervorquellen und bringt sein Wesen zum Erblühen. In diesem Zusammenhang erklärt sich die Bedeutung der (in der ersten Vorlesung erwähnten) Kasusflexion *(i'rab)*, des klarsten aller sprachlichen Prinzipien. Sie ist das Bindeglied zwischen dem Regungslosen (arab. *sakin*, was auch ›Konsonant‹ bedeuten kann) und dem Beweglichen (arab. *mutaharrik*, von *haraka* ›Bewegung‹ oder ›Vokal‹), zwischen dem gesprochenen Wort und dem Atem. Ist die Sprache ein in rhythmische Einheiten gegossenes Abbild der Natur, so erlangt dieses Abbild seine Perfektion und Stringenz erst durch den *i'rab*.

Die Sprache ist in dieser Perspektive und diesem Bewusstsein nicht einfach nur ein Mittel, um eine von ihr losgelöste Bedeutung zu übermitteln. Sie selber ist vielmehr die Bedeutung, weil sie das Denken ist. Jedoch geht sie diesem voraus, weil die Erkenntnis nur als eine Folge erscheint. Der Maßstab für die Bedeutung liegt also in der Sprache selbst und wird durch deren Regeln definiert.

Das Problem dabei ist, dass diese Sprache, die als Kern des

arabischen Wesens betrachtet wird, in der Alltagspraxis wie ein ungeordneter Haufen von Wörtern erscheint: Die einen beherrschen sie nicht, die anderen geben sie zugunsten eines Dialekts oder gar einer anderen Sprache auf, wieder andere wissen nicht kreativ mit ihr umzugehen. Fast könnte man meinen, die Sprache sei wie ein riesiges Depot, in das die Leute hineingehen und sich dort nehmen, was sie brauchen, um sich dann, so schnell es geht, wieder davonzumachen. Zwischen ihr und ihren Sprechern herrscht eine Distanz: Das, was einst ein hehres Ziel war, die Sprache selbst, erscheint heute nur noch als Mittel zum Zweck. Wie lässt sich eine Vergangenheit, in der die Sprache noch das Zentrum des Menschseins war, mit einer Gegenwart in Einklang bringen, die in ihr nur mehr ein Kommunikationsmittel sieht? Die keine Hemmungen hat, Veränderungen an ihrer Struktur zu fordern und die Umgangssprache an ihre Stelle treten zu lassen? Wenn wir uns an die alte Verbindung der Sprache mit dem Sakralen und besonders mit dem Koran erinnern, sehen wir dann nicht, dass die Unkenntnis der Sprache, die Forderung, ihre Struktur zu ändern, oder der Versuch, sie durch die lokalen Dialekte zu ersetzen, in gewisser Weise bedeutet, einem anderen Bewusstsein, einer anderen Identität das Wort zu reden?

Die Problematik der Modernität begegnet uns somit heute auf der Ebene der Sprache in noch komplexerer Form. Was einst die erste Manifestation der Araber und ihrer Kreativität gewesen war, verfällt und geht zugrunde. Anders gesagt, die heutigen Araber kennen nicht mehr das Element, durch welches ihre Vorfahren zum ersten Mal die Existenz erfahren haben und welches den Grundstein für die arabische Präsenz in der Geschichte gelegt hat. Das Gefühl für Sprache, von dem Ibn Khaldun einst sprach, ist ihnen abhandengekommen. Und so scheinen sie auch nicht mehr zu wissen, woher sie ihre Identität haben, ja sie scheinen nicht einmal mehr zu wissen, wer sie eigentlich sind.

4

Im Licht des Gesagten ist die Modernität in der arabischen Kultur eine Angelegenheit, die das arabische Denken im Dialog mit sich selbst und mit der geschichtlichen Bedingtheit des vererbten Wissens zu klären hat. Dies erfordert zunächst eine Beschäftigung mit dem arabischen Alltagsleben und den Strukturen des arabischen Denkens. Damit dieses Denken Fragen an die Modernität stellen kann, muss es sich zuallererst selbst befragen. Es wäre falsch, die arabische Modernität aus einem westlichen Blickwinkel und im Rahmen der für die westliche Modernität geltenden Bedingungen zu untersuchen. Vielmehr muss man sie vor dem Hintergrund des arabischen Denkens, seiner Prinzipien und seiner Geschichte betrachten, mit seinen spezifischen Gegebenheiten, seinen Erkenntnismitteln und im Rahmen der Themen, die es aufgeworfen und hervorgebracht hat.

Von dem Moment an, in dem wir diese Tatsache als gegeben betrachten, stoßen wir aber auf jenes Dilemma, welches angesichts seiner historischen Kontinuität zu einem beinahe natürlichen Phänomen geworden ist. Ich würde das Dilemma folgendermaßen beschreiben: Zwar existiert innerhalb der arabischen Gesellschaft ein Bestreben nach Trennung der Religion von jedweder Art von Herrschaft. Im Gegensatz dazu steht jedoch das Bestreben der Herrschenden, die Religion, da von Gott offenbart, als Grundpfeiler im Leben der Araber und als deren vollkommenstes Wissen zu verstehen.

Deshalb ist für sie die Religion auch ein fundamentales Element zur Gewährleistung der Stabilität des politischen Systems, ja Politik und Religion gehen in dieser Hinsicht eine beinahe organische Verbindung ein. Man erkennt hier ganz klar, dass die Freiheit des Hinterfragens und des beharrlichen Nachforschens vor dem Hintergrund eines Systems, das so sehr jene Verbindung betont, ein Ding der Unmöglichkeit ist – umso mehr, wenn diese Freiheit auf den religiösen Bereich bezogen wird. Auf diese Weise wird Politik praktisch zu einer Art von religiöser Unterwerfung und einem Glaubensbekenntnis gegenüber dem herrschenden System. Alles andere wird automatisch als eine Art Abfall vom rechten Glauben und als Gotteslästerung hingestellt.

Dieses Dilemma wird noch verschärft durch die Tatsache, dass viele der ›modernen‹ Denkrichtungen, die zu einer Trennung der Religion von Politik und Staat tendieren, über eine geschlossene Ideologie verfügen: Zwar lehnen sie die göttliche Religion ab, setzen aber eine andere, vom Menschen geschaffene ›Religion‹ an deren Stelle.

Die vorherrschenden arabischen Denkmuster unterliegen im Kern demselben Dilemma. Denn jenes Denken, ganz egal ob es sich mit dem herrschenden politisch-kulturellen System oder mit der Opposition verbündet, beruht auf dem Glauben, dass die Wahrheit bereits a priori gegeben sei, und zwar in Form eines perfekten und endgültigen, autoritativen Textes. Der Glaube (ob nun religiös oder ideologisch motiviert) ist so etwas wie der allumfassende Gründungstext, und das bestehende System (sowie dessen angebliche Alternative, also die Opposition, die dessen Platz einzunehmen trachtet) ist die Macht, die darüber wacht. Die Kultur im Allgemeinen ist Deutung und Tradition in Textgestalt, und die Dichtung im Speziellen dient nur der Verheißung und der Unterweisung, dem Nutzen und dem Genuss. Die Erkenntnis ist nichts weiter als eine Spiegelung der im allumfassenden Gründungstext enthaltenen Wahrheiten.

In jedem Fall liegt der Fehler nicht im Text, sondern beim Menschen, der ihn nicht versteht oder sich nicht an diesen hält. Denn dieser Text vereint in sich Wahrheit und Erkenntnis. Und da er einzigartig und ohnegleichen ist, so kann es auch nur eine einzige Wahrheit geben – die des Textes –, und auch nur eine Form von Erkenntnis – die des Textes. Demzufolge handelt es sich um einen Herrschaftstext, liegt also die Wahrheit stets innerhalb der Machtsphäre, niemals außerhalb davon. Al-Mawardi (gestorben 1058) kommentiert in diesem Zusammenhang: Wenn die Religion (respektive deren Text) ihre Machtbasis verliert, dann verschwindet auch ihre Wahrheit von der Bildfläche. Denn Wahrheit und Macht bilden eine Einheit. Somit wäre eine geteilte (oder relativierte) Macht gleichbedeutend mit einer geteilten (oder relativierten) Wahrheit. Geraten Wahrheit und Macht in Bedrängnis, muss sich dies zu einer Bedrohung der Gemeinschaft insgesamt ausweiten.

Es versteht sich angesichts dessen von selbst, dass jener Text in den Augen seiner Anhänger absolut, unersetzlich und nicht kritisierbar ist. Der Vergangenheit gehört er nur hinsichtlich seines Entstehungsdatums an. Er ist der Schmelztiegel, in dem sich alle Epochen miteinander vereinen, ja er ist das Maß der Zeit, ohne selber zeitlich messbar zu sein.

Ebenso nimmt man es als selbstverständlich, dass jede Entfernung von diesem Text, jeder Ungehorsam ihm gegenüber, jede Abweichung von dem durch ihn vorgezeichneten Weg Dekadenz zur Folge haben muss. Erneuerung bedeutet, zu ihm zurückzukehren und an ihm festzuhalten. War denn Erneuerung dem arabischen Denken zufolge (gleich ob ›alt‹ oder

›modern‹) nicht immer schon eine Rückkehr zum Text – dem religiös-prophetischen oder dem eines ›Führers‹ oder ›Lehrmeisters‹?

So haben wir nun das vollständige Bild jener Belagerung vor uns, die der genannte Zwiespalt um uns herum errichtet hat: Das vorherrschende arabische Denkschema mit seinem Dualismus von »alt« und »modern« steht in einem fundamentalen Widerspruch zur Modernität. Mit ebendiesem ausweglosen Denkschema im Kopf sind wir mit dem Westen und seiner Moderne in Kontakt getreten. Dies hat dazu geführt, dass wir eine Art von rein äußerlicher Scheinmodernität übernommen haben, die sich auf der Ebene des Alltagslebens im Import diverser moderner Produkte äußert und auf der dichterisch-intellektuellen Ebene in der Nachahmung von Ausdrucksmitteln aus Sprachen, die sich in ihren Eigenschaften und ihrer schöpferischen Kraft fundamental vom Arabischen unterscheiden. Dadurch sind uns die intellektuellen Prinzipien, aus welchen die Modernität hervorgegangen ist, verschlossen geblieben und konnten wir, was diese eigentlich ausmacht, nur verwässert aufnehmen: das beharrliche Erforschen der Geheimnisse der Natur sowie der unbekannten Aspekte des Seins durch praktisches Handeln und durch Schreiben – nicht um irgendeiner Rückkehr willen, sondern um mehr zu entdecken und um, stetig forschend und hinterfragend, auf einen offenen, grenzenlosen Horizont zuzuschreiten.

Wenn die Moderne in ihrer technologisch-maschinellen Erscheinungsform unser Leben heutzutage in eine Import- und Konsumwüste verwandelt, dann zerfrisst sie uns von innen heraus und hindert uns daran, uns unserer kreativen Energien zu besinnen. Vom schriftstellerischen und besonders vom dichterischen Standpunkt aus bringt sie oberflächliche und naive Konzepte hervor, die in der Modernität nichts weiter als eine Art Wortbaukasten sehen, einen Spiegel, welcher das Alltagsleben reflektiert, eine Momentaufnahme jener Gischt, welche von den stetig voranrollenden Wellen der Zeit emporstiebt.

In beiden Fällen handelt es sich bei der in unseren Gesellschaften vorherrschenden Modernität um eine Selbsttäuschung. Ich werde mich hier auf den Aspekt der Dichtung beschränken und unsere Illusionen über die Modernität in folgenden Punkten zusammenfassen:

1. *Die Illusion der Zeitgebundenheit:* Es existiert eine Denkrichtung, für die das Wesen der Modernität in ihrem direkten und greifbaren Bezug zur Aktualität besteht und die demzufolge davon ausgeht, ein Abbilden der aktuellen Veränderungen und ihrer Dynamik bedeute gleichsam ein Abbilden der Modernität. Es ist klar, dass die Vertreter jener Richtung die Zeit als eine Art permanente Aufwärtsbewegung betrachten, der zufolge das, was heute ist, notwendigerweise einen Fortschritt darstellt im Vergleich zu dem, was gestern war, und der zufolge das, was morgen sein wird, noch einen weiteren Schritt nach vorne bedeuten wird. Diese Richtung begeht den Fehler, die Dichtung zu einer Mode zu degradieren, und übersieht dabei einen essentiellen Aspekt, nämlich dass die modernste Dichtung aus einer zeitlichen Tiefe hervorging und -geht, welche den aktuellen Moment überschreitet und ihn vorwegnimmt. Denn die Dichtung bezieht ihre Modernität nicht einfach aus ihrer Aktualität. Vielmehr handelt es sich dabei um eine Eigenschaft, die in der Struktur der Dichtung selbst liegt.

2. *Die Illusion der Abgrenzung vom Alten:* Die Vertreter dieser Richtung meinen, dass man Modernität allein schon dadurch unter Beweis stellen könne, dass man sich von dem, was vorher war, abgrenzt. Diese mechanische Sichtweise degradiert Kreativität zu einem Spiel mit Gegensätzen, ebenso wie bei den Vertretern der Zeitgebundenheit. Die einen stellen der ›alten‹ Zeit die ›neue‹ Zeit gegenüber, die anderen kontrastieren Texte miteinander. So wird die dichterische Kreativität zu einer oberflächlichen Wellenbewegung, bei der das jeweils Vorangegangene negiert wird. Obwohl uns schon ein flüchtiger Blick auf die Texte beispielsweise von Abu Nuwas oder al-Niffari zeigt, dass diese moderner als viele der vermeintlich ›widerständigen‹ Texte etlicher zeitgenössischer Dichter sind.

3. *Die Illusion der Angleichung:* Unter deren Vertretern sind etliche, die den Westen für die Quelle der Modernität halten und denen zufolge es außerhalb der westlichen Dichtung und ihrer Maßstäbe keine Modernität geben kann, sondern nur durch Angleichung an sie. Dadurch wird eine Illusion zum Leitbild erklärt, in deren Rahmen die westlichen Maßstäbe der Modernität, welche einer bestimmten Sprache und Erfahrung entsprungen sind, auf eine ganz anders geartete Sprache und Erfahrung übertragen werden. Das kommt dem Versuch gleich, sich der eigenen Persönlichkeit, Sprache und Dichtung zu berauben. Es läuft auf eine völlige Entfremdung hinaus.

4. *Die Illusion einer Bevorzugung der Prosa:* Deren Vertreter halten allein das Schreiben in Prosa für das Tor zur Modernität, weil sich diese von der traditionellen Art des Schreibens in der Versform unterscheidet und sich an den

westlichen Prosastil anlehnt. Einige gehen so weit, das Schreiben in Versform grundsätzlich als traditionell und altertümlich und das Schreiben in Prosa grundsätzlich als innovativ und modern zu betrachten. Eine solche Ansicht ist das entgegengesetzte Extrem zur traditionellen Ansicht, erst durch das Metrum werde die Dichtung zu dem, was sie sei, und jedwede Form von Prosa sei das Gegenteil von Dichtung. Wer dies vertritt, beurteilt den Körper der Dichtung nach der Kleidung. Er kümmert sich nicht um den Gehalt der Dichtung, sondern nur darum, ob sie metrisch gebunden oder ungebunden ist. Doch definiert sich Dichtung nicht über das Versmaß oder die Prosa. Weder das eine noch das andere ist für sich genommen ein Kriterium für Poetik oder Poesie. Wir kennen Texte in Versform, in denen keinerlei Poesie zu finden ist, so wie heutzutage auch Prosatexte ohne Poesie sein können.

5. *Die Illusion der Modernität durch Inhalt:* Dessen Vertreter sind der Ansicht, dass jeder dichterische Text, der die Errungenschaften und Themen der Zeit behandelt, automatisch ein moderner Text ist. Diese Meinung ist nicht haltbar. Denn während der Dichter jene Errungenschaften und Thematiken aus dem Blickwinkel seiner intellektuellen Wahrnehmung betrachtet, nähert er sich ihnen hinsichtlich Ausdruck und künstlerischer Form auf traditionelle Art: So scheitert er damit, dichterisch darzustellen, was er mit seinem Verstand begriffen hat. Das ist in der modernen arabischen Dichtung deutlich zu erkennen, angefangen bei Ahmad Schauqi (1868–1932) und Hafiz Ibrahim (1872–1932) in Ägypten, über al-Rusafi (1875–1945) und al-Zahawi (1863–1936) im Irak bis in unsere Zeit, wo

es auf jene Dichter zutrifft, die ihre ›modernen‹ ideologischen Gedanken zu Papier bringen.

5

Die Poetik der arabischen Modernität entstand im Zuge einer Bewegung mit drei Strömungen: zum einen der städtisch-urbanen, die mit ihren Werten und Symbolen einen Kontrast zur Kultur der Wüste und Steppe bildete. Wie keine andere hat die Dichtung des Abu Nuwas dieser Strömung den Weg bereitet und sie etabliert. Zum zweiten wäre die sprachlich-metaphorische Strömung zu nennen, bei der statt einer in der vorislamischen Dichtung zu beobachtenden Ausdrucksform, die man »Rhetorik der Wahrheit« nennen könnte, eine metaphernreiche Rhetorik dominierte. Am deutlichsten und herausragendsten in dieser Richtung sind Abu Tammam und die Schriften der Sufi-Mystiker. Zum dritten war da die Komponente der Interaktion mit anderen Kulturen, von denen die Araber zehrten, indem sie sie übernahmen und ihnen nacheiferten.

Bei alldem war die (damalige) Poetik der Modernität weit mehr als nur Vorbild und Inspirationsquelle. Sie umfasste auch die Betonung von Eigenartigkeit, Individualität und ursprünglicher Kreativität. Dadurch wurde das Bild des Menschen von den Dingen und seine Beziehung zu ihnen fortwährend erneuert, ebenso wie die Verwendungsweise der Sprache und die Art des dichterischen Schreibens. Ich weise hier nochmals auf die Notwendigkeit hin, einige der aus der sufischen Erfahrung hervorgegangenen Schriften – genannt seien insbesondere die von al-Niffari und von Abu Hayyan al-Tauhidi (gestorben 1010) – ins Zentrum dieser Bewegung zu rücken. Dies wäre ganz im Sinne einer verdienten Rehabilitierung jener Schriften, die so lange Zeit verschüttet waren oder einfach nicht beachtet wurden.[2]

Die Poetik der Modernität zog Kritik auf sich, die sich zu einer regelrechten Front der Ablehnung ausweitete, angeführt von Vertretern des etablierten Kulturlebens und Unterstützern des Althergebrachten. Die Kritikpunkte und deren Begründungen lassen sich in zwei Hauptlinien zusammenfassen: Zum einen verstoße diese Poetik gegen die alten (ursprünglichen) Werte, ein Argument, das Abu Nuwas den Vorwurf des Multikulturalismus[3] einbrachte. Zum anderen sei sie gegen die Ursprünglichkeit des dichterischen Ausdrucks gerichtet, wie sie sich beispielhaft in der alten Dichtung manifestiere. Darauf basierte der Vorwurf gegen Abu Tammam, er würde die arabische Dichtung zugrunde richten.[4]

Somit entwickelte sich die moderne arabische Poetik in einem Umfeld, in dem zwei miteinander verwobene Aspekte

[2] Dies ist nicht der Rahmen für eine gründliche Untersuchung und Analyse der Merkmale jener Modernität. Für eine weitergehende Beschäftigung mit meiner Position dazu sei auf meine diesbezüglichen Veröffentlichungen verwiesen:
1. *Al-thabit wa-l-mutahawwil / Tahsil al-usul.* Beirut: Dar Al-Auda 1982 (3. Auflage).
2. *Sadmat al-hadatha.* Beirut: Dar Al-Auda 1982 (3. Auflage).
3. *Fatiha li-nihayat al-qarn.* Beirut: Dar Al-Auda 1980.
4. Muqaddima li l-schi'r al-'arabi. Beirut: Dar Al-Auda 1979 (3. Auflage). (Anm. von Adonis).
[3] Arabisch *schu'ubiyya*, Bewegung in der frühen Abbasidenzeit, die die Vorrangstellung der Araber vor Persern und anderen unter den Muslimen nicht anerkannte und gegenüber fremden, nicht-arabischen Einflüssen aufgeschlossen war. (Anm. d. Hrsg.)
[4] Man beachte, dass es sich dabei um dieselben »Vorwürfe« handelt, mit denen auch heute die moderne arabische Poetik bedacht wird, allerdings in noch heftigerer Form (Anm. von Adonis).

eine Rolle spielten: der menschlich-zivilisatorische, dessen Grundlagen in Bagdad zu Beginn des achten Jahrhunderts gelegt wurden; und der eines neuen Bewusstseins und einer neuen Sensibilität, denen durch einen neuen Gebrauch der arabischen Sprache in der Dichtung der Weg geebnet wurde. Diese Poetik entwickelte sich gewissermaßen in Opposition zum »Alten«, aus dem Drang heraus, dessen Formen zu überwinden. Gleichzeitig stand sie in einer Interaktion mit nicht-arabischen Strömungen. Davon legt die Dynamik der arabisch-islamischen Zivilisation ein beredtes Zeugnis ab. Ihre Eigenheit beruht auf einer Mischung von Elementen, die einerseits auf die vorislamische und islamische Zeit und Kultur zurückgehen, andererseits das persische, griechische, indische Erbe miteinbezog und davon mitgeformt wurde – von Elementen also, welche bis heute die einflussreichsten Kulturleistungen der Menschheit repräsentieren. Ein Teil dieser Vermischung waren nicht zuletzt auch sumerisch-babylonische und aramäisch-altsyrische Elemente, also das Älteste, was das historische Gedächtnis kennt.

Das schöpferische Wirken der Araber bestätigte auf diese Weise, dass die Kultur eines Volks nicht alleine und isoliert von den Kulturen der anderen Völker für sich existiert. Vielmehr ist sie ein Beeinflussen und ein Beeinflusstwerden, ein Geben und ein Nehmen. Gleichzeitig bestätigte es, dass die wichtigste Bedingung für diesen Austausch ebenso die schöpferische Kraft wie die kulturelle Eigenheit sind. Diese ureigene schöpferische Mischung wurde dann dank des arabisch-islamischen Einflusses über Andalusien, wo sie zur höchsten Blüte gelangte, in den Westen weitergetragen.

6

Dieser historische Kontext drängt dazu, den Verlauf und die Probleme der Modernität unter einem gegenwärtigen Blickwinkel neu zu betrachten. Dabei müssen wir uns immer wieder die unterschiedlichen religiösen, gesellschaftlichen, politischen und kulturellen Aspekte ins Bewusstsein rufen, die jener Kontext mit sich führt und offenbart. Nur eine solche Neubetrachtung vermag es, uns die richtigen Horizonte für das Verständnis des Eigenen und Fremden zu eröffnen. Nur sie kann uns eine neue Vision von uns selbst und von der Welt ermöglichen, kann uns den Weg zur Zukunft weisen, den wir einschlagen müssen. Sonst wird Modernität innerhalb der arabischen Gesellschaft immer etwas bleiben, was man sich sozusagen dank eines Tricks oder eines Plagiats erschlichen hat. Sonst wird die arabische Gesellschaft immer wie ein willenloses Anhängsel erscheinen. Es wird vom Zug der westlichen Übermacht mitgeschleift und schwankt dabei orientierungslos zwischen blinder Übernahme, durch die sie ihre Identität verliert, und blindem Festklammern an den überkommenen Werten der Vergangenheit, die sie ihrer Kreativität und ihrer Präsenz im Hier und Jetzt berauben.

Ein Bewusstsein für die eigene Identität setzt das Eingeständnis voraus, dass nicht alles, was unsere Vorfahren auf den verschiedensten Gebieten hervorgebracht haben, eine Antwort auf unsere aktuellen Probleme liefert oder im Hinblick auf die Gewinnung neuer Erkenntnisse von Nutzen ist. Dies einzugestehen bedeutet nicht, dass man deren Wert und deren Rolle im historischen Prozess der Wissensproduktion leugnet. Vielmehr bedeutet es die Anerkennung der Tatsache, dass wir heutzutage mit Angelegenheiten und Problemen konfrontiert sind, die unsere Vorfahren noch nicht kannten.

Deshalb müssen wir mit anderen Mitteln an diese Herausforderungen herangehen, zumal heutzutage, wo sich das Wissen geradezu explosionsartig vermehrt. Wenn wir in den alten Formen des Wissens und damit in ihren Beschränkungen verharren, verweigern wir uns dem Wissen in seiner gegenwärtigen Form und damit dem Wissen an sich. Solch ein Verharren stellt noch nicht einmal sicher, dass wir unser Erbe bewahren oder an unserer Ursprünglichkeit festhalten, denn diese ist kein Fixpunkt in einer Vergangenheit, zu welcher wir nur zurückkehren müssten, um uns unserer Identität zu versichern. Unsere Ursprünglichkeit spiegelt sich vielmehr in der konstanten Kraft des Menschen und der Gesellschaft wider, unbeirrt von Hindernissen einer künftigen Welt entgegenzuschreiten, in der die Vergangenheit und ihr Wissen enthalten sind, während der Blick gleichzeitig auf eine bessere Zukunft gerichtet ist. Was wir bewahren und nachahmen sollten, ist jene Flamme, von der unsere Vorfahren beseelt waren, die Flamme des Fragens, des Suchens und des Wissens. Durch sie können wir etwas hervorbringen, was deren Schaffen mit einer neuen Vision des Menschen und des Seins sowie mit neuen Methoden der Erkenntnis vollendet. Dies erfordert eine Analyse der Erkenntnisse und Sichtweisen unserer Vorfahren und ihre kritische Übernahme. Denn das Neue geht zwar anscheinend aus dem Alten hervor, doch ist es gleichzeitig etwas anderes, unterscheidet es sich völlig von ihm. Darin liegt das Geheimnis der tiefgreifenden und schöpferischen Kontinuität zwischen dem Alten und dem Neuen.

Ein Bewusstsein für die Identität des Anderen, des Westens, erfordert die Einsicht, dass der Gegensatz zwischen dem arabisch-islamischen Orient und dem europäisch-amerikanischen Westen nicht anthropologischer, philosophischer oder poetologischer Natur ist, sondern vielmehr politisch-ideologischer Natur und dass diese Tatsache im Wesentlichen auf den westlichen Kolonialismus zurückzuführen ist. Deshalb darf unsere Ablehnung des Westens nicht dessen Ablehnung in seiner Totalität bedeuten, sondern nur die Ablehnung seiner politisch-ideologisch-kolonialistischen Strukturen. Und deshalb bedeutet unsere Ablehnung des mechanistischen Aspekts von Technik nicht, dass wir die Technologie insgesamt oder die geistigen Grundlagen ablehnen, die zu ihrer Erfindung geführt haben. Vielmehr bedeutet es, dass wir die Art und Weise ihrer Anwendung durch den Westen ablehnen, die darauf gerichtet ist, uns die Technologie aufzudrängen, sie uns schmackhaft zu machen und uns in reine Konsumenten sowie unsere Länder in reine Märkte zu verwandeln. Von der kreativen Energie des Westens und seinen intellektuellen Leistungen an sich können wir hingegen sehr wohl profitieren beziehungsweise auf der Basis unserer kulturellen Besonderheiten mit ihnen in einen Dialog treten und interagieren. Der Westen selbst hat es uns ja vorgemacht, indem er sich einst von unseren kulturellen Leistungen hat beeinflussen lassen. Ebendeshalb setzt ein Bewusstsein für das, was den Westen ausmacht, die Einsicht voraus, dass das, was er hervorgebracht hat, nicht durchwegs einer Berechtigung entbehrt und dass es darin vieles gibt, von dem wir profitieren können, nicht nur für das Verständnis unserer Probleme, sondern auch für die Aneignung neuen Wissens.

Ohne ein solches Bewusstsein besteht die Gefahr, dass unsere politisch-ideologische Opposition zum Westen sich in eine menschlich-kulturelle und zivilisatorische Opposition verwandelt. Bestrebungen, eine Gegensätzlichkeit im letzteren Sinne zu zementieren, kommen – bewusst oder unbewusst – sowohl von westlicher als auch von arabisch-islamischer Seite. Dahinter steht gerade in der aktuellen Phase eine andere Intention, nämlich das Diktum von der »Überlegenheit des Westens« zu bestätigen und damit auch den falschen Dualismus »zivilisierter Westen« – »rückständiger Orient«. Falsch deshalb, weil er auf oberflächlichen, nämlich technischen Kriterien beruht und weil es gar keinen »Westen« oder »Orient« mehr gibt, welche eine als absolut zu betrachtende, in sich abgeschlossene Einheit bilden würden. Beide sind vielfältig und facettenreich: In vielen Aspekten übertrifft der Westen die arabisch-islamische Welt an Rückständigkeit, während diese wiederum in vielen Aspekten fortschrittlicher als der Westen ist.

Aus der Perspektive dieses Bewusstseins heraus betrachtet lebt die ganze Welt heutzutage mal mehr mal weniger deutlich unter dem Einfluss einer einzigen globalen Kultur, aber unter Beibehaltung von Besonderheiten, je nachdem, wie stark der schöpferische Geist bei den jeweiligen Völkern ausgeprägt ist. Dies bedeutet, dass die Modernität ihrerseits gedanklich und in ihren Erscheinungsformen ein globales Phänomen ist und dass es sich dabei nicht um die spezifische Situation eines bestimmten Volkes handelt. Wenn es einen Unterschied zwischen dem arabisch-islamischen Orient und dem europäisch-amerikanischen Westen beim Umgang mit der Modernität gibt, dann ist es in erster Linie ein gradueller Unterschied, einer, der durch die Wissenschaft im engeren Sinne bedingt ist. Diese stellt das wichtigste Merkmal der westlichen Form von Modernität dar, und aus dieser bezieht der Westen seine Besonderheit gegenüber dem Orient. Diese Art von Wissenschaft ist ein totaler Bruch mit dem Wissen der alten Welt, zumal in seinen religiösen und metaphysischen Dimensionen. Sie ist der Bereich, in dem das Denken kontinuierlich und ohne Unterlass voranschreitet. Sie ist heute weiter fortgeschritten als gestern und wird morgen weiter fortgeschritten als heute sein. Die Wahrheiten, die sie uns präsentiert, sind nicht dieselben Wahrheiten, die uns die Philosophie oder die Kunst präsentieren, vielmehr sind es Wahrheiten, die von allen umstandslos zu akzeptieren sind, da sie theoretisch und praktisch bewiesen werden können. So ist Wissenschaft in ihrer Praxis zwangsläufig fortschrittlich.

Die Wissenschaft ist ein System, das sich selbst permanent kritisiert und das seine Errungenschaften stets zu übertreffen sucht. Begriffe wie Stillstand oder Rückschritt passen nicht zu ihr. Sie ist ein stetiges Voranschreiten, weil sie ein stetiges Fragen und Suchen ist.

Folglich war die Überwindung, wenn nicht sogar Auslöschung der Vergangenheit im Zuge der wissenschaftlichen Entwicklung etwas Selbstverständliches. Denn da sie nach vorn und nicht zurückblickt, ist für die Wissenschaft die Vergangenheit ein Fehler. Deshalb ist die westliche Wissenschaft mit ihren Hypothesen und empirischen Ergebnissen das revolutionärste Moment in der Menschheitsgeschichte.

Welche Inhalte hält aber nun aus theoretischer Sicht diese wissenschaftliche Revolution insbesondere für uns Araber bereit? Lassen Sie mich diese Inhalte anhand von vier Punkten skizzieren:

1. Die Wissenschaft verändert das menschliche Bewusstsein, indem sie eine davor nicht vorhandene Akzeptanz für verblüffende und zugleich unwiderlegbare Wahrheiten hervorbringt. Dies liegt an ihrer Methodologie und an ihrem Fortschrittsglauben, den sie uns auferlegt, als handele es sich um das Natürlichste auf der Welt.

2. Die wissenschaftliche Fragestellung kennt keine Beschränkungen und Hindernisse, und sie akzeptiert es nicht, wenn man ihr Steine in den Weg legt. Was zählt, ist das For-

schen, nicht die Folgen dieser Forschung, sei es für das Denken, für die Moral, die Traditionen oder unterschiedlichste Alltagsaspekte.

3. Die Wissenschaft verändert den Blick auf die Vergangenheit vollständig. Die Vergangenheit ist in den Augen der Wissenschaft nicht nur ein Fehler, sondern sie steht auch für Unwissenheit. Was von ihren Relikten einer wissenschaftlichen Überprüfung nicht standhalten kann, ist unweigerlich dem Untergang geweiht.

4. Die Wissenschaft bringt den Menschen dazu, die Vorstellung zu akzeptieren, dass die Zukunft sich grundlegend von allem unterscheiden wird, was er bislang kannte: die Vorstellung also vom Ende der Vergangenheit. Sosehr der Mensch auch versuchen mag, sich der Wissenschaft in ihren theoretischen und technischen Erscheinungsformen zu widersetzen, er ist unweigerlich zum Scheitern verurteilt. Ist Wissenschaft doch heute das Symbol schlechthin für Erfindungs- und Entdeckungsgeist, Stärke und Dominanz; sprießen doch Industrialisierung und Mechanisierung Seite an Seite mit tiefverwurzelten Traditionen hervor, selbst in noch so rückständigen Gesellschaften. Der wissenschaftlich-technische Fortschritt ist eine globale Realität, die man nicht ignorieren kann und vor der man nirgends sicher ist. Er nistet sich nach und nach in unserem Denken und Fühlen ein, bemächtigt sich des Lebens, kündigt den Zusammenbruch der alten Welt an.

Die wissenschaftlichen Perspektiven und die Kultur, die sich in deren Umfeld entwickelt hat, haben uns stark beeinflusst (wobei ich mich hier nur auf die Modernitätserfahrung in der Dichtung beziehe). Genauer gesagt, unser Intellekt und unser Bewusstsein wurden beeinflusst, wobei es in unserem Unterbewusstsein nach wie vor von anderen Elementen wimmelt, die sich dem Rahmen des wissenschaftlichen Rationalismus entziehen. Und immer wieder stoßen wir auf jenes von mir bereits erwähnte Paradox: Warum stürzt sich die arabische Gesellschaft so begierig auf den technologischen Aspekt der Wissenschaft, während sie gleichzeitig deren geistige Grundlagen ablehnt?

Das wissenschaftliche Bewusstsein hat in uns immer wieder Unbehagen und ein Gefühl des Zwiespalts hervorgerufen, während wir aus unserem Unterbewusstsein Sicherheit und Vertrauen schöpften. Wir mussten beobachten, wie die Wissenschaft im Hinblick auf den äußeren Fortschritt einen Gewinn darstellte, im Hinblick auf den inneren Fortschritt jedoch einen Verlust – für das Zwischenmenschliche, das Vertraute. So katapultierte uns das wissenschaftliche Bewusstsein in Richtung Zukunft, während wir in der Tiefe unseres Herzen einem unbestimmten Weg in eine unbestimmte Vergangenheit folgten, die mehr menschliche Wärme verhieß.

In diesem Kontext begannen wir, uns Fragen zu stellen und die Wissenschaft mit unseren die Sphäre der Kunst betreffenden Fragestellungen zu konfrontieren. Beispielsweise: Was bedeutet Fortschritt in der Dichtung und in der Kunst? Nichts. Die Idee des Fortschritts mag ein zentrales Element im Gebäude der Wissenschaft sein; mit künstlerischer Kreativität hat sie jedoch nichts zu tun. Wir reden hier also von etwas, was im Widerspruch zur Wissenschaft (und ergo zum Fortschritt) steht, ohne dass wir diesen Widerspruch als Rückständigkeit bezeichnen könnten. Wir sind langsam zu der Einsicht gelangt, dass der wissenschaftliche Fortschritt nicht den Fortschritt in seiner ganzen Breite repräsentiert und dass er folglich nicht als Maßstab dienen kann. Es gibt vielmehr noch einen andersgearteten Fortschritt auf einer anderen Ebene, der näher am Menschen ist und seine Innenwelten und sein Wesen stärker zum Ausdruck bringt.

Wir werden uns nach und nach der Tatsache bewusst, dass die Ästhetik unseres Zeitalters von einem Denken getrieben und konstituiert wird, das sich gegen ein primär mechanisch-technisches Wissenschaftsverständnis sträubt. Es handelt sich um ein Denken, welches bestimmten Elementen und Phänomenen der Vergangenheit zugesteht, von einer menschlicheren und großartigeren Modernität zu zeugen. Zumal die Technik aufgrund ihrer Ähnlichkeit und universellen Anwendung zu Gleichmacherei und Monotonie führt und somit dem ganzen Leben etwas Mechanisches verleiht. Demgegenüber betonen Dichtung und Kunst den Aspekt der Verschiedenheit und des Facettenreichtums, aus denen das Leben erst seine Beweglichkeit, seine Spontaneität und seine Wandlungsfähigkeit bezieht.

Auf diese Weise kam es zu einem Zwiespalt in unserer Existenz: Unser intellektuelles Bewusstsein wandte sich der Wissenschaft (ergo der Zukunft) zu, unsere Herzen der Kunst (ergo der Vergangenheit), gleichsam als Wiederbelebung von etwas, was von der Wissenschaft bislang vernachlässigt oder außer Acht gelassen wurde oder was sie sogar zu eliminieren trachtete. Dieser Zwiespalt war eine Art Kampf zwischen der Notwendigkeit und der Freiheit, also zwischen der Wissenschaft und der Kunst.

Diesen Kampf vor Augen und im Bewusstsein, wurde mir klar (wobei ich hier nur aus meiner eigenen Erfahrung spreche und nicht für irgendjemand anderen), wie kontraproduktiv es für die Dichtung ist, die Kreativität wissenschaftlichen und rationalen Regeln zu unterwerfen, die ›Zukunft‹ über alles andere zu stellen. Ich machte mich daran, nach alternativen

Wegen zu suchen, die weder die Schattenseiten der Zukunft ausblenden noch die Vergangenheit insgesamt negieren: Wege, die im Gegenteil bestimmte Konzepte von Vergangenheit bewusst einschließen – Mythologie, Mystik, magische und irrationale Elemente, all die weißen Flecken der menschlichen Psyche. Es ging mir darum, einen Abstand zur kalten Logik der Wissenschaft zu gewinnen, indem ich mich darum bemühte, Wahrheiten zu entdecken, die im menschlichen Sinne erhabener und tiefgreifender als die der Wissenschaft waren. Es handelte sich nicht um eine vergangenheitsverklärende Rückkehr, wie dies von manchen interpretiert wurde, sondern es war der Versuch, die menschliche Existenz als Ganzes zu betrachten und zu erfassen. Dabei ging ich von ihrer tiefsten Tiefe und Einheit, von ihrer ersten Wahrheit und Einfachheit aus – davon, dass sie in enger Symbiose mit der umgebenden Welt existiert und mit ihr auf der Ebene der Sinne und der Haut ebenso kommuniziert wie auf der Ebene des Schreis, des Instinkts, der Sexualität. Es war also eine Vorgehensweise, die sich dem direkten, rationalen, eindeutigen Weg widersetzte, war eine Reise ins Düstere, Unheimliche, in das, was sich dem Zugriff von Wissenschaft und Rationalität entzieht. Denn wahre Kreativität ist über einem Abgrund errichtet: dem des Grenzenlosen und Undefinierbaren.

Meine Reise war somit eine Wiederentdeckung, die Suche nach einem Ausgangspunkt, von dem aus ich die Möglichkeiten einer neuen Menschlichkeit würde ausloten können. Vor allem in der Mythologie erkannte ich etwas, was mir jene zeitlose Sichtweise auf die menschliche Existenz gewährte und mein Gefühl der Verbundenheit und des Einsseins mit der Menschheit, mit dem ewigen Sein, intensivierte. Ich erkannte in ihr ein Instrument, mit dessen Hilfe ich mich auf eine Reise zu den frühesten Phantasien, den frühesten Impulsen, den frühesten Fragen und den frühesten schöpferischen Leistungen würde machen können.

So schlug ich also einen Weg ein, der dem Weg der Wissenschaft (verstanden als bloße Technologie) sowie der dieser zugrundeliegenden Rationalität diametral entgegengesetzt war. »Fortschritt« begann für mich eine andere Bedeutung anzunehmen. Mir wurde nach und nach bewusst, dass die Essenz des Fortschritts menschlicher Natur ist – dass sie also qualitativer und nicht quantitativer Art ist. So ist der westliche Mensch, dessen Leben sich, überspitzt gesagt, zwischen Computern und Raumschiffen abspielt, in einem allumfassenden menschlichen Sinne keineswegs fortschrittlicher als ein arabischer Bauer, der sein Leben umgeben von Bäumen und Kühen verbringt.

Infolgedessen neigte ich mehr und mehr der Ansicht zu, dass der gesellschaftliche Fortschritt als Ganzes betrachtet nicht nur in der Modernisierung der ökonomischen und sozialen Strukturen besteht, sondern vor allem in der Befreiung des Menschen selbst – und in der Freilegung aller hartnäckig verdrängten Aspekte unter und hinter jenen Strukturen. Denn erst wenn der Mensch zu Freiheit und Selbstentfaltung gefunden hat, wird er zum Angelpunkt und Ziel.

Die Rationalität der Technik und die, wie man es nennen könnte, Modernitätsgläubigkeit hat den Menschen innerhalb eines geschlossenen »maschinellen« Systems platziert. In diesem dreht sich alles um seine elementare materielle Existenz, werden all seine Energien auf die Beherrschung der äußeren Welt gelenkt. Dies impliziert auch, vom Mitmenschen Besitz zu ergreifen und ihn auszubeuten, die Missachtung der inneren Welt, der Intimsphäre, der Leidenschaften und was sonst noch an Wünschen und Bedürfnissen existiert. Auf diese

Weise hat die Rationalität den Menschen betrogen, während sie vorgab, nur ihr allein könne er vertrauen.

Der Mensch ist ein sublimes Wesen, und jene Modernitäts- und Technikhörigkeit hält für ihn nichts weiter bereit als das materialistische Fixiertsein auf das Produkt und auf die Quantität. Sie umfasst also nicht die gesamte Existenz, steht nur für einen Teil von ihr. Weder ist der Mensch auf das Quantitätsdenken beschränkt, noch lässt er sich über dieses definieren.

So erschien mir also die Dichtung zunehmend als die Energiequelle schlechthin, die dem Menschen das Ausbrechen aus den Fesseln der Modernitäts- und Technikhörigkeit und ihrer maschinellen Rationalität ermöglicht. Wenn es die Technik ist, die den Menschen in eine Beziehung zur Natur setzt – und zwar mittels wissenschaftlicher Rationalität –, so ist es die Dichtung, die den Menschen in eine Beziehung zum Menschen setzt beziehungsweise zu seinem ureigenen Menschsein – und zwar mittels der Natur. Eine geschichtliche Epoche, der es an Poesie (im weitesten Sinn von Kreativität und Kunst) fehlt, entbehrt der wahren menschlichen Dimension. So gesehen ist die Dichtung weit mehr als ein Mittel zum Zweck oder eine Technik: Eher liegt sie, wie die Sprache selbst, in der Natur. Sie ist keine Etappe in der Geschichte des menschlichen Bewusstseins, sondern ein Element in der Struktur dieses Bewusstseins.

Aus dieser Perspektive heraus ist mir bewusst geworden, dass uns die Modernitäts- und Technikhörigkeit mit ihrer mechanischen, konstanten Berechenbarkeit das Gefühl dafür raubt, was Zukunft bedeutet, nachdem sie in uns schon die Bedeutung der Natur abgetötet hat. Ich beobachte, dass die Zukunft heute nicht mehr jenes ersehnte Unbekannte ist, das man einst voller Hoffnung und Freude erwartete, sondern dass sie mittlerweile ganz im Gegenteil wie eine mechanisch wiederholte Vergangenheit wirkt. Verglichen mit den monotonen Erscheinungsformen der Modernitäts- und Technikhörigkeit, kommen mir daher einige Aspekte des Alten inzwischen bemerkenswert und faszinierend vor, hat die Vergangenheit für mich, vor allem was ihre verdrängten Aspekte anbelangt, etwas Magisches und Besonderes. Ich spüre mehr und mehr, dass wir dringend etwas benötigen, was über jene Technikhörigkeit hinausgeht, was uns wieder den lebensnotwendigen aus dem Menschheitsgedächtnis getilgten Sphären näher bringt, jenem Unsichtbaren, welches, so sehr wir uns auch bemühen mögen, es zu durchdringen und zu enthüllen, immer unsichtbar bleiben wird. Hier kann die Dichtung wirksam werden: Sie bringt den Menschen dazu, offen zu bleiben gegenüber dem, was hinter der technologisch-rationalen Fassade steckt, gegenüber dem Unsichtbar-Verborgenen, gegenüber dem unendlichen Unbekannten. Dabei steht sie immer an der Schwelle zum Künftigen: an jenem zeitlosen Zeitpunkt, wo die Dichtung als Brücke dient zwischen dem, was war, dem, was ist, und dem, was morgen sein wird – in einer allumfassenden Bewegung, die über den einseitigen, blinden Automatismus des technologischen Fortschritts hinausweist und das sich ständig verändernde Unbekannte einbezieht.

Die dichterische Modernität, so scheint mir, ist sich selbst geschichtlich geworden und damit ein Teil der Geschichte. Dies würde bedeuten, dass das Konzept, von dem ich spreche, gereift ist, »alt« geworden ist. Vielleicht wäre das notwendigste und dringlichste Buch heutzutage eines, das die Geschichte der Modernität in der arabischen Dichtung erzählt, beginnend mit dem 8. Jh. und bis in die Mitte des 20. Jh. reichend.

Denn wenn der Begriff der Modernität alt geworden ist, heißt dies, dass er aufgehört hat, als Gegenbegriff zum Alten zu existieren. Die somit Modernität in der Dichtung bildet keinen Gegensatz mehr zum dichterischen Alten. Es bildete nie einen fundamentalen Gegensatz dazu. Der »moderne« Khalil Gibran (1883–1931)[5] und der »moderne« as-Sayyab (1926–1964)[6] teilen sich ein und dasselbe poetische Haus mit dem »alten« Imru' al-Qais und dem »alten« Tarafa Ibn al-Abd (538–564)[7] sowie mit Abu Nuwas und Abu Tammam, welche gemessen an der vorislamischen Dichtung Modernisierer waren und welche an zeitlichen Dimensionen gemessen heute als »alt« gelten. Jenseits der Kategorien »modern« versus »traditionell« verschmelzen alle diese Dichter angesichts jener einen dichterischen Kreativität, angesichts dessen, was ich die ursprüngliche Ganzheit der arabischen Dichtung nenne oder aus der historischen Perspektive die »zweite Moderne«.

Inwiefern waren Abu Nuwas oder Abu Tammam »modern«? Erstens in ihrem Innovationsgeist, und zwar nicht, indem sie die vorislamische Tradition verleugneten, sondern indem sie das sich erneuernde Leben bejahten. Und zweitens in einer künstlerischen und gedanklichen Ordnung und Ästhetik, die von dieser Neuerung erst offenbart wurden – als neuer Blick auf die Welt und als neue Art, sie auszudrücken.

---

[5] Aus Libanon; Autor des berühmten, auf Englisch geschriebenen Werks »Der Prophet«, zahlreiche Werke liegen auch auf Deutsch vor, meist aus dem Englischen übersetzt.

[6] Aus Basra; auf Deutsch liegt von as-Sayyab vor: *Die Regenhymne*. Übersetzt von Stefan Weidner und Khalid Al-Maaly, Berlin 2004.

[7] Vorislamischer Dichter, zusammen mit Imru l-Qais und fünf anderen Autor eines der berühmtesten sieben vorislamischen Langgedichte.

Das »Moderne« in der Dichtung war von Beginn des 20. Jahrhunderts an bis zum Erscheinen der Zeitschrift »Shi'r«[8] zunächst ein Reifeprozess, eine Erweiterung und Vertiefung. Dabei kamen vorher nicht bekannte Dimensionen von Modernität zum Vorschein, die zur Folge hatten, dass die Dichtung insgesamt neu definiert wurde. Vor allem auf theoretischer Ebene kamen dabei den von der Zeitschrift »Shi'r« ausgehenden poetologischen Debatten große Verdienste zu. Die Dichtungen, die daraus hervorhingen, begründeten neue Methoden des Verständnisses, der Beurteilung und der Herangehensweise an die Poesie. Alle Positionen, die heute in der Dichtung vertreten werden, sind nur eine Anknüpfung an die von der Zeitschrift »Shi'r« eröffneten Perspektiven.

Diese Kontinuität ist ein weiterer Hinweis darauf, dass die Modernität in der arabischen Poetik Teil der Geschichte geworden ist, dass sie sich in das Konzept des »Alten« integriert hat. Seither ist nichts hinzugefügt worden, was erlauben würde, von einer Veränderung des Konzepts zu sprechen oder davon, dass wir nun vor einem anderen Konzept von Dichtung und von dichterischer Modernität stünden.

So wie wir allerdings in der Zeit nach Abu Nuwas und Abu Tammam eine Tyrannei der dichterischen Mode beobachten konnten – eine formalistische, manieristische Tyrannei –, so sind wir auch heute wieder mit einer solchen Tyrannei konfrontiert. Und obwohl die Mode eine Attitüde ist, die immer Hand in Hand mit der Dichtung geht und sie überrankt, so steht sie doch zugleich für ein Modell und eine Technik, die

---

[8] 1957 von Adonis und dem libanesischen Dichter Yusuf al-Khal begründete Literaturzeitschrift für die dichterische Avantgarde. Auch viele Übersetzungen moderner Dichtung in westlichen Sprachen wurden hier veröffentlicht.

von der Welt des Künstlichen diktiert werden, von jener Welt also, deren Dominanz bei uns und auf der ganzen Welt auf dem Vormarsch ist. Das Geblendetsein von der Mode ist ein Hauptmerkmal der jungen Generationen weltweit und offenbart den Wunsch, einen klaren Bruch mit der Elterngeneration zu vollziehen, wenn nicht gleich einen Bruch mit der ganzen Vergangenheit, welche sie angesichts der unbändigen Dynamik des modernen Lebens als stagnierend empfinden, unvereinbar mit ihren Lebenszielen.

Das Besondere an der Mode ist in erster Linie ihre Künstlichkeit. Damit meine ich, sie ist vergänglich und hält nicht besonders lange, wie jedes künstliche Produkt. In zweiter Linie zeichnet sie sich durch ihren Antagonismus zum vorher Dagewesenen aus: Die Mode von heute ist besser als die von gestern. Während das Natürliche darin besteht, dass man zunächst Abstand von seinem Selbst gewinnt, um umso tiefer darin einzudringen und erneut ein Teil davon zu werden, bedeutet die handwerkliche Mode zwar auch Entfernung vom Selbst, aber so als wäre man ein loses Blatt, welches vom Wind der Zeit hin und her gewirbelt wird. Das Natürliche umfasst alle Zeiten, während die Mode sich damit begnügt, immer nur auf der Oberfläche des gegenwärtigen Moments entlangzuschlittern. Somit scheint das Artifizielle, in seiner Eigenschaft als Modeerscheinung oder manierierte Laune, schon im Moment seiner Geburt der Vergangenheit anzugehören. Das Modische ist schon im Voraus »altmodisch«.

Davon ausgehend hatte ich zunehmend den Eindruck, dass die Modernität zeitgebunden und zeitlos zugleich ist: zeitgebunden, da sie fest in der Dynamik der Geschichte und in der Kreativität des Menschen wurzelt und mit seinem Streben nach Grenzüberschreitung einhergeht. Andererseits aber auch zeitlos, da es sich bei ihr um eine Vision handelt, die alle Zeiten umfasst. Sie lässt sich nicht einfach als chronologische Geschichtsschreibung erzählen wie konkrete Ereignisse: Sie ist eine geschichtliche Konstante, und ihr kontinuierliches Voranschreiten ist nichts weiter als ein äußeres Abbild ihrer inneren Tiefenstruktur. Anders betrachtet: Modernität ist nicht nur eng mit der Entwicklung der Sprache verbunden, sie ist das Dasein der Sprache. Wobei dichterische Modernität innerhalb eines bestimmten Sprachraums in erster Linie mit der Modernität ebendieser Sprache korreliert. Bevor man »moderne« oder »traditionelle« Dichtung erschaffen kann, muss man erst einmal Dichter sein. Und nur wenn man empfindet und schreibt, als wäre man selbst die Sprache und die Sprache man selbst, ist man in einer Sprache ein Dichter. Und indem diese Sprache eine stimmliche, musikalische und gesellschaftliche Leistung darstellt, verfügt sie über eine Geschichte und eine Vergangenheit. Deshalb hat die dichterische Modernität ohne Kenntnis von Geschichte und Vergangenheit keinen Platz in der Sprache. Und deshalb ist die Sprache der Moderne kein Zweck an sich außerhalb der Leistungen der Sprache und des historischen Kontextes ihrer Kreativität. Eine neue künstlerische Errungenschaft in einer bestimmten Sprache kann nur dann begründet werden, wenn sie sich auf das Wissen um ihre bisherigen Leistungen stützen kann und diese umfassend berücksichtigt und mit einbezieht.

Die künstlerische Differenz oder Widersprüchlichkeit, welche durch die dichterische Modernität in einer bestimmten Sprache hervorgerufen wird, bewegt sich im Rahmen der künstlerischen Kraft dieser Sprache. Der dabei auftretende Konflikt erweist sich eigentlich als eine Art von Harmonie. Modernität und Tradition in der Dichtung sind zwei Seiten derselben Sprache, derselben Kreativität. Die Modernität in der arabischen Sprache beispielsweise ist, sosehr sie in ihren Erscheinungsformen auch einen Bruch mit der Vergangenheit vollzogen haben mag, eine arabische Modernität. Damit meine ich, dass sie nicht aus dem Kontext der französischen oder englischen Modernität und ihren Maßstäben heraus verstanden und beurteilt werden kann, sondern nur im Kontext der arabischen Kreativität und gemessen an den Maßstäben der arabischen Sprache.

7

Zum Abschluss möchte ich noch einige Beobachtungen anbringen, die meiner Meinung nach als Rahmen für das Verständnis der in der arabischen Dichtung vorhandenen Modernität und ihrer poetischen Besonderheiten dienen können. Zunächst sei betont, dass Modernität nicht nur die Freiheit des Denkens erfordert und beinhaltet, sondern auch die physische Freiheit. In ihr bricht das Unterdrückte aus, entledigt sich seiner Fesseln. Auf eine wirklich moderne Art zu denken und zu schreiben muss aus arabischer Sicht primär bedeuten, das bisher nicht Gedachte zu denken und das bisher nicht Geschriebene zu schreiben: also alles, was in jenen gewaltigen Bereich ständiger Unterdrückung fällt – sei sie religiöser oder kultureller, individueller oder gesellschaftlicher, psychischer oder physischer Art. Dies bedeutet, dass Modernität ein Eintauchen in die Geschichte ist. Sie impliziert eine Form des Schreibens, die diese Geschichte und auch sich selbst zum Gegenstand einer permanenten Selbstreflexion macht, einhergehend mit einer ständigen Erkundung der sprachlichen Möglichkeiten und der Dimensionen des Erlebens. Die arabische Sprache und die arabische Gesellschaft sind keine primitiven Gewächse, sondern können auf eine traditionsreiche und lange Geschichte zurückblicken. Sie bilden den Rahmen für die Herausbildung der arabischen Modernität, weshalb ein Wissen um den Ursprung ihrer alten Elemente sowie um deren Veränderungen und Probleme, besonders hinsichtlich der Geheimnisse der Sprache und der ihr innewohnenden Genialität, von essentieller Bedeutung ist, um zu verstehen, was Modernität bedeutet. Für einen arabischen Dichter heißt modern sein, dass seine Dichtung lodern muss, als wäre sie eine Flamme, die aus dem Feuer des Alten emporsteigt, und als entzündete sie gleichzeitig ein ganz neues Feuer.

Wenn sich die arabische Moderne in einigen ihrer Aspekte auf die Entfesselung des Unterdrückten gründet – also des Begehrens und allem, was die Werte und Maßstäbe, die zur Unterdrückung führen, ins Wanken bringt und sie überwindet –, dann nehmen Konzepte wie Authentizität, Verwurzelung, Erbe, Wiedererweckung, Identität, Eigenheit ganz unterschiedliche Bedeutungen an. Anstelle von Konzepten wie dem Dauerhaften, dem Monolithisch-Vollkommenen, dem Abgeschlossenen treten Konzepte wie das Gebrochene, das miteinander Verflochtene, das Mehrstimmige, das Veränderliche, das Unvollkommene. Dies bedeutet, dass die Beziehung zwischen den Wörtern und den Dingen stets im Wandel begriffen ist, dass es also zwischen den beiden eine permanente Leerstelle gibt, die sich durch Worte nicht füllen lässt. Diese nicht zu füllende Leerstelle hat zur Folge, dass bestimmte Fragen offenbleiben müssen: Was ist Erkenntnis? Was ist Wahrheit? Was ist Poesie? Sie bewirkt auch, dass das Wissen stets unvollkommen bleibt und dass die Wahrheit eine beständige Suche ist.

Daraus folgt als Quintessenz, dass die Modernität eine

kreative Vision im umfassenden Sinne sein muss, sonst ist sie nichts als eine Modeerscheinung. Die Mode altert bereits im Moment ihrer Geburt, während die Kreativität stets jung bleibt. Deshalb ist nicht alles, was modern ist, kreativ, aber Kreativität wird auf ewig modern sein.

SUFISMUS UND SURREALISMUS

I

Sufismus und Surrealismus – schon der Titel mag vielleicht Ablehnung oder doch zumindest Einwände hervorrufen, sowohl auf Seiten jener, deren Interesse dem Surrealismus gilt, als auch bei jenen, die sich mit der islamischen Mystik, dem Sufismus, beschäftigen. Unabhängig davon, ob dieses jeweilige Interesse positiv oder negativ motiviert ist, dürfte es für Verwunderung sorgen, jene beiden Richtungen in einem Atemzug genannt zu sehen.

Der Haupteinwand, den man in diesem Zusammenhang vorbringen könnte, lautet, dass der Sufismus Religiosität voraussetze und auf eine Erlösung religiöser Art abziele, während der Surrealismus eine atheistische Bewegung darstelle und keinerlei himmlische Erlösung im Sinn habe. Wie also sollten Religiosität und Gottlosigkeit miteinander vereinbar sein? Oberflächlich betrachtet ist solch ein Einwand berechtigt. Doch vermag er nicht grundsätzlich auszuschließen, dass es entlang des Pfades der Erkenntnis, den Sufismus und Surrealismus jeweils auf ihre Weise beschreiten, immer wieder zu einer Annäherung oder gar einem Zusammentreffen der beiden kommen kann. Atheismus impliziert nicht notwendigerweise die Ablehnung der Mystik, noch impliziert Mystik zwangsläufig den Glauben an die herkömmliche Religion bzw. den herkömmlichen Glauben an die Religion.

Auf jeden Fall kann jener Einwand durchaus nützlich sein, indem er denjenigen, der über das Thema forscht, dazu nötigt, die herkömmliche Bedeutung und Definition von Mystik einer Revision zu unterziehen und sie in einem völlig neuen Licht zu betrachten. Gleiches gilt für den Surrealismus. Es stimmt, dass Gott, wie ihn die Religion sich traditionellerweise vorstellt, im Surrealismus nicht vorkommt. Ebendies konstatiert auch André Breton, wenn er sagt, dass das Geheiligte, an welches er glaube, nicht religiöser Art sei, ja dass es völlig außerhalb der Religion stehe. Aber auch in der Mystik kommt Gott im herkömmlichen religiösen Sinne nicht vor. Oder sagen wir lieber: Er kommt in ihr nicht getrennt und isoliert von der Existenz vor, wie dies in der traditionellen religiösen Sichtweise der Fall ist, sondern in enger Verbundenheit mit jener – er und die Existenz bilden eine Einheit. Mystisch betrachtet kann Gott nur dadurch der »Eine« sein, indem er der »Viele« ist. Er ist in Bezug auf die Existenz der »erhabenste Punkt«, wie Breton es ausdrückt – der Punkt, in dem sich das, was wir die Materie, und das, was wir das Spirituelle nennen, vereinigen und in dem sich alle Widersprüche auflösen. Er ist nicht der »Eine«, der die Existenz von außen und ohne Verbindung mit ihr erschafft, er ist vielmehr die Existenz selbst in all ihrer Dynamik und Grenzenlosigkeit. Er ist weder im Himmel noch auf der Erde, sondern ist selber Himmel und Erde in einem. Uns auf die Reise zu ihm zu begeben erfordert nicht, die Existenz und unser Selbst zu verlassen, sondern im Gegenteil, immer tiefer in die Existenz und in unser Selbst vorzudringen. Das Unendliche liegt nicht außerhalb der Materie, sondern innerhalb von ihr: Das Unendliche ist der Mensch selbst, ist die Materie selbst. Gott befindet sich an einem nicht näher zu benennenden Ort, aber innerhalb dieses Orts. Er ist ein anderes Land, das aber um uns und in uns existiert.

Von daher müssen wir, wenn wir über den Sufismus sprechen, zunächst über den herrschenden Diskurs hinwegsehen, vor allem über die Deutung der religiösen Rechtsschulen.

Gehen wir also zu den Anfängen zurück. Ursprünglich wurde das Wort *Sufi* mit etwas Verborgenem, Unsichtbarem assoziiert. Der Hinwendung zum Sufismus liegt das Unvermögen des Verstands (und des religiösen Gesetzes) zugrunde, Antworten auf eine ganze Reihe tiefgründiger Menschheitsfragen zu geben – ein Unvermögen, das auch die Wissenschaft auszeichnet. Der Mensch hat das Gefühl, dass stets noch Fragen offenbleiben werden, die ihn umtreiben, selbst dann, wenn alle Probleme des Verstandes, des religiösen Gesetzes oder der Wissenschaft gelöst sind. Jene Dinge, die seit jeher einer Lösung harren, die sich stets der Erkenntnis entzogen haben, die allzeit unausgesprochen geblieben sind – sie sind es, welche die Triebfeder für die Hinwendung zum Sufismus bildeten und nach wie vor bilden. Und ebenjene trugen auch zur Entstehung des Surrealismus bei. War dieser doch primär mit dem Anspruch verbunden, eine Bewegung zu sein, die das bislang Ungesagte oder nicht Sagbare zur Sprache bringt.

Dreh- und Angelpunkt des Sufismus, so wie ich ihn verstehe, ist das Ungesagte, das Unsichtbare, das Unbekannte. Für den Sufi ist das letztendliche Ziel, eins zu werden mit jenem Verborgenen, also anders gesagt, mit dem Absoluten. Gleiches strebt der Surrealismus an. Dabei geht es aber nicht so sehr um die Identität jenes Absoluten, sondern um den Prozess der Einswerdung mit ihm, um den Weg dorthin – ganz gleich, ob es sich bei jenem Absoluten um Gott, den

Verstand, die Materie, das Denken, die Seele usw. handelt. In jedem Fall liegt eine Rückkehr zum Ursprung der Schöpfung vor, wie auch immer dieser Ursprung beschaffen sein mag. Es handelt sich um eine Rückkehr, die zur Voraussetzung hat, dass der zum Ursprung Zurückkehrende eine Transformation durchmacht und gleichzeitig mit jenem eins wird. Anders gesagt: Der Ursprung bleibt immer derselbe, wenn er in seinen Geschöpfen Gestalt annimmt und diese zu ihm zurückkehren.

2

Guy-René Doumayrou skizziert in einem seiner Artikel[1] eine Unterscheidung zwischen Surrealismus und Esoterik, indem er Ersteren als Bewegung bezeichnet, die nach Erleuchtung durch ein unsichtbares Licht, ein Licht des Geistes (*esprit*) oder des Denkens, sucht und den wirklichen Ablauf dieser geistigen Vorgänge aufzudecken trachtet. Letztere versuche dagegen, die verborgenen Mechanismen der Natur zu enthüllen. Und während sich Ersterer darum bemühe, »dem Denken seine Freiheit wiederzugeben«, gehe es Letzterer um »spirituelle Befreiung«. Dem Autor zufolge ist jener »erhabenste Punkt«, von dem Breton spricht, nicht mystisch, wozu er aus einem der im Band *Entretiens* veröffentlichten Gespräche mit Breton

---

[1] Guy-René Doumayrou: »Surréalisme, Esotérisme«, in: *Docsur* 8, 1989. Diese Publikation ist nicht verfügbar und auf 350 Druckexemplare beschränkt, die nur an die Mitglieder der Vereinigung *Actuel* verteilt wurden sowie an Personen, die mit dieser zusammenarbeiten. Mein Dank gilt an dieser Stelle Abdel Kader El Janabi, der mir eine Einsichtnahme in diesen Artikel ermöglicht hat. (Alle Anm. hier von Adonis)

zitiert: »Es versteht sich von selbst, dass dieser ›Punkt‹, an dem alle Widersprüche, die uns peinigen und uns verzweifeln lassen, dazu bestimmt sind, sich aufzulösen, und den ich in meinem Werk *L'amour fou* in Erinnerung an einen herrlich gelegenen Ort in den französischen Nieder-Alpen den ›erhabensten Punkt‹ genannt habe, in keinster Weise als mystisch gelten kann.«[2] So wie hier das Wort *Mystik* im Kontext dieses Artikels verwendet wird, scheint es mir in seiner Bedeutung ganz offenbar dem Wort *Esoterik* zu entsprechen.

Ferner sei der Surrealismus laut Doumayrou von Beginn seiner Entstehung an von den intuitiven Bildern, wie sie einem im Traum erscheinen können, fasziniert gewesen sowie vom expressiven und gestalterischen Automatismus. Daraus seien minutiös entwickelte Praktiken hervorgegangen, die mit Robert Desnos ihren Höhepunkt erlebten, der in der Lage gewesen sein soll, sich willkürlich in den Schlaf zu versetzen, selbst in einem Café voller Stimmengewirr. Der Dichter Louis Aragon habe jene Praktiken bezeichnet als »erstaunliche Erfahrungen, die man – der Psychoanalyse zum Trotz – beinahe als metaphysisch deuten könnte«[3].

Doumayrou weist darauf hin, dass der Begriff des »wirklichen Ablaufs des Denkens« mittels eines »psychischen Automatismus« jenseits jeder ästhetischen oder ethischen Überlegung für den Surrealismus bis zuletzt den roten Faden gebildet habe, sowohl auf individueller als auch auf gemeinschaftlicher Ebene. Dies insbesondere in Bezug auf alles, was mit der Entdeckung von Möglichkeiten zu tun hatte, das Unbewusste über die Kanäle des Alltagslebens freizusetzen.

---

[2] André Breton: *Entretiens*, Paris: Gallimard 1952, S. 151.
[3] Louis Aragon: »Une vague de rêves«, in: *Commerce*, Herbst 1924.

Weiter führt er aus, der Surrealismus sei stark am Irrationalen interessiert, gehe jedoch nicht so weit, irgendeinen Glauben an ein göttliches Wesen zu propagieren, wie dies Michel Carrouges und Pierre Klossowski versucht hätten.[4] Auch sei der Surrealismus der Überzeugung, dass die Unterscheidung zwischen Imaginärem und Realem keine Bedeutung habe. Die Realität, so wie der Surrealismus sie verstehe, sei nicht die Realität gemäß den üblichen Fiktionen des Dualismus. Vielmehr sei die Imagination für den Surrealismus dasjenige, was dem Bewusstsein den Weg zum Epizentrum der »Grundvibrationen« *(les vibrations fondatrices)* weise.[5] Es drehe sich in Wirklichkeit alles um eine Welt voller Schwingungen, wie Spezialisten auf dem Gebiet der Auren immer wieder konstatiert hätten. Ja einige behaupteten sogar, dass jede Person von drei Ebenen von Schwingungen umgeben sei – nämlich Farbe, Ausbreitung und Bedeutung. Aber »wenn wir Carlos Castaneda und seinem Zauberer vom Stamm der Yaqui-Indianer Glauben schenken sollen, dann erfordert eine mehr als zufällige Wahrnehmung dieser Dinge eine äußerst harte Übung«.[6]

Doumayrou verweist auf Bretons Äußerungen über die Beziehung zwischen Surrealismus und Natur und unterstreicht dabei dessen Aussage, für die Surrealisten sei die Vorstellung einer dem Menschen feindlich gegenüberstehenden Natur schwer zu akzeptieren. Vielmehr gingen sie davon aus, der Mensch habe »die Schlüssel verloren, in deren Besitz er ursprünglich war und die ihm einen engen Kontakt mit der

[4] Guy-René Doumayrou: »Surréalisme, Esotérisme«, in: *Docsur* 8, 1989, S. 3.
[5] ibd., S. 4.
[6] ibd., S. 5.

Natur ermöglichten«. Von da an probiere er ohne Erfolg andere Schlüssel aus.[7]

Dazu zitiert er Breton weiter: »Die wissenschaftliche Naturerkenntnis wird überhaupt erst dann einen Wert haben, wenn die Berührung mit der Natur wieder über poetische, ja ich möchte sogar sagen, über mythische Wege erfolgt.«[8]

Schließlich gesteht Doumayrou zu, dass im *Zweiten Manifest des Surrealismus* auch die esoterische (also hermetische, verborgene) Dimension und die des Wissens um Magie und Okkultismus auf den Plan treten, was er mit einer allgemeinen Krise der Menschheit begründet.[9] Diesbezüglich mache Breton auf die »bemerkenswerte Analogie« aufmerksam zwischen dem, wonach der Surrealismus, und dem, wonach die Alchimie suche, denn »der Stein der Weisen ist nichts anderes als das, was die Einbildungskraft des Menschen dazu bringt, an allen Dingen schlagende Rache zu nehmen; und nach jahrhundertelanger Unterwerfung des Geistes und dumpfer Resignation versuchen wir nun erneut, diese Einbildungskraft durch eine lange, gewaltige und wohlüberlegte Verwirrung aller Sinne endgültig zu befreien«.[10]

3

Ich bin so ausführlich auf diesen Artikel eingegangen, weil es sich dabei um den aktuellsten zum Thema der Beziehung zwischen Surrealismus und dem Übersinnlichen, der verbor-

---

[7] ibd., S. 5; sowie Breton: *Entretiens*, S. 248.
[8] Breton: *Entretiens*, S. 248.
[9] Doumayrou, S. 6.
[10] *Zweites Manifest des Surrealismus*, 1930; vgl. Doumayrou, S. 6–7.

genen Welt, handelt. Alles in diesem Text verweist auf die Intensität und die fundamentale Bedeutung dieser Beziehung – im Positiven wie im Negativen. Wobei das Übersinnliche und das Verborgene hier losgelöst von der religiösen Dimension zu betrachten sind, die ihnen traditionellerweise zugeschrieben wird. Die Mystik, so wie ich sie sehe und in dieser Studie zu präsentieren versuche, zeichnet sich genau dadurch aus, dass sie dieser Dimension entbehrt und dass sie dagegen opponiert, vor allem auf der Ebene der Erkenntnis. Ich glaube aber dennoch, dass der Widerspruch, auf den ich anfangs verwiesen habe, bestehen bleiben wird. Denn der Surrealismus ist in seiner Eigenschaft als literarisch-künstlerische Bewegung mit ihren Werken auf den Gebieten Dichtung, Prosa und bildende Kunst bekannt geworden, während man den Sufismus als religiöse Bewegung kennt. Mit dessen Werken hat man sich bisher nur in ihrer Eigenschaft als Dokumente beschäftigt, die den religiösen Sichtweisen und Überzeugungen des Sufismus Ausdruck verleihen. Hinzu kommt, dass zwischen den beiden Bewegungen im Allgemeinen keinerlei Verwandtschaft auf sprachlicher, zeitgeschichtlicher und kultureller Ebene besteht. Dies alles wirft ein bezeichnendes Licht auf den dürftigen Forschungsstand in Bezug auf den Sufismus, und es verdeutlicht ganz allgemein, wie dürftig das theoretisch-wissenschaftliche Niveau mancher Studien ist, die sich mit arabischer Kultur beschäftigen, wie dürftig das Bild, das uns von ebendieser Kultur bislang präsentiert wurde.

Dennoch lege ich Wert auf die Feststellung, dass in diesem Essay nicht die Behauptung aufgestellt werden soll, Sufismus und Surrealismus seien ein und dasselbe oder der Sufismus habe, da er zeitlich vorausgehe, den Surrealismus direkt und indirekt beeinflusst. Mein Ziel ist es, aufzuzeigen, dass die Existenz über eine verborgene, unsichtbare, unbekannte Dimension verfügt, dass deren Kenntnis nicht mit logisch-rationalen Methoden erlangt werden kann, dass der Mensch ohne jene Dimension und ohne den Versuch, zu ihr vorzudringen, ein Wesen ist, dem es an existentieller Substanz und Erkenntnis fehlt, dass die Wege dorthin spezifisch und individuell sind und dass wir daher Verwandtschaftsbeziehungen und Übereinstimmungen zwischen sämtlichen Richtungen finden, die jenes Übersinnliche zu schauen trachten, darunter insbesondere Sufismus und Surrealismus. Die großen Erlebnisse im Hinblick auf das Erkennen der verborgenen Dimension des Seins konvergieren auf die eine oder andere Weise jenseits des Sprachlichen, des Zeitlichen und der kulturellen Unterschiede. Ich werde versuchen, diese Begegnung zwischen Sufismus und Surrealismus zu beschreiben und zu verdeutlichen, dass beide den gleichen Weg der Erkenntnis einschlagen, wenn auch unter verschiedenen Namen und mit unterschiedlichen Zielen. Das Muster ist jeweils das gleiche, und die Ähnlichkeiten bei dessen Umsetzung in die Praxis sind so zahlreich, dass sie einen zu der Feststellung verleiten könnten, beim Surrealismus handele es sich um einen heidnischen Sufismus, einen ohne Gott, dessen Ziel die Einswerdung mit dem Absoluten sei, und beim Sufismus handele es sich um einen Surrealismus auf der Basis einer Suche nach dem Absoluten und einer ebensolchen Einswerdung mit ihm.

Ja, bisweilen verspürt der Mensch das Bedürfnis nach jemandem oder etwas, mit dem er jenseits der Bücher, des Verstands und der Wissenschaft reden kann. Dies mag ein Baum, ein Stein, ein Berg oder auch ein Fluss sein.

In einem solchen Moment spürt der Mensch, dass sich sein Denken nicht nur in seinem Kopf abspielt, sondern in seinem ganzen Körper. Ja es mag zuweilen vorkommen, dass es stärker in seinen Füßen präsent ist als in seinem Kopf. Er spürt, dass das Denken die tiefe Einheit zweier Körper, nicht zweier Gedanken ist und dass er beispielsweise ein größeres Bedürfnis danach hat, mit einer Welle eins zu werden, als mit einem anderen Menschen zu sprechen.

Und es überkommt ihn in einem solchen Moment die Gewissheit, dass die Wahrheit nicht von außen kommt – nicht aus Büchern, religiösen Dogmen, Gesetzen, Ideen oder Lehren. Vielmehr kommt sie aus dem Inneren heraus, aus der konkreten Erfahrung, aus der Liebe und aus der aktiven Kommunikation mit den Dingen und mit dem Universum. Es wird ihm klar, dass der Mensch stets danach dürstet, zu inkorporieren und inkorporiert zu werden, nicht danach, abzutrennen und abgetrennt zu werden. Dass er nach Vereinigung statt nach Isolation dürstet, nach Kooperation statt nach Dominanz. Und er gelangt zu folgender Überzeugung: Wenn Gott sich außerhalb der Existenz befände und wenn seine einzige Verbindung zu dieser im Akt der Schöpfung und in der Ausübung seiner Herrschaft bestünde, dann wäre diese Welt nichts weiter als eine Sphäre aus Staub, die es nicht verdiente zu existieren oder, besser gesagt, nicht verdiente, von jenem großartigen Wesen bewohnt zu werden, welches der Mensch ist. Jenem Geschöpf, das trotz allem wichtiger wäre als sein Schöpfer. In aller Selbstverständlichkeit könnte man dann proklamieren: Wenn die Existenz nur in der Alternative Paradies oder Hölle bestünde, dann wäre sie nichts weiter als ein Wettspiel, welches stumpfsinnig und lächerlich wäre und dem Menschen nicht gerecht würde.

Ferner verstärkt sich in einem solchen Moment beim Menschen die Gewissheit, dass tief in seinem Inneren ein grenzenloser Ozean schlummert, der von Dämmen und Hürden aller Art umgeben und im Zaum gehalten wird, und dass sein

Leben nichts als Schaum bleiben wird, solange er nicht dort-hin hinabsteigt und jene Dämme und Hürden durchbricht, um das bisher Ungesehene zu sehen, das bisher Ungedachte zu denken und etwas zu fühlen, von dem keiner geglaubt hätte, dass es jemals jemandem zu fühlen vergönnt sein würde. Durch das Eintauchen in jenen Ozean wird sich ihm eine Welt eröffnen, die nicht durch Dinge begrenzt ist, sondern einzig und allein durch Gedanken und Phantasie.

Vielleicht handelt es sich bei einem solchen Moment um den Moment der Liebe par excellence: Denn in der Liebe gehen Mann und Frau gleichermaßen über ihre Individualität hinaus, in Form eines Einsseins, welches ihnen das Gefühl verleiht, dass sie zusammen mehr sind als nur die Summe von ihnen beiden, dass sie sich gegenseitig ergänzen wie das Kon-krete und das Absolute, das Sein und das, was jenseits davon liegt. In jedem der beiden erscheint das jeweils andere, offen-bart sich für ihn, in ihm, aus ihm, über ihn, mit ihm und so als wäre es das Andere.

Genau dieser Moment ist der Bereich, in dem sich Sufis-mus und Surrealismus begegnen.

4

In einer Fatwa des Ibn Taimiyya (1263–1328)[11] zum Sufismus heißt es: »Da diese des Satans sind, stehen sie im Widerspruch zu den Gesandten Gottes, wie man etwa aus den Schriften

[11] Äußerst konservativer Rechtsgelehrter, auf den sich heute vor allem die islamischen Fundamentalisten berufen. Das Zitat stammt aus seinen Fatwas: Ahmad Ibn Taimiyya: *Al-fatawa*, Vol. 11, Riad 1962, S. 239.

des Verfassers[12] von *Al-futuhat al-makkiyya* [›Die mekkanischen Offenbarungen‹], *Al-fusus al-hikam* [›Ringsteine der Weisheitsworte‹] und anderer Werke dieser Art ersehen kann. Er preist dort die Ungläubigen, wie etwa die Leute Noahs, Huds, Pharaos und andere, und setzt Propheten wie Noah, Abraham, Moses und Aaron herab. Er missbilligt Gelehrte, die von den Muslimen gepriesen werden, wie etwa Djunaid Ibn Muhammad und Sahl Ibn 'Abdullah al-Tasturi, und preist jene, die von den Muslimen missbilligt werden, wie etwa den Sufidichter al-Halladj und seinesgleichen. So äußert er es in seinen satanischen und phantasiereichen *Tadjalliyyat* [›Manifestationen‹].«

Ich neige der Auffassung zu, dass diese Fatwa aus der Perspektive Ibn Taimiyyas betrachtet, also aus der Perspektive eines traditionellen, buchstabengetreuen Verständnisses des koranischen Textes heraus, durchaus ihre Richtigkeit hat. Denn weder in diesem Text, so wie ihn die frühen Muslime verstanden, noch in den Hadithen des Propheten findet sich vor dem Hintergrund eines exoterisch-dogmatischen Verständnisses gemäß der klassischen Tradition irgendetwas, was man als direkte Quelle für die Vorstellungen der Sufis betrachten könnte. Im Gegenteil: Alles an diesen Vorstellungen steht äußerlich im Widerspruch zum religiösen Text, nicht nur was deren Vision vom Schöpfer, sondern auch jene von der Schöpfung anbelangt.

Der Sufismus versteht und interpretiert den religiösen Text auf eine Weise, die sich fundamental von einem exoterisch-dogmatischen Verständnis unterscheidet. Ja er macht den

---

[12] Bei dem Verfasser dieser Werke handelt es sich um den großen Mystiker aus Al-Andalus Muhiyuddin Ibn al-Arabi, gestorben 1240.

Propheten selbst mit seinen Taten und Worten zum obersten Vorbild für die Mystik. Doch das ist ein anderes Thema.

Vielleicht sollten wir hier Ibn Taimiyyas Verständnis des Sufismus näher betrachten, handelt es sich doch bei ihm um ein Musterbeispiel für die traditionalistische Auffassung. Er unterteilt den Sufismus in zwei Klassen: eine relative und eine absolute. Die erste sei »wie die Ansichten der Christen und die jener Imame der Abtrünnigen [= Schiiten] sowie jener Meister der unwissenden Derwische und Sufis, die sich gegenseitig dabei überbieten, von der Einswerdung [mit Gott] zu sprechen. Mal nennen sie diese eine Verbindung von Wasser und Milch, mal eine göttliche Einwohnung, mal eine Vereinigung von Angesicht zu Angesicht«.

Die absolute Einwohnung bestehe darin, dass Gott an sich schon allen Dingen innewohne. Diese Vorstellung sei von den Sunniten und den Altvorderen einst der Sekte der Djahmiyya[13] zugeschrieben worden.

Bezüglich des Konzepts einer allumfassenden Vereinigung *(al-ittihad al-'am)*, das die Sufis hervorgebracht hätten, seien ihm keine Vorläufer bekannt, außer solchen, die die Existenz des Schöpfers geleugnet hätten, wie etwa der König der Qarmaten[14]. So hätten sie die Ansicht vertreten, die Existenz der absoluten Wahrheit *(al-haqq)*[15] und die Existenz der Schöp-

---

[13] Auf Djahm bin Sahwan (gestorben ca. 746 in Marw) zurückgehende, deterministische Glaubensrichtung, die schroff zwischen transzendentem Gott und der Welt trennt und behauptet, dass alle Aktivitäten, auch die des Menschen, allein Gott zugeschrieben werden können.

[14] Sammelname für Bewegungen zwischen dem 9. und 12. Jahrhundert in der islamischen Welt, die für soziale Gleichheit eintrat und häufig als Vorläufer des Kommunismus begriffen wird.

[15] Al-Haqq, absolute Wahrheit, ist gleichzeitig einer der Gottesnamen.

fung seien ein und dasselbe. Ja die Existenz Gottes selbst, des Schöpfers von Himmel und Erde, und die Existenz der Geschöpfe seien ein und dasselbe. Es herrschte bei ihnen nicht die Vorstellung, Gott habe etwas von ihm Verschiedenes geschaffen, er sei der Herr der Welten oder der, »der sich selbst genüge«, und alles außer ihm »bedürfe seiner«.

Sie hätten sich Ibn Taimiyya zufolge in drei Richtungen unterteilt: »Die erste ist der Auffassung, sämtliche Essenzen seien ursprünglich konstant im Nichts verankert gewesen, von Anbeginn bis in alle Ewigkeit, sogar die der Tiere, Pflanzen und Mineralien, des Beweglichen und des Ruhenden. Die Existenz der absoluten Wahrheit habe sich wie eine Flut über jene Seelen ergossen, und deren Existenz sei dadurch der Existenz der absoluten Wahrheit gleich, ohne dass deren Essenzen der Essenz der absoluten Wahrheit gleich wären. Diese Richtung unterscheidet zwischen Existenz und Unveränderlichkeit: ›So wie du in deiner Unveränderlichkeit bist, so erscheinst du auch in deiner Existenz‹«.

»Die zweite Richtung ist der Auffassung, dass die Existenz der neu erschaffenen Dinge und die Existenz des Schöpfers ein und dasselbe seien und nichts voneinander Verschiedenes.«

»Die dritte Richtung ist der Auffassung, es gebe überhaupt nichts, was verschieden oder anders sei. Vielmehr nehme der Diener Gottes das Andere nur als solches wahr, solange es verhüllt sei; würde dessen Schleier gelüftet, dann würde er erkennen, dass es nichts Verschiedenes gebe, und die Angelegenheit würde ihm klar erscheinen.«

Der Grundirrtum der Sufis liegt in den Augen Ibn Taimiyyas darin, dass sie ihre eigenen Maßstäbe an den herabgesandten Text angelegt und »das Befolgen ihrer Gottesliebe über das Befolgen der Weisungen Gottes gestellt haben, entsprechen doch unmittelbare Erfahrung (>Schmecken‹), Ekstase und dergleichen dem, was der Diener Gottes liebt und wonach es ihn gelüstet«. Er sieht darin gleichsam den Grundirrtum aller Irregeleiteten. Die Gottesliebe sei Spekulation, Begierde und Anbetung des Goldenen Kalbs.[16] Demzufolge sind die Sufis aus der Sicht Ibn Taimiyyas vernarrt darin, »Poesie, Stimmen und Musikinstrumenten zu lauschen, welche ein Gefühl allumfassender Liebe hervorrufen. Von ihm werden nicht nur die Rechtgläubigen erfasst, sondern diejenigen, die den Barmherzigen lieben, mit jenen teilen, die die Götzenbilder, das Kreuz, die Heimat, die Bruderschaften, die Knaben oder die Frauen verehren. Sie alle folgen nur ihrem Geschmack und ihren Leidenschaften, dabei das Buch, die Sunna und die von den Altvorderen vertretenen Normen außer Acht lassend.«[17] Anders gesagt beten die Sufis Gott an, ungeachtet dessen, was er angeordnet und vorgeschrieben hat; sie beten ihn an »mit Liebesleidenschaften, Spekulationen und häretischen Neuerungen«. Dies habe zur Folge, dass die Sufis die Normen durchbrächen, dass sie dies offen kundtäten oder der Aufforderung zu einem solchen Verstoß nachkämen. Doch es wird ihnen Rettung vor dem Verderben, das ihnen

---

[16] Im Koran heißt es dazu: »Aufgrund ihrer Gottlosigkeit drang das Goldene Kalb in ihre Herzen.« (Sure 2, Vers 93), »Wenn sie nicht auf dich hören, so wisse, dass sie ihren Neigungen folgen. Und was wäre irriger als seiner Neigung zu folgen ohne Rechtleitung von Gott.« (Sure 28, Vers 50), »Denn sie folgen nur Spekulationen und wonach es sie selbst gelüstet, wo doch bereits von ihrem Herrn die Rechtleitung zu ihnen gekommen ist.« (Sure 53, Vers 23), »Hierauf haben wir dich auf eine Richtung in der Angelegenheit (der Religion) festgelegt. So folge ihr und folge nicht den Neigungen derjenigen, die nicht Bescheid wissen.« (Sure 45, Vers 19). (Anm. von Adonis)

[17] vgl. Anm. 12, S. 165

droht, in Aussicht gestellt, nämlich die »Befolgung der Weisungen Gottes« bzw. das »Festhalten an der Sunna«. Denn die Sunna ist »nach den Worten des Imams Malik (gestorben 795)[18] wie das Schiff Noahs: Wer sich auf ihr einschifft, dem wird Rettung zuteil; wer ihr fernbleibt, versinkt in den Fluten«.

In einem anderen Traktat sagt Ibn Taimiyya, die Sufis hätten »den Willen zu ihrer Grundlage gemacht, welcher zwar notwendig ist, jedoch unter der Bedingung, dass es sich dabei um den Willen zur Anbetung des einen Gottes handelt, unter Beachtung all dessen, was er befohlen hat«. Weiter fährt er fort: »Die Theologen haben sich eine am Wissen ausgerichtete Betrachtungsweise zur Grundlage genommen. Zwar ist auch jenes notwendig, jedoch unter der Bedingung, dass es sich dabei um Wissen darüber handelt, was der Prophet verkündete. Auch muss man dabei die Wegweisungen des Propheten, die Zeichen Gottes also, berücksichtigen. Wer Wissen ohne Willen fordert, oder Willen ohne Wissen, der ist fehlgeleitet, ebenso wie jemand fehlgeleitet ist, der beides fordert, ohne gleichzeitig dem Propheten zu folgen«. Schließlich gelangt Ibn Taimiyya zu der Feststellung, der Islam kreise um zwei Prinzipien: »Die Anbetung des einen Gottes und seine Anbetung unter Beachtung dessen, was er zum Gesetz erklärt hat, unter Aussparung jeglicher häretischer Neuerungen.«

Diese Fatwa des Ibn Taimiyya über die Sufis lässt daran denken, wie der Surrealismus in intellektuellen Kreisen aufgenommen wurde, nämlich mit einer Mischung aus Verblüffung und einem gewissen Spott. So pflegte man in jenen Kreisen über jedwedes Werk, das sich über die von der tradi-

---

[18] Begründer der malikitischen Rechtsschule im Islam. (Anm. d. Hrsg.)

tionellen Ästhetik festgelegten Regeln hinwegsetzte, zu sagen: Das ist ja surrealistisch![19]

Jenen Äußerungen des Ibn Taimiyya steht das, was Ahmad Ibn Muhammad Ibn 'Adjiba al-Hasani über den Ursprung des Sufismus sagt, gegenüber: »Sein Thema ist die erhabene Essenz, denn nach deren Erkenntnis sucht der Sufismus, sei es durch logische Beweisführung, sei es durch eigene Beobachtung. Erstere ist die Methode des Aspiranten, Letztere die des Initiierten. Etabliert wurde dieses Wissen durch den Propheten – Gott segne ihn und schenke ihm Heil –, welchem es von Gott mittels Offenbarung und Inspiration beigebracht worden war. Gabriel – Friede sei mit ihm – kam zuerst mit dem religiösen Gesetz hernieder, und als dieses etabliert war, brachte er als zweites die Wahrheit herab. Diese gab er nur einigen wenigen preis. Der Erste, der sie aussprach und sichtbar machte, war unser Herr 'Ali – Gott ehre ihn …«

---

[19] Der Surrealismus beruhte im Wesentlichen auf einer Neubetrachtung der westlichen Zivilisation, innerhalb des kulturellen Umfelds, das der Erste Weltkrieg hervorgebracht hatte. Vier Dichter waren es, die die Bewegung im Jahre 1920 in Paris begründeten: Tristan Tzara, André Breton, Louis Aragon, Philippe Soupault. Von da an begannen sie, ihre Verachtung für die Gewohnheiten und Traditionen zu proklamieren, ein »anderes Leben« zu fordern und die alten Methoden und Vorbilder abzulehnen, dabei das Leben und die Freiheit zelebrierend. Ihr aufrührerisches, subversives Werk ging einher mit einer hellsichtigen Suche nach dem Irrealen. Somit war der Surrealismus mehr als nur eine literarische Richtung. Er war eine neue Methode, um die Realität zu begreifen und zu konzipieren. Im Jahre 1924 entstand die surrealistische Bewegung im engeren Sinne. Zu den bereits erwähnten vier Vertretern gesellten sich Paul Éluard, Jacques Baron, Robert Desnos, Max Ernst, Pierre Unik, Roger Vitrac, Pierre Naville, André Masson und Antonin Artaud. Vgl. Véronique Bartoli-Anglard: *Le surréalisme*, Paris: Nathan 1989. (Anm. von Adonis)

Ibn 'Adjiba definiert den Unterschied zwischen *schari'a* (›religiöses Gesetz‹), *tariqa* (›Weg, Pfad, Methode, Sufi-Bruderschaft‹) und *haqiqa* (›Wahrheit‹) folgendermaßen: »Die *schari'a* besteht darin, dass du Gott anbetest, die *tariqa*, dass du dich auf den Weg zu ihm machst, und die *haqiqa*, dass du seiner ansichtig wirst.«

Dieser Sufi betrachtet den Menschen als »Ebenbild Gottes«, als einen, dem Gott seine spirituellen Attribute verliehen hat. Somit »gehört die Wahrheit des Menschen, sein Mysterium, zu den Mysterien Gottes. Es eignet sich nicht dazu, in Büchern in expliziter Form dargelegt zu werden, sondern nur in Form von Hinweisen und Andeutungen.« »Das Geheimnis der Göttlichkeit, das Gott im Menschen angelegt hat, kennt niemand in seiner ganzen Wahrheit außer Gott selbst.«

Von dieser Auffassung ausgehend wendet sich Ibn 'Adjiba an den Menschen: »Das erlebte Wissen lässt sich nicht theoretischen Schriften entnehmen. Hüte dich davor, außerhalb nach Zeichen zu suchen, denn dafür wirst du Leitern benötigen. Suche die Wahrheit Gottes *(al-haqq)* in dir selbst und von dir selbst aus, und du wirst sehen, dass sie näher bei dir zu finden ist als dein Selbst.«

Die mystische Erfahrung ist im Kontext der arabischen Sprache nicht nur eine Erfahrung der Schau, sondern auch und vielleicht vor allem eine Erfahrung des Schreibens. Sie ist eine Schau, die durch die Dichtung ausgedrückt wird, sei es Prosa oder metrische Poesie, durch eine poetische Sprache, die zur Sprache der theoretischen Untersuchung und des Kommentars hinzutritt. Der Sufismus ist somit auf der Ebene des Schreibens eine kreative Bewegung, die die Grenzen der Dichtung erweitert hat, indem sie ihren metrischen Formen andere in Prosa hinzugefügt hat, welche jener Form ähneln, für die sich in der modernen Literaturwissenschaft der Terminus ›Prosagedicht‹ eingebürgert hat. Von dieser Art des Schreibens ausgehend wäre es zu erwarten gewesen, dass sich das Verständnis von Dichtung innerhalb der arabischen Literaturkritik wandeln und sich eine neue Sichtweise hinsichtlich Definition und Verständnis von Dichtung etablieren würde. Doch dazu kam es nicht. Die Sufi-Literatur sollte über ein Jahrtausend lang warten müssen, um ein wenngleich noch kleines Publikum zu finden, das sich dafür einsetzt, sie auf eine neue Art zu lesen und zu verstehen.

Es ist paradox, dass der Sufismus als eine Erfahrung des Suchens nach dem Absoluten ausgerechnet zur Dichtung Zuflucht genommen hat, um seinem Innersten Ausdruck zu verleihen – galt die Dichtung doch traditionell als ungeeignet für die Annäherung an das Absolute und für dessen Erkenntnis. Liegt darin nicht ein klarer Hinweis darauf, dass der Sufismus religiös-dogmatische Methoden des Ausdrucks ablehnt, welche ja ihrerseits die Dichtung ablehnen und zwischen ihr und der Religion eine glasklare Trennlinie ziehen, insbesondere auf der Ebene der Erkenntnis? Der Sufismus sah im dichterischen Schreiben das geeignetste Mittel, um seine Geheimnisse auszudrücken, und in der dichterischen Sprache das geeignetste Mittel der Erkenntnis. Darin könnte man eine gewisse Kontinuität der Situation erkennen, wie sie vor dem Islam und vor der koranischen Offenbarung vorgeherrscht hatte, ebenso wie eine Rückbesinnung auf die elementare Verbindung zwischen der Dichtung und dem Verborgenen. Die Sufis benutzten für ihre sprachliche Auseinandersetzung mit Gott, der Existenz und dem Menschen bestimmte künstlerische Mittel: Form, Stil, Symbol, Metapher, Bild, Metrum und Reim. Auf diese Weise kommt der Leser in den Genuss ihrer Erfahrungen und kann sich diese in all ihren Dimensionen erschließen. Einem Leser jedoch, der

Zutritt zu ihnen über die äußere Ausdrucksform sucht, wird dies nur schwer gelingen. Anders gesagt: Es ist nicht möglich, sich der Welt der mystischen Erfahrungen allein über deren Ausdrucksebene zu nähern. Die Andeutung, nicht der Ausdruck, ist deren Haupteingangspforte.

Das bedeutet konkret, dass die Sprache der Sufis eine poetische Sprache ist, deren dichterische Kraft darin besteht, dass alles in ihr symbolisch ist: Alles in ihr hat einerseits eine wörtliche Bedeutung, verweist aber immer auch auf etwas anderes. Wenn beispielsweise von der Geliebten die Rede ist, kann sich dies zugleich auf eine Rose, auf den Wein, auf das Wasser oder auf Gott beziehen. Es sind Bilder für das Sein und seine Erscheinungen. Ein und derselbe Ausdruck kann für den Himmel, für Gott oder für die Erde verwendet werden. Denn der mystischen Vision zufolge sind die Dinge identisch und doch konträr, miteinander harmonierend und doch verschieden. Somit steht diese Sprache im Gegensatz zur religiös-dogmatischen Sprache, wo die Dinge völlig eindeutig sind.

Mit dieser poetischen Sprache erschafft die sufische Erfahrung eine Welt für sich, in der ganz eigene Geschöpfe entstehen. Sie werden geboren und wachsen auf, kommen und gehen, erlöschen und entflammen. Es ist eine Welt, in der alle Zeiten hier und jetzt in inniger Umarmung vereint sind.

Die poetische Sprache der Sufis steht in einem diametralen Gegensatz zur religiös-dogmatischen Sprache, insofern diese die Dinge benennt, wie sie sind, in totaler und endgültiger Form. Die Sprache der Sufis hingegen liefert von den Dingen nur Bilder, sind diese doch Erscheinungen des Absoluten, Erscheinungen des Unaussprechlichen, das sich nicht beschreiben und nur schwer erfassen lässt. Das Unbegrenzte lässt sich eigentlich nur durch das Unbegrenzte ausdrücken. Den Worten sind jedoch ebenso Grenzen gesetzt wie dem, der sie ausspricht. Die Macht der Worte wird sich also stets im Bereich der Andeutungen und der Symbole bewegen, und der mystische Diskurs wird ebenso wie der poetische Diskurs metaphorisch bleiben und keine Wahrheit für sich beanspruchen, ganz im Gegensatz zum religiös-dogmatischen Diskurs.

Die Sprache der Sufis unterscheidet sich von der religiös-dogmatischen Sprache dadurch, dass diese in ihrem Kern eine Sprache des Verstehens ist, während die Sprache der Sufis in ihrem Kern eine Sprache der Liebe ist. Sie liebt die Dinge, ohne sie notwendigerweise verstehen zu müssen. Die andere dagegen steht mit den Dingen und dem Sein in einer Beziehung des Verstehens, des Wahrnehmens und des Wertens, nicht aber in einer »Liebesbeziehung«. Auch die Liebe lässt sich ja nicht benennen, sondern nur erleben. Benennen lassen sich nur Bilder von ihr. Sie selbst entzieht sich jedoch, so wie das Absolute, den Worten, denn sie steht außerhalb des Bereichs oder der Grenzen des Verstands und der Logik, also außerhalb der sprachlichen Grenzen. Die Dichtung ist nichts weiter als ein Versuch des Menschen, das Unaussprechliche mittels Metaphern und Symbolen auszusprechen. Damit werden ihr durch Verstand und Logik keinerlei Grenzen gesetzt. Man kann eine Qaside – sofern es sich bei ihr um Dichtung im wahrsten Sinne handelt – unmöglich in den Rahmen der logischen Rationalität einordnen. Denn sie lässt sich – so wie das, was sie zur Sprache bringt – nicht erschöpfend und endgültig verstehen oder erklären. Das, was an ihr verständlich ist, wirft nur ein bestimmtes Licht auf sie, doch deckt es bei weitem nicht alles ab, was sie enthält. Und was nicht beschrieben werden kann, lässt sich auch nicht kognitiv erfassen. Die

Unbegreiflichkeit geht mit der Unbeschreiblichkeit einher. Somit findet ein jeder Leser in ein und derselben Qaside seine ganz persönliche Qaside. Ebendies gilt auch für das mystische Schreiben.

Warum aber versucht der Mensch, etwas in Worte zu fassen, von dem er weiß, dass es dafür keine Worte gibt? Vielleicht weil er sich weiterhin nach dem Unbekannten sehnt. Vielleicht weil er mit dem Mysterium, dem Absoluten, eine Kongruenz oder gar Einswerdung herstellen möchte, um so zu spüren, dass er in einem unendlichen Universum lebt und dass er selber genauso unendlich wie das Universum ist. Oder vielleicht um ausrufen zu können: Es gibt nicht zwei, nur eins! Genau darin unterscheidet sich also die Sprache der Sufis von der religiös-dogmatischen Sprache: Erstere entspringt der Erfahrung, die der Sufi durchlebt, indem er versucht, zur Einswerdung mit dem Absoluten zu gelangen. Letztere entspringt dagegen einer Praxis des Beschreibens und Vorschreibens, welche von einer völligen Entfernung und Loslösung vom Absoluten zeugt.

5

Über die Vorgehensweise der Sufis zu schreiben ist praktisch nur aus einer rein deskriptiven Perspektive von außen möglich; das Resultat wird also immer ein wenig blutarm bleiben. Hingegen ist es durchaus möglich, über den surrealistischen Ansatz zu schreiben, was ja Breton selbst und auch andere getan haben. Allerdings präsentiert der Surrealismus sich nicht als Doktrin, wie Aragon erklärt. Zwar gibt es in ihm Gedanken, die als Referenzpunkte dienen, doch vermag man diesen keinesfalls Vorhersagen über deren weitere Entwicklung zu entnehmen. »Wir müssen abwarten, was die Zukunft bringt«, lautet Aragons diesbezügliches Fazit.[20]

Tatsache ist meiner Ansicht nach, dass die Bedeutung der islamischen Mystik heutzutage nicht in einer Aufzählung ihrer Glaubensinhalte besteht, sondern vielmehr in dem Stil, den sie praktiziert, beziehungsweise dem Weg, auf dem sie zu ihren Glaubensinhalten gelangt. Ihre Bedeutung liegt in jenem Feld der Erkenntnis, welches sie begründet, sowie in den Prinzipien, die daraus resultieren – ganz spezifischen und ausdifferenzierten Prinzipien des Suchens und Entdeckens. Ihre Bedeutung ist in jenem Kosmos zu finden, zu dem sie Zutritt gewährt, und vor allem in der Art, wie sie ihn sprachlich ausdrückt. Gleiches lässt sich über den Surrealismus sagen. Für die arabische Kultur ist der Sufismus deshalb von so großer Bedeutung, weil er die Lesart des religiösen Erbes erneuert und diesem andere Bedeutungen und Dimensionen verliehen hat, die auch eine neue Lesart des literarischen, geistigen und politischen Erbes ermöglichen. Vor allem aber ermöglichen sie eine neue Betrachtung der Sprache – nicht nur der religiösen Sprache, sondern auch der Sprache als Mittel der Entdeckung und des Ausdrucks. Die Mystik hat die Tradition der »Normen« hinter sich gelassen, um die Tradition der »Mysterien« ins Leben zu rufen. Sie hat eine andere Form der Erkenntnis, ein anderes kognitives Feld, begründet.

Aufgrund seines Aufbegehrens gegen die Schulmeinungen also wurde der Sufismus der Häresie und der Ketzerei bezichtigt. Als Häresie ermöglichte er eine religiöse Lesart für eine gesellschaftliche Auseinandersetzung, welche die Sufi-Bewegung an den Rand drängte und sie aus dem ideologisch-

---

[20] Maurice Nadeau: *Histoire du surréalisme*, S. 57.

gesellschaftlichen Konsens ausschloss. Sie wurde zum »Anderen«, zum Paria innerhalb der Gesellschaft. Darauf geht ihre Selbstbezeichnung als »Leute des Verborgenen« *(ahl al-batin)* zurück, in Abgrenzung zu den anderen, die sie »Leute des Sichtbaren« *(ahl al-zahir)* nannte. Dies stellte eine Art Verteidigung oder auch Rechtfertigung dar, zumal das »Verborgene« durch das »Sichtbare« negiert wurde, nicht nur auf der religiösen, sondern auch auf der gesellschaftlichen und politischen Ebene. Die Häresie gewährt uns so gesehen einen Einblick in die Verschränkung zwischen dem Ideologischen und dem Gesellschaftlichen, während sie uns außerdem die Gelegenheit bietet, die Art und Weise, in der ein gesellschaftlich-kultureller Konsens entsteht, zu dechiffrieren.

Dieser Einblick und dieses Dechiffrieren beinhalten ihrerseits eine weitere Möglichkeit: Dass wir den Prozess der Veränderung und des Fortschritts innerhalb der Gesellschaft gegenüber dem darin gleichfalls vorhandenen Stabilen, Unveränderlichen ebenso verstehen lernen wie die Rolle des Denkens, insbesondere des häretischen Denkens, welches mit jenem Prozess verbunden ist. Denn obwohl Häretiker, Atheisten und andere, die sich in einem ähnlichen Fahrwasser befinden (wie etwa religiöse Sekten, ideologisch und gesellschaftlich Marginalisierte, ethnische und kulturelle Minderheiten, »Verrückte« usw.) nicht den gesellschaftlichen Konsens repräsentieren und eine solche Repräsentativität auch nicht beanspruchen, so schlummert in ihnen doch eine höchst effektive Kraft, um diesen Konsens beweglicher zu machen und zu verändern.

6

Ähnlich wie für die Sufis bildeten für die Surrealisten Schreiben und Leben eine Einheit. Denn es reicht ja nicht aus, beispielsweise Dichtung nur zu schreiben, man muss sie auch leben. Mit dieser Position reagierten sie auf die Trennung zwischen beiden, welche zurzeit der Entstehung des Surrealismus vorherrschte. Bereits vor ihnen hatten Baudelaire und Mallarmé Stellung gegen die bürgerliche Kultur und den Kapitalismus bezogen und dabei Partei für die Dichtung ergriffen. Denn jene Kultur hatte das Kapital zu ihrer alleinigen Richtschnur gemacht. Demgegenüber erklärten Baudelaire und Mallarmé die Dichtung zum Maß aller Dinge: Bei Baudelaire nahm sie den Platz der Religion ein, bei Mallarmé wurde sie zum höchsten aller Werte.[21]

André Breton versuchte, zwischen den Gegensätzen zu vermitteln, der »Suche nach dem Absoluten« einerseits und dem »Willen, in der realen Welt zu agieren«, andererseits. Doch wurde »der traditionelle Widerspruch zwischen Theorie und Praxis zu einem Konflikt zwischen dem dichterischen Wort und der Tat, zwischen dem Staunen und dem Marxismus«. Der Surrealismus war jedenfalls der Ansicht, die Literatur müsse »dem Menschen die Mittel zur Verfügung stellen, die ihn zur Überwindung seiner selbst befähigen, aber im Rahmen des Humanen. Sie muss ihn mit Staunenswertem bereichern«. So kam es, dass die Surrealisten jene Denker priesen, welche den Reichtum der Phantasie nutzten und sich von der Gesellschaft fernhielten. Auch bewunderten sie die Romantiker und die Außenseiter unter den Schriftstellern,

[21] Hier und die folgenden Zitate nach: Véronique Bartoli-Anglard: *Le surréalisme*, Paris: Nathan 1989, S. 10.

welche die Revolte propagierten oder Wege der Erotik und der Exzentrik einschlugen.

Der Vorrang der innerlichen Welt gegenüber der realen Welt gehörte zu den Hauptforderungen der Romantiker. Die Dichtung eines Victor Hugo und eines Alfred de Vigny offenbarte, mit ihren philosophischen Dimensionen und ihrem epischen Charakter, gleichzeitig Kontemplatives, Mythisches und Reales. Allgemein gesprochen »stellten die Romantiker Sensibilität, Phantasie, Traum und Lust über den Verstand und seine Logik«.

Das, womit die Romantik den Surrealismus am nachhaltigsten beeinflusst hat, manifestiert sich in der Vorstellung vom »Dichter als einem Propheten, der den Text der Welt entziffert und die verborgenen Gesetze des Universums auf intuitive Weise erkennt«. So zählen die Surrealisten Hugo und Nerval, Hölderlin und Novalis, Blake und Coleridge zu ihren wichtigsten Pionieren und Vorläufern auf diesem Gebiet.

Der Symbolismus spielte ebenfalls eine große Rolle bei der Entstehung des Surrealismus. Mit Baudelaire schlug die Dichtung eine mystische Richtung ein. In deren Folge etablierte sich in ihr der Begriff der Korrespondenz zwischen dem Sichtbaren und dem Unsichtbaren. Rimbaud ging noch weiter, indem der Dichter bei ihm zu einem Seher wurde. Er praktizierte eine Alchimie des Wortes und betrachtete das dichterische Schreiben an sich als ein Mittel zur Veränderung des Menschen. Denn wie sollte der Dichter seine Dichtung leben, ohne das Leben neu zu erfinden?

»Das Leben ändern« – dies machte sich der Surrealismus zum Motto. So wie zuvor Rimbaud wollten die Surrealisten das Unmögliche erreichen. Der Wille, zum Absoluten zu gelangen, zählte zu den nachdrücklichen Forderungen und grundlegenden Zielen des Surrealismus.

Die Surrealisten erkannten sich in den Außenseitern wieder, »welche ihr eigenes kulturelles System gegenüber dem offiziellen System und seiner repressiven Kultur verteidigten, wie beispielsweise die Freidenker des 17. Jahrhunderts oder die Illuminaten des 18. Jahrhunderts und einige andere geistigen Strömungen, welchen bis heute ein Platz in der französischen Literatur verwehrt wird. Die Surrealisten entdeckten zahlreiche kaum bekannte Autoren wieder, wie etwa Aloysius Bertrand oder Pétrus Borel. Sie erkannten sich auch im Marquis de Sade wieder, konnte sich doch die absolute Liebe ihnen zufolge nur in einer totalen Einheit von Geist und Körper verwirklichen. Ihre Ablehnung der spezifisch christlichen Trennung von Körper und Geist ging einher mit einer Ablehnung der Vorstellung von der Erbsünde oder der Sündhaftigkeit körperlicher Lust.

Die Surrealisten bemühten sich auch darum, die Werke Lautréamonts, vor allem *Die Gesänge des Maldoror,* bekannt zu machen, in denen sich ein neues Verständnis von Literatur Bahn gebrochen hatte. Sie erklärten ihn zu einem großen Autor der Moderne, weil er sämtliche Normen verhöhnt hatte. Ja er hatte sich nicht damit begnügt, nur die bürgerliche Gesellschaft zu kritisieren, sondern hatte jedes ideologische System in Zweifel gezogen.

Ferner strebten die Surrealisten danach, zu den magischen Mechanismen der Welt vorzudringen, zur Mobilisierung der psychischen Kräfte des Individuums, zum magischen Umgang mit Sprache und zur Erlangung des »Steins der Weisen« – all dies in dem festen Willen, die Wirklichkeit zu beeinflussen und Selbstkritik mit Gesellschaftskritik zu verknüpfen.

Sehr stark wurden die Surrealisten vom Okkultismus oder auch der Esoterik beeinflusst, einer Sichtweise, die auf einer intuitiven, suprarationalen und erhabenen Form von Erkenntnis beruhte, auf der jeder Einzelne eine universelle Metaphysik errichten kann. Wobei sich dieser Einfluss auf der Basis einer Kritik am rationalen Weltbild und einer spezifischen Sprachbetrachtung vollzog.

Zu Beginn des 20. Jahrhunderts trat eine Richtung in Erscheinung, die sich gegen den Positivismus wandte und der unter anderem von den Schriften Friedrich Nietzsches und Henri Bergsons der Weg bereitet worden war. So hatte Letzterer vom *élan vital* (›lebendige Begeisterung‹), von Intuition und Gedächtnis gesprochen. Auch Freud mit seinem neuen Verständnis vom Innenleben der Psyche ist hier zu nennen sowie die Futuristen mit ihren sprachlichen Experimenten und ihrer innovativen Vorstellung von einem literarischen Werk. Bei alldem ging es um die Frage einer Revision der Art und Weise, die Dinge zu betrachten und ihnen Ausdruck zu verleihen. Dadurch konnte sich ein *esprit nouveau* entwickeln, ein »neuer Geist«, der sich über seine Opposition zur traditionellen Vorstellung von einer vollendeten, starren Gesetzen unterworfenen Kunst definierte.

Die Surrealisten revidierten allerdings nicht die Sprache an sich, sie waren vielmehr von einem tiefen Glauben an sie erfüllt. Es ging ihnen darum, ihre Verwendungsweise zu ändern, um das Leben besser verherrlichen zu können.

Ferner erklärten sie den Bruch mit der alten Gesellschaft und mit all ihren Grundlagen, ihrer Moral, ihrer Ästhetik, ihrem Positivismus. Ihr Ziel war die Erschaffung des vollkommenen Menschen, der in völliger Einheit von Bewusstsein und Unterbewusstsein lebt. Die Methode, die sie dabei anwandten, bestand in der systematischen und wissenschaftlichen Erforschung des Unbewussten, mittels so verschiedener Erfahrungen wie dem Traum, dem Wahnsinn, der Imagination sowie halluzinatorischer und wahnhafter Zustände. Die Dichtung war dabei ein Instrument dieser inneren Suche. So erklärt es sich, dass sie sich der Freud'schen Entdeckungen bedienten: Das Unterbewusstsein war ebenso ein Teil der Psyche wie das Bewusstsein. Man musste dem Menschen seine Schuldgefühle nehmen, anstatt seine Begierden zu kontrollieren.

Dem Menschen obliegt es, seine Beziehung zur Realität zu verändern. Diese Veränderung beginnt mit der Sprache, beginnt mit jener neuen Beziehung zwischen dem Wort und dem Ding. Es geht darum, nach der hinter dem äußerlich Sichtbaren liegenden Bedeutung zu suchen.

Somit erfordert »die Erkenntnis der Welt eine Neubewertung des in sich selbst begrenzten Verstands: Warum ist alles am Menschen rational? Warum akzeptieren wir nicht die Existenz einer unbegrenzten Zahl von Möglichkeiten, die noch ihrer Entdeckung harren und die durch und durch humane Lösungen für die Menschheitsfragen bieten könnten?«

Nimmt man all dies zum Ausgangspunkt, gelangt man zwangsläufig zu einer Ablehnung des Prinzips der Kausalität und zu einer Bejahung des Unbewussten als einer absoluten Kraft, die gegen Logik und Determinismus gerichtet ist. Es geht nicht um die Schaffung einer neuen künstlerischen Form, sondern vielmehr um die Erschließung des noch unbekannten Reichtums im Innern des menschlichen Wesens. Und es geht auch nicht darum, uns mit der Freisetzung der anarchischen Kräfte zu begnügen; wir müssen uns vielmehr ihres kritischen Inhalts bedienen, um die konkreten Lebensbedingungen zu verändern. Es geht um die Überwindung der Widersprüche, um jenen vollkommenen Menschen verwirklichen zu können, von dem Hegel sprach, den Breton sehr bewundert hat.

Wenn der Mensch die Herrschaft der Phantasie mit all ihrer Kreativität ausruft, wird er tatsächlich in der Lage sein, sich auf authentische Weise auszudrücken. Die Sprache wird dadurch zu einem Instrument der Kommunikation mit dem Anderen werden und gleichzeitig zu einem Instrument seiner inneren und äußeren Befreiung.

Von daher rührte das starke Interesse der Surrealisten für den Orient. Sie sahen in ihm ein Reservoir spiritueller Kräfte und Energien, die sich in den Dienst einer permanenten Revolution stellen ließen. Die metaphysische Kontemplation nahm etwa im Denken Bretons und Aragons einen wichtigen Platz ein.

Die Surrealisten sahen die östliche Welt als einen mystischen Ort und gleichzeitig als einen, wo sich die Begierden entfesselten – wie etwa im Zuge der Russischen Revolution. Einen entscheidenden Einfluss auf sie hatte Henri Guénon mit seiner Ansicht, der Westen durchlaufe eine Phase, die er das »finstere Zeitalter« nannte. Die östliche Welt stehe außerhalb dieser Phase, da sie an den esoterischen Erkenntnistraditionen und deren Prinzipien festhalte.

Die Beschäftigung mit dem Orient ermöglichte eine Wiederanknüpfung an die Philosophie der Vorsokratiker, insbesondere an die des Heraklit. Jenen war das Prinzip des Gegensatzes unbekannt: Alles ist in allem enthalten. Die Surrealisten verschrieben sich ebenfalls der geistig-philosophischen Richtung des Irrationalen, jener der Pythagoreer und der Geheimreligionen, auf der Suche nach den Quellen des Mysteriums, nach dem, was jenseits der Regeln der Logik liegt. Ziel war es, die Energie in ihrem Urzustand zu finden sowie eine lebendige, mythenhafte Sprache, die den inneren Welten konkrete Formen verleiht.

7

Diese mal offensichtlichen, mal verborgenen Koinzidenzen oder Überschneidungen zwischen der Sufi-Mystik und dem Surrealismus habe ich in diesem Essay offenzulegen versucht. Es soll hier also nicht um die Frage nach gegenseitiger Beeinflussung, nach Verbreitung und Interaktion gehen. Vielmehr geht es um jene spirituelle Spannung, die allen schöpferisch Tätigen gemeinsam ist. Sie alle befinden sich stets auf der Suche nach dem Hereinbrechen jenes Zustands. Dabei beschreiten sie ähnliche Wege, gelangen jedoch aufgrund unterschiedlicher Neigungen zu unterschiedlichen Zielen.

In jedem Fall ermöglichen uns Sufismus und Surrealismus eine neue Lesart der Dichotomie ›Abwesenheit – Anwesenheit‹: Abwesenheit des Menschen angesichts der Anwesenheit der Maschine; Abwesenheit des Herzens angesichts der Anwesenheit des Verstands; Abwesenheit der Natur angesichts der Anwesenheit der Technik.

8

»In diesem grenzüberschreitenden Denken, welches von einem Anfang oder Ende namens Gott provoziert wird, scheint es etwas zu geben, was in der zeitgenössischen Kultur konstant vorhanden ist: ein ununterbrochenes Umherreisen, so als würde die mystische Erfahrung, die sich nicht mehr auf den Glauben an Gott gründen kann, nur noch die äußere Form der traditionellen Mystik bewahren, nicht jedoch deren Inhalt. […] Und wenn der Reisende über keinerlei Hafen mehr verfügt, hat er auch keine Basis und kein Ziel mehr. Er liefert sich einer namenlosen Begierde aus wie ein trunkenes

Schiff.«[22] So schreibt es Michel de Certeau am Ende seines Kommentars über die Dichterin Catherine Pozzi, mit dem auch sein Buch endet. Mir scheint, diese Beobachtungen lassen sich auch auf den Surrealismus im Vergleich zum Sufismus anwenden. Denn Ersterer hat die »Form« des Letzteren bewahrt, um zu völlig abweichenden Ergebnissen zu gelangen. Beider Weg ist identisch, doch kommen sie zu unterschiedlichen Entdeckungen.

9

Besteht womöglich die Hoffnung, in Sufismus und Surrealismus eine Grundlage oder einen ersten Kern für ein neues Denken zu finden, in dem die Gegensätze einander umarmen?

Budapest, Juli 1991

---

[22] Michel de Certeau: *La fable mystique*, Paris: Gallimard 1982, S. 411.

DER KORANISCHE TEXT
UND DIE HORIZONTE DES SCHREIBENS

I

Ich möchte meinen Ausführungen vier Anmerkungen voranstellen:

1. Wenn ich hier über das Schreiben im Koran spreche, dann betrachte ich ihn in Theorie und Praxis als einen von jedweder religiösen Dimension losgelösten sprachlichen Text, der daher wie ein literarischer Text gelesen werden kann.
2. Einige Fragen werde ich dabei außer Acht lassen müssen, etwa solche bezüglich des zeitlichen Abstands zwischen Eingebung, Verkündigung und Kodifizierung des Korans oder der Art und Weise seiner Herabsendung. Gleiches gilt für den Prozess seiner Kodifizierung und die daran beteiligten Akteure, für die äußeren Umstände, unter denen diese geschah, sowie für die Diskussionen darüber.
3. Auch die geschichtliche Kontroverse darüber, ob die Suren oder Textstellen gemäß dem Zeitpunkt ihrer Herabsendung angeordnet sind oder nicht, soll hier unberücksichtigt bleiben; ebenso Fragen nach Aufbau und Struktur der Suren, sowie danach, ob manche davon Verse aus unterschiedlichen Perioden enthalten oder nicht. Mögliche Unterschiede zwischen der Herabsendung und ihrer Ver-

schriftlichung werden hier ebenfalls nicht Gegenstand der Untersuchung sein.

4. So viel sei jedoch gesagt: Der koranische Text wurde, den darin geschilderten Ereignissen und dem situativen Kontext nach zu urteilen, Stück für Stück über einen Zeitraum von 23 Jahren offenbart. Vor und während seiner Kodifizierung wurde er nur im Gedächtnis aufbewahrt – bis diese Kodifizierung mit der Koranversion des dritten Kalifen 'Uthman (577–656)[1] ihre endgültige Form annahm.

Ein Ausdruck wie ›das koranische Schreiben‹ könnte fragwürdig erscheinen, ist doch der Koran als Eingebung herabgesandt und in mündlicher Form übermittelt worden. Das Schreiben ist hingegen Menschenwerk, hinter dem eigens damit betraute Personen stehen. Dieser Widerspruch lässt sich dahingehend beantworten, dass ich mich hier allein auf den koranischen Text in seiner kodifizierten Form beziehe – eine Kodifizierung, die sich auf die mündlichen Rezitationen des Propheten Mohammed stützte und diese wiederum (glaubt man den übereinstimmenden Überlieferungen) direkt auf den Erzengel Gabriel als den Mittler zwischen Gott und dem Propheten.

2

Der koranische Text gibt Antworten auf Fragen der Existenz, der Ethik und des Schicksals, und zwar in einer ästhetisch-künstlerischen Form. Er lässt sich als ein durch seine Sprache

---

[1] In der westlichen Forschung wird die Kodifizierung einige Jahre später angesetzt und als längerer Prozess beschrieben. (Anm. d. Hrsg.)

konstituierter Text bezeichnen, das heißt, er kann nur verstanden werden, wenn man zuallererst seine Sprache versteht. Diese besteht nicht nur aus Einzelwörtern und Strukturen. Vielmehr beinhaltet sie bestimmte Vorstellungen vom Menschen, vom Leben und vom Sein, was auch Fragen nach dem Ursprung, der Transzendenz und dem Tod mit einschließt.

Dieser ästhetische Anspruch manifestierte sich in einer literarischen Form, von der die Araber überwältigt waren, ja die sie übereinstimmend als einzigartig und unvergleichlich empfanden. Somit taten sie sich schwer damit, diese Form mit Hilfe der Kriterien, die sie bis dato kannten, zu definieren: Sie war in gewisser Weise Prosa, aber eben doch keine richtige Prosa; sie war andererseits Dichtung und doch wiederum keine Dichtung im eigentlichen Sinne. Es handelte sich also um eine Form des Schreibens, die sich nicht auf die Kategorien ›Dichtung‹ und ›Prosa‹ reduzieren ließ. Die Menschen sahen in ihr eine nicht näher zu definierende Schrift, ein nicht zu ergründendes Geheimnis; und sie waren sich darin einig, dass die Verse und die Reimprosa, die Predigt und die Botschaft dieser Schrift einen Bruch mit der bis dato gewohnten Literatur darstellte und dass es sich um eine neue Form von geordneter Rede handelte.

Dem sei noch die Auffassung hinzufügt, beim koranischen Text handele es sich nach den Worten des Propheten um eine »vollständige Rede«, um eine Art von Wiederaufgreifen der vor ihm bereits erfolgten Offenbarungen, wie folgender Hadith im Sahih des Al-Butzkari (810–870)[2] belegt: »Die an-

---

[2] Deutschsprachige Auswahl: Sahih al-Buhari: *Nachrichten von Taten und Aussprüchen des Propheten Muhammad.* Aus dem Arabischen von Dieter Ferchl, Stuttgart 1991. (Anm. d. Hrsg.)

deren Propheten und ich, wir sind alle Brüder.« Damit ist gemeint, dass die Propheten zwar nicht Söhne derselben Mutter waren, aber Söhne ein und derselben Religion. Ähnliches besagt eine Überlieferung, der zufolge Waraqa Ibn Naufal (der Cousin väterlicherseits von Mohammeds Frau Khadidja) das, was diesem offenbart wurde, als »das Gesetz, welches Gott dem Moses herabgesandt hat«, bezeichnet haben soll.

Dies alles macht deutlich, wie sehr dieser Text die Araber durch seine Sprache und seine Erkenntnisse überwältigt haben muss und dass es in gewisser Weise seine Berechtigung hat, wenn er sich selbst als das in einem Buch komprimierte Universum oder eben einfach als »das Buch« bezeichnet.

In erster Linie war das Erstaunen der Araber angesichts des Korans sprachlicher Natur. Was sie verzauberte, war die Ästhetik und die künstlerische Kraft seiner Sprache. Diese war der direkte Schlüssel, um Zugang zur Welt des koranischen Texts und zum islamischen Glauben zu erlangen. Deshalb bilden Islam und Sprache eine in jeder Hinsicht untrennbare Einheit. Man kann sagen, dass die ersten Muslime, gewissermaßen die Speerspitze der islamischen Verkündigung, primär deshalb an den Islam glaubten, weil er ihnen in Gestalt eines rhetorisch eindrucksvollen, von ihnen Besitz ergreifenden Textes gegenübertrat. Sie glaubten nicht deshalb an ihn, weil er die Geheimnisse des Daseins und der menschlichen Existenz offenbarte oder weil er ihnen eine neue Lebensordnung darbrachte, sondern weil sie in ihm eine mit nichts, was sie bis dahin kannten, vergleichbare Schrift sahen. Durch die Sprache veränderte sich ihr Sein von innen heraus, und durch sie veränderte sich ihr ganzes Leben. Sie identifizierten sich so sehr mit Sprache und Ausdrucksweise des Korans, dass dieser schließlich selbst zu ihrer Existenz wurde. Als sei die Sprache hier dem Menschen ebenbürtig und nicht ein bloßes Instrument, das ihn mit der Welt verbindet, sondern ein fester Bestandteil seines Wesens.

3

Der koranische Text spricht von sich selbst als dem »wunderbaren Koran« (Sure 72, Vers 1). Damit bezieht er sich nicht nur auf seine Sprache, sondern auch darauf, wie er auf existentielle und ethische Fragen Antwort gibt. Schließlich nennt er sich selbst »das Buch« – womit er den Anspruch erhebt, von absoluter Sprachkraft, von absoluter Wesensart und von absoluter Sinnhaftigkeit zu sein.

Er setzt sich aus Suren zusammen und diese wiederum aus Versen. Die Sure ist sprachlich voller Erhabenheit. Sie ist schön in ihrer Bauweise und von herausragender Gestalt. In ihr kommt die ganze Vortrefflichkeit des Korans zum Ausdruck. Die Bezeichnung Sure, mit der sie im koranischen Text bedacht wird, ergibt sich daraus, dass sie einer graduellen Abstufung folgt, wodurch sie klar vom jeweils Vorangehenden und Nachfolgenden abgrenzbar ist. Das bedeutet, jede Sure verfügt über eine Einleitung und einen Schluss, mit denen sie sich von den anderen Suren abhebt.

Der Vers bezieht seinen arabischen Namen *aya* (›Zeichen‹) entweder aus der Tatsache, dass mit ihm Zeichen für eine Unterbrechung oder einen Einschnitt einhergehen, oder daraus, dass er die Schriftzeichen des Korans in Gruppen fasst.

Von ihrer Struktur her ist die Sure in Abschnitte unterteilt, meist in Reimprosa verfasst, gelegentlich auch mit einem durchlaufenden Endreim versehen, vor allem in den mekkanischen Suren[3]. Andererseits gibt es Suren, die fortwährend von uneinheitlichen Metren durchzogen sind und dabei Rhythmen folgen, die gegen das metrische System verstoßen. Die Sure zeichnet sich allgemein gesprochen durch Offenheit aus, ist dabei begrenzter Teil eines unbegrenzten Raumes. Sie ist wie ein Stern, und der Koran wie der Himmel, an dem jener entlangwandert. Und so wie wir den Stern aus ganz unterschiedlichen Perspektiven betrachten können, so bleibt es auch uns überlassen, nach welcher Lesart wir die Sure rezipieren. Denn sie ist pures Glitzern und Funkeln, und nicht so sehr eine Konstruktion, die einem von außen vorgegebenen Bauplan folgt.

Wir können die Sure mit einem prunkvollen, aus Wörtern gewebten Teppich oder einem Gemälde vergleichen, in dem die Linien, Formen und Farben aus einer Vielfalt von miteinander verflochtenen Wörtern bestehen. Die Lücken zwischen den Versen sind die formgebenden Elemente jenes Teppichs, und die Pausenzeichen, welche die einzelnen Verse voneinander trennen, sind gewissermaßen sein Stickmuster. Auch die fehlende Vokalisierung der Versenden beim Rezitieren ist fester Bestandteil des Textgefüges, sie erfüllt die Funktion eines Pausenzeichens zwischen den Versen.

Es ist, als wäre der Koran insgesamt ein Garten und jede einzelne Sure ein Tor zu ihm. Ein Garten, den wir von jedem beliebigen Ort und von jeder beliebigen Richtung aus betreten können. Ein Garten ohne Zäune, denn er ist es, der alles andere einfasst. Als universales Buch umfasst es das Sein in all seinen Facetten, repräsentiert durch die einzelnen Suren.

---

[3] Man unterteilt den Koran in Suren, die in der Zeit des Propheten in Mekka (bis 622) entstanden sind, und in solche, die danach in Medina entstanden sind. (Anm. d. Hrsg.)

Man könnte sagen, die Suren sind Sterne, die sich innerhalb jenes einen großen Firmaments, des Korans, zu einem harmonischen Ganzen fügen.

Die meisten Suren sind wie Schmelztiegel – in ihnen vermischen sich Predigt, Gleichnis und Gesang; Dialog, Erzählung und Gebet; die reale Welt und die Welt des Übersinnlichen. Sie verschmelzen zu einem kontinuierlichen Gewebe ohne Punkte, Kommata und Klammern (ohne jene Satzzeichen also, die von Mallarmé als Krücken bezeichnet werden).

Vor allem die mekkanischen Suren stellen im Hinblick auf ihre musikalische Struktur ein besonderes rhythmisches System dar, das von Pierre Crapon de Caprona in einer meines Wissens präzedenzlosen und seitdem unerreichten Pionierarbeit analysiert worden ist.[4]

Crapon hatte erkannt, dass einige mekkanische Suren (94, 92, 93) die Form eines Vierzeilers (frz. *quatrain*) aufweisen, dass sich einige davon der Modulation, andere dagegen ungewohnter Kompositionsmuster bedienen. In einigen Suren gibt es eine Vielzahl von Stimmen, die zum Propheten sprechen, und sie tun dies in ganz unterschiedlichen Metren (Suren 74, 75, 76, 78, 81), so als handle es sich um szenische Dialoge oder Theaterstücke. In einigen davon erkennt Crapon Sätze, die scheinbar zusammenhangslos nebeneinanderstehen. Außerdem sei der vorherrschende Rhythmus von zwei metrischen Mustern bestimmt: *fa'ilun* und *mutafa'ilun*.[5] In einigen Sätzen gebe es ein einheitliches Metrum, andere seien

---

[4] vgl. Pierre Crapon de Caprona: *Aux sources de la parole oraculaire*, Paris 1981.

[5] Die arabische Grammatik benutzt traditionellerweise die Wurzelkonsonanten f-'-l (die semantisch für das Wortfeld ›machen‹ stehen) für die Darstellung grammatischer oder wie in diesem Falle metrischer Paradigmen. (Anm. d. Hrsg.)

bi-metrisch, und wiederum andere plurimetrisch. Es gebe sogar solche, die fünf metrische Muster enthielten (Sure 69).

Im Zuge seiner musikalischen Analyse weist er auf narrative Suren hin, die Geschichten aus der Torah aufgreifen, sowie auf andere, die von alten kanaanitischen Schreibtraditionen beeinflusst sind (Sure 72) und die er mit der Kantate vergleicht.

Es sei darauf hingewiesen, dass die Dichtung, wie sie die Araber bis dahin kannten, nicht über einen solchen musikalischen Reichtum verfügt hatte wie jene Suren. Durch diese nämlich erscheint einem die Sprache wie ein Pulsieren des Herzens, wie ein körperlicher Prozess, welcher sich in völligem Gleichklang mit der Bewegung des Kosmos vollzieht.

Ihre Tiefenstruktur bezieht diese Musik nicht nur aus der klanglichen Harmonie zwischen den Lauten des einzelnen Ausdrucks, sondern auch und in noch speziellerem Maße aus der Art der Beziehung, in der die Wörter miteinander stehen – aus ihrem *nazm* genannten Arrangement. Nicht das Denken hilft uns bei der Rezeption dieser Musik, sondern das Empfinden und der Geschmack.

Somit manifestiert sich die innere Tiefenstruktur des koranischen Texts in der Musikalität seiner Sprache, ja der Text selbst kann als Melodie betrachtet werden. Allerdings fügen sich seine Klänge nicht in eine bestimmte Ordnung oder ein festes metrisches System ein, was ihnen Dynamik und Offenheit verleiht.

4

Welcher literarische Terminus würde nun am besten auf die Sure passen?

Bevor ich darauf Antwort zu geben versuche, möchte ich

noch einmal jene fundamentale Frage stellen, die schon von den arabischen Philologen bei der Betrachtung des koranischen Texts aufgeworfen worden war: Woran lässt sich die Vortrefflichkeit sprachlichen Ausdrucks, insbesondere im Schreiben, festmachen? Oder anders gefragt: Was macht das Schreiben erst zum Schreiben?

Als Antwort auf diese Frage sei hier nur das angeführt, was bereits der tiefschürfendste und hellsichtigste aller arabischen Philologen, nämlich al-Djurdjani[6], dazu gesagt hat. Nachdem dieser in seinem Werk zu der Feststellung gekommen ist, der koranische Text stelle für die literarische Praxis der Araber (gleich ob in der Poesie oder in der Prosa) so etwas wie eine Lebensader dar und es sei nicht möglich, ihm mit den gängigen Bewertungskriterien gerecht zu werden, schlägt er dafür ein neues Kriterium vor, das er *nazm* (›Anordnung‹, ›Perlenschnur‹, ›geordnete Rede‹) nennt. *Nazm* zu definieren ist ein schwieriges Unterfangen. Er versucht es, indem er es als eine spezielle Methode nennt, bei der die Wörter so angeordnet werden, dass sie perfekt zueinander passen. Demzufolge handelt es sich um eine besondere Art der Komposition und der Strukturierung, des Verwebens und der Gestaltung.

Er vergleicht *nazm* mit dem Seidenbrokat. Dessen Besonderheit liegt für ihn nicht einfach in seiner Essenz als Seidenbrokat, sondern in der Art und Weise, wie die Fäden innerhalb dieses Brokats verlaufen. Welche davon verlaufen vertikal, welche horizontal? Und in welcher Form tun sie es? In welcher Reihenfolge werden die Fäden eingewebt? Und wie?

Wenn *nazm* vergleichbar mit künstlerischen und handwerklichen Fertigkeiten wie der Webkunst, der Komposition,

[6] vgl. Anm. 1, S. 71.

der Schmiedekunst, der Dekoration, der Baukunst und der Stickerei ist, dann ist für seine Beurteilung eine Betrachtung der einzelnen Elemente und ihrer Komposition erforderlich. Denn nur dadurch lässt sich erkennen, warum ein bestimmtes Element genau dorthin platziert wurde, wo es sich befindet, und warum durch eine Umstellung das ganze Gewebe oder die ganze Konstruktion aus dem Lot geraten würde.

Somit zeichnen sich die Wörter nicht durch ihre Singularität aus, sondern durch ihr Miteinander-verwoben-Sein und dadurch, inwieweit ihr Sinn mit demjenigen des Wortes davor beziehungsweise danach korreliert. *Nazm* ist unter dieser Voraussetzung die Herstellung einer präzisen und vollkommenen Übereinstimmung von Ausdruck und Inhalt. Seine Charakteristik gehört primär der Sphäre der Bedeutung an, also der Sphäre der Vision und der Erfahrung. Oder mit den Worten al-Djurdjanis: Beim *nazm* komme es nicht so sehr an »auf das, was wir mit den Ohren hören, sondern auf das, was wir mit dem Herzen sehen, und das, wozu wir auf das Denken zurückgreifen müssen«. Diese Präferenz komme besonders auf der Ebene des Ausdrucks in bildhaften Stilmitteln wie der Metapher, dem Vergleich und der Metonymie zum Tragen. Denn diese ermöglichten der Bedeutung, sich in unterschiedlichen Bildern zu manifestieren und sich dadurch eine Vielfalt von Dimensionen und ästhetischen Ausprägungen anzueignen. So gesehen beziehe das literarische Werk seinen Wert nicht aus der Bedeutung an sich, sondern aus den Mitteln, mit denen es diese ausdrücke. Sobald Dichtung keinen Wert auf trefflichen Ausdruck und eine wohlproportionierte Strukturierung lege, verdiene sie es nicht mehr, als Dichtung bezeichnet zu werden. Die Ausdruckskraft der Wörter diene dabei nicht deren Klang oder deren Resonanz, sondern der Eingängigkeit ihrer Bedeutung. Von Ausdruckskraft könne nur dann die Rede sein, wenn sie mit der richtigen Komposition (*nazm*) einhergehe.

Kurz gesagt liege der besondere Charakter eines literarischen Werks in seiner Form.

5

Ich kehre noch einmal zu unserer Frage bezüglich der literartur-terminologischen Benennung der Sure zurück. Ausgehend von unserer Feststellung, dass für das literarische Werk seine Form charakteristisch ist, müssen wir einsehen, dass wir die Sure nicht wirklich auf den Punkt bringen können oder dass wir für sie einen speziellen literarischen Terminus schaffen müssen. Wir können sie nicht als Prosatext bezeichnen, da sie über Besonderheiten in Struktur und Ausdruck verfügt, die sie von allen Arten der Prosa abheben. Somit passt auf sie keine der diesbezüglichen Bezeichnungen. Wir können sie aber auch nicht als Dichtung bezeichnen, denn sie bedient sich keiner der für dieses Genre grundlegenden Elemente, obwohl sie durchaus verschiedene Arten des bildlichen Ausdrucks und der rhetorischen Darstellung verwendet.

Hinzu kommt, dass in der Konstruktion und in den Ausdrucksformen einiger Suren eine ganz erstaunliche und umfassende Freiheit zum Vorschein kommt, welche nicht nur ihre Zuordnung zu einer literarischen Gattung erschwert, sondern auch ihr Verständnis.

All dies machte es denjenigen, die sich an eine Interpretation des koranischen Textes heranwagten, schwer. Voraussetzung für ein solches Unterfangen war ein umfangreiches sprachliches Wissen in den Bereichen Grammatik, Flexion und Etymologie sowie in Rhetorik und Rezitationskunst. Des Weiteren musste man in den religiösen Grundlagen, der islamischen Rechtslehre (*fiqh*) und in den Hadithen des Propheten beschlagen sein, musste man sich darin auskennen, unter welchen Umständen die Offenbarung der jeweiligen Suren stattgefunden hatte und welche Verse jeweils durch einen anderen, später offenbarten Vers außer Kraft gesetzt worden, also als ›aufgehoben‹ zu betrachten waren. Außerdem wurden ein guter Geschmack und ein fester Glaube vorausgesetzt. Solche Bedingungen vermochte nur eine kleine Minderheit unter den Menschen zu erfüllen.

6

Wir stehen hier also vor einem nicht zu etikettierenden Text beziehungsweise einem, für dessen Etikettierung die gängigen Kriterien zur Einteilung literarischer Kategorien nicht ausreichen. Es ist ein Text, der seine Kriterien nicht von außerhalb bezieht, nicht aus klar definierten Regeln und Prinzipien. Vielmehr sind seine Kriterien in ihm selbst verankert. Somit passt auf ihn nur ein einziger Name, nämlich derjenige, den er sich selbst gibt: *al-Kitab* – das Buch. Es handelt sich hierbei gewissermaßen um einen göttlichen Namen, und man verwendet ihn sowohl im allgemeinen Sprachgebrauch als auch in der Literatur. Er wird als absolut verstanden: Seine Bedeutung ist nicht erfassbar, er hat keinen Anfang und kein Ende. In seiner Absolutheit manifestiert er sich in Raum und Zeit, beweglich in seiner Semantik, offen und unbegrenzt. Er ist die mit dem Zeitlichen verwobene Ewigkeit, ist das, was jenseits von dem liegt, was wir aus der Geschichtsschreibung herauslesen können.

In der besonderen Form, in der das »Buch« geschrieben ist, verschmelzen Imaginäres und Gegenständliches, Alltagsleben und Moral, Realität und Übersinnliches miteinander. Jene Form ist wie ein Netz, dessen Schnüre miteinander verwoben sind und ein Geflecht vielfältiger und vielseitiger Beziehungen bilden – ein Netz von universaler Offenheit. Sie ist eine Kunst, die so anders ist als die herkömmliche Wortkunst, von der sie doch eine Spielart ist: Kunst des Schreibens, Kunst, einen Text zu erschaffen. Als wäre sie eine Art Nachdenken über das Schreiben, die in sich so etwas wie ein Schreiben über das Denken birgt. Man könnte sogar sagen: Als eine Art Schreiben über das Absolute ist sie gleichzeitig so etwas wie eine Absolutheit des Schreibens – ein absolutes Schreiben, um das Absolute zu beschreiben.

7

Der auf mystischer Erfahrung beruhende Ansatz der Sufis lässt diese Art des Schreibens durch seine ganz eigene Lesart und seinen ganz eigenen Prozess des Verstehens in einem anderen Licht erscheinen. Er verleiht dem koranischen Text eine solche Vielzahl von Dimensionen, dass es sich durchaus lohnt, sich damit ein wenig zu beschäftigen. Denn dieser Ansatz ist zur Erhellung der existentiellen Bedeutung sowohl der Sprache als auch des Schreibens wesentlich.

Der koranische Text ist aus Sicht der Sufis ein sprachlicher Signifikant, dessen Denotat (also das, worauf er verweist) das Sein ist. Jener ist das Symbol, dieses das Symbolisierte. Denn das Buch ist das Wort Gottes und als solches ein Ebenbild des Seins. Es symbolisiert die göttlichen Wahrheiten und ist gleichzeitig ein Ebenbild und Symbol des Menschen. Es ist das Verbindungsglied zwischen Gott und Mensch, zwischen dem Absoluten und dem Bedingten.

In Gottes Wort »Sei!« verbinden sich Ausspruch und Tat. Denn das Sein beruht einzig und allein auf den Worten Gottes. Somit ist die Sprache Existenz und die Existenz Sprache. Das Buch ist seinerseits ebenfalls die Existenz, insofern es auf denselben Sprechakt zurückgeht, der sich in Gottes Wort »Sei!« manifestiert.

Unter diesem Aspekt betrachtet, handelt es sich bei der menschlichen Sprache, gleich ob gesprochen oder geschrieben, um eine Erscheinungsform der göttlichen Sprache. Während diese sich uns entzieht, ist jene deren hör- und sichtbares Abbild. Daraus lässt sich die Bedeutung des Schreibens ermessen und dass es sich dabei um eine existentielle Angelegenheit handelt.

Mit anderen Worten: Die aus den Potentialitäten im Sinne des Sufismus erwachsenden Realitäten sind mit den in der Tinte bereits angelegten Buchstaben zu vergleichen. Das Papier und was darauf geschrieben wird, sind die Entfaltung des allgegenwärtigen Lichts des Seins, in dem alles Existierende Kontur annimmt. Schreiben ist das Geheimnis des Enthüllens und des Hervorbringens. Das Schreibrohr ist dabei Vermittler und Werkzeug, und der Schreibende im wahrsten Sinne ist Gott selbst, in seiner Eigenschaft als Hervorbringer, Schöpfer und Illustrator. Nur er verfügt über das primäre Wissen und über eine Vision der Potentialitäten. Der Schreibende ist aber ebenso der (von den Sufis so genannte) »vollkommene Mensch« – einer, in dem sich das Göttliche offenbart.

Die Sprache des »Buches« verfügt also über Dimensionen des Sichtbaren (*zahir*) und des Verborgenen (*batin*). Nach außen hin sind sprachliche Zeichen gewöhnlich, konventio-

nell und auf Übereinkunft beruhend, während die verborgenen Bedeutungen das Wesen der Sprache sind. Zwischen
beiden besteht ein Gegensatz, den nur der vollkommene
Mensch aufzulösen vermag. Dieser fungiert als eine Art Verbindungsglied zwischen dem Hör- und Sichtbaren (in Form
der menschlichen Sprache) und dem Verborgenen (in Form
der göttlichen Sprache).

Der Mensch kann die inneren Aspekte dieser Sprache
nur verstehen, wenn er ihre äußere Hülle transzendiert. Diese
Transzendenz wiederum wird er nur erreichen, wenn er in
sich selbst einen Zustand äußerster Durchlässigkeit herstellen
kann, welcher ihm die Aufnahme des Absoluten, des Unsichtbaren, ermöglicht und wodurch er sich gewissermaßen in
einen Geist Gottes verwandelt. Erst dann kann er erkennen,
dass nicht er als Individuum es ist, der denkt, sondern dass er
»gedacht wird«. Und dass nicht er ist es, der schreibt – sondern der göttliche Geist. Er ist also nur in dem Maße Denker und Schreibender, in dem er »Gedachter« und »Ge-
schriebener« ist.

Aus sufischer Perspektive würde man sagen, dass das
»Buch« in seiner Absolutheit – wie bereits angedeutet – keinen Anfang und kein Ende hat. Denn es gleicht Gott selbst:
Allumfassend in seinen Erscheinungsformen, ist es gleichzeitig allumfassend in seiner Verborgenheit. Man kann es
sehen, doch gleichzeitig ist es unsichtbar. Man kann es beschreiben, doch gleichzeitig ist es unbeschreiblich. Man kann
es begreifen, doch gleichzeitig ist es unermesslich. Alles, was
außer ihm geschrieben steht, kündet nur von der Unmöglichkeit, etwas zu sagen.

Somit ist das »Buch« Sprache, die immer wieder aufs Neue
Sprache kreiert. Sie besteht nicht mehr nur aus sprachlichen
Zeichen und Mitteln. Zwar ist sie einerseits eine Aneinander-

reihung von Buchstaben, andererseits aber zugleich Sein und Göttlichkeit, Geheimnis und Übersinnlichkeit. Sie ist das Physische und das Metaphysische. Sie ist die Unendlichkeit: Ursprung und Bestimmungsort in einem. Das Buch ist Notwendigkeit, sofern es Schrift ist, und es ist Zufall, sofern es gelesen wird. Anders gesagt: Im ersten Sinne steht es für Perfektion, im zweiten für Inspiration.

Eine Schrift kann – unter diesem Gesichtspunkt – nur dann eine Beschreibung des Lebens sein, wenn sie auch den Tod beschreibt beziehungsweise das Existierende als etwas, das auf den Tod ausgerichtet ist; wenn ihr Dreh- und Angelpunkt das Elementare ist, nicht der Nutzen; und wenn sie dabei jene Brücke überschreitet, welche das leidvolle Diesseits darstellt, die Brücke der Vergänglichkeit.

Es versteht sich von selbst, dass das »Buch« in einem solchen Kontext nicht auf individuelle Gegebenheiten ausgerichtet sein kann, dass es die Dinge umfassend und nicht ausschnittsweise behandelt. Es ist dem Universellen verpflichtet, nicht dem Subjektiven, wobei ihm Letzteres durchaus als Exempel dient, so wie das Metaphysische über eine konkrete Physis verfügt, die ihm Ausdruck verleiht. Eine solche Physis ist das »Buch«.

Könnte man sich in diesem Zusammenhang den Schreibenden nicht als jenes imaginäre Wesen vorstellen, das aus der Vereinigung von Gott und Mensch hervorgeht, die sich durch die Sprache und in ihr vollzieht? Ist er jenes Licht, in dem Sender, Empfänger und die gesendete Botschaft miteinander verschmelzen, ebenso wie das Absolute mit der Geschichte? Ist der Schreibende gleichzeitig einer, der nicht schreibt? Drückt sich in seiner Abwesenheit zugleich seine Anwesenheit aus? Ist die Idealform des Schreibens eine, die keines Schreibenden bedarf?

8

Im Folgenden möchte ich das Vorangegangene ein wenig resümieren:

1. Der koranische Text transzendiert das Konzept des Autors als Einzelperson: Gott war es, der ihn offenbarte, ein Engel übermittelte ihn dem Propheten, welcher ihn den Menschen verkündete, woraufhin ihn die »Schreiber der Offenbarung« schriftlich fixierten. Er ist ein göttliches und menschliches Werk zugleich – ein wahrhaft universales Werk. Als solches ist er ein grenzenloser Ozean der kollektiven Imagination.

   Möglicherweise ist das komplexeste Phänomen am koranischen Text, dass er, anders als es bei oberflächlicher Betrachtung scheinen mag, an das, was vor ihm war, anknüpft und es vollendet: Er ist die Vollendung der Prophezeiungen und die Vollendung des Schreibens. Er hat gewissermaßen dem Schreiben ein Ende gesetzt. Denn er hat nicht die Spur beschrieben, die eine Sache hinterlässt (gemäß einem Ausdruck von Mallarmé), sondern die Sache selbst.

   Deshalb stellt der koranische Text nicht Fragen wie: Was ist Dichtung? Was ist Prosa? Vielmehr fragt er: Was ist »Schreiben«? Was ist »Buch«?

   Somit lässt er sich als ein Text lesen, der in seiner Struktur sämtliche Formen des Schreibens umfasst. Ganz so als versetze er das Alphabet in seinen natürlichen Zustand jenseits von Schrift und Schreibweisen zurück; als setze er Schreibweisen in Klammern oder annulliere sie, um eine andere Art des Schreibens an ihre Stelle zu setzen.

2. Religion und Sprache bilden in diesem Text eine einzige spirituelle Form oder Struktur. Der Text besteht also sowohl aus dem Dunklen, vom Menschen nicht Durchschaubaren, als auch aus dem Eindeutigen, direkt aus der äußeren Form Erfahrbaren. Er ist ein Horizont, der offen ist, aber zum Übersinnlichen hin.

3. Tief im Innern verfügt dieser Text über eine tragische Dimension, denn in ihm offenbart sich Fernsein, Vergänglichkeit und Entwerdung. Die Erde ist nur eine Brücke zur Welt des Übersinnlichen, und ihre Bewohner sind nur auf der Durchreise, ohne wirklich sesshaft zu werden.

   Diese Dimension bekommt ein universales Gewicht, indem der Koran die einst Moses offenbarte Torah wiederaufleben lässt, in arabischer Sprache, im Geist und im Namen des Islams, jedoch nicht exklusiv für ein bestimmtes Volk, sondern unterschiedslos für die gesamte Menschheit. Der Koran ist ein Text, in dem alle religiösen Texte miteinander verschmelzen und der den Anspruch erhebt, alle Menschen zu einer großen Gemeinschaft zu vereinen. Verschmelzen somit nicht auch alle Ausdrucksformen zu einer einzigen, von ihm repräsentierten? Und handelt es sich beim Koran als Wiederbelebung der Torah nicht um eine Schrift, die besagt, dass Schreiben immer ein Wiederanknüpfen ist, aber in einem jeweils anderen Kontext?

4. Auf anthropologischer Ebene bildete sich mit dem koranischen Text auch ein »neuer Mensch« heraus; auf der rein literarischen Ebene ein neuer Leser, eine neue Kritikrichtung, ein neuer Geschmack. Auf dieser Ebene ist der Koran als eine Methode des Ausdrucks zu sehen, welche die traditionelle Differenzierung zwischen Philosophie und

Literatur, Wissenschaft und Politik sowie Ethik und Ästhetik aufhebt. Es ist eine Methode, die formale Kategorien und traditionelle Ansätze der Erkenntnis durchbricht.

Diese Aufhebung der Grenzen zwischen den literarischen Genres ist ein Charakteristikum des Korans, das dem Schreiben neue Horizonte und Möglichkeiten eröffnet hat. Er stellt damit ein literarisches Muster dar, in dem sich unterschiedlichste Arten der Erkenntnis aus Bereichen wie Philosophie und Ethik, Politik und Rechtsprechung, Gesellschaft und Ökonomie überlagern. Ebenso gehen in ihm verschiedenste Arten des literarischen Schreibens ineinander über – narrative Sequenzen und Dialoge, Geschichten und historische Schilderungen, Sentenzen und Adab-Literatur[7]. Er ist in seiner Ausrichtung philosophisch, literarisch, soziologisch und historisch zugleich, vereint in sich das Physische mit dem Metaphysischen. Dadurch versetzt er den Schreibenden in die Lage, seine Vision vom Menschen, von der Welt und vom Schreiben einer Erneuerung zu unterziehen. Denn diese Vision kann nur universal und humanistisch sein; kann nur eine weitestmögliche Annäherung an das sein, was den Menschen zum Menschen macht, ungeachtet seiner Abstammung und Hautfarbe und ungeachtet seiner sozialen Zugehörigkeit. Unterschiede zwischen den Menschen wird es gemäß einer solchen Vision nur noch danach geben, mit welcher Tiefgründigkeit, Vielschichtigkeit und Singularität sie dieser Vision Ausdruck verleihen.

Der Koran ist ein Text, der zu einer neuen Form des Schreibens mit einer neuen Vision aufruft: Man könnte es

---

[7] Schöngeistige klassische Prosaliteratur, die zur Unterhaltung, Erbauung und Bildung diente. (Anm. d. Hrsg.)

ein bildhaftes Schreiben nennen, das dem Andern zugewandt ist. Es umfasst also zwei Aspekte: Die Distanz zum Menschen zu überwinden und diese Annäherung in vollendeter sprachlicher Form zu vollziehen.

5. Dieser Text ist ein Schlüssel zum Verständnis der islamischen Welt. Man wird die Muslime und ihre Geschichte nicht verstehen können, ohne sich um einen Zugang zu diesem Text zu bemühen und ohne zu erkennen, wie intensiv die Beziehung zwischen ihm und den Muslimen ist. Andernfalls wird die muslimische der nicht-muslimischen Welt gänzlich fremd bleiben. Ich glaube nicht, dass sich aus dem Schreiben ein menschlicher und universaler Diskurs entwickeln kann, solange es dem Anderen kein Verständnis entgegenbringt, ja sich gar nicht um ein solches Verständnis bemüht. Welchen Wert hat denn ein hermetischer, sich vom Anderen abkapselnder Diskurs? Der Mensch wird gerade in dieser Zeit der Globalisierung nur in dem Maße er selbst sein können, in dem er der Andere ist. Um im eigenen Lande als aktiver Bürger im wahrsten Sinne auftreten zu können, muss der Mensch Weltbürger sein.

6. Ich bin mir nicht sicher, ob es eine Verbindung gibt zwischen dem »Buch«, wie ich es zu behandeln versucht habe, und dem »Buch« im Sinne Mallarmés. Fest steht aber, dass schon ungefähr 1400 Jahre bevor Mallarmé sein groß angelegtes dichterisches Projekt *Le Livre* (›das Buch‹) getauft und als »Fundament und Quintessenz der Welt« konzipiert hat, eine Schrift in arabischer Sprache existierte, die man schlicht »Das Buch« nannte, eben weil sie als Fundament und Quintessenz der Welt sowie als Vollendung der Sprachkunst galt.

Unter den Büchern, die wir auf unserem Weg ins Unbekannte im Gepäck haben, sind viele, die schon verstaubt
und abgegriffen sind. Warum schleppen wir sie trotzdem
mit uns mit? Sind wir in gewisser Weise Gefangene einer
uns lähmenden Tradition? Besteht nicht die Aufgabe des
Schreibenden vordringlich darin, sich zu fragen: Was über-
nehme ich von dem, was vor mir war?

Wird das nun beginnende Jahrhundert eine andere Art des
Schreibens erfordern? Mit diesen Fragen möchte ich meine Überlegungen schließen.

ERGÄNZENDE FRAGESTELLUNGEN
UND BETRACHTUNGEN

I

Geht man davon aus, dass ein Text in gewissem Sinne erst durch die Art und Weise seiner Rezeption konstituiert wird und dass seine Qualität direkt davon abhängt, wie subtil, einfühlsam und vielschichtig diese Rezeption ist, dann verfügt ein solcher Text über eine Vielzahl von Ebenen, die einer Vielzahl von Lesarten entsprechen, und dann stellt sich folgende Frage: Auf welcher Ebene ist die vorherrschende Lesart des koranischen Textes einzuordnen? Es scheint mir eine Lesart zu sein, die den islamischen Erkenntnishorizont verwischt und seine Vision von der Welt, vom Menschen und von den Dingen einengt. Es handelt sich genauer gesagt um eine Rezeption, die, statt der Offenheit des Textes gerecht zu werden, sich darin wie in einem Tunnel bewegt. Dafür gibt es viele Ursachen, darunter besonders die Durchsetzung einer gesetzeskonformen Sichtweise, der zufolge die Scharia die einzige Grundlage für die intellektuelle und praktische Aneignung des Universums und der Dinge in ihm zu sein hat. Damit handelt es sich um eine Rezeption, die zwangsläufig der ideologisch-politischen Sichtweise den Vorzug gibt.

So kommt es, dass sich die Muslime in einem Belagerungszustand zwischen Scharia und Politik wiederfinden: Sie büßen immer mehr von ihrer Freiheit ein, während das, was ihr

Wesen ausmacht, von innen verlischt. Sie fühlen sich wie Maschinen, die vom Arm des Gesetzes oder der Politik gelenkt werden.

Geht es in der heutzutage vorherrschenden Version des Islams den gängigen Lesarten zufolge nicht einzig und allein um Rechtsvorschriften und um politische Herrschaft? Was für ein Schriftverständnis versucht dieser Islam durchzusetzen? Eines, das nur eine Form von Belehrung darstellt und das sich in der einen oder anderen Weise auf den Koran als rechtlichen und politischen Rahmen beruft. Die Rolle des Autors ist hierbei nicht nur die eines Schreibenden, sondern auch die eines Gesetzgebers und somit eines Politikers. In diesem Sinne lässt sich sagen, dass das Schreiben nach jener vorherrschenden Lesart des Islams nur dann als Kunst zu betrachten ist, sofern es im Dienste der von ebendieser Lesart definierten Moral steht, also religiös eingefärbt ist. Oberstes Kriterium dabei sind das Festhalten an der Scharia und die Unterwerfung unter ihre Vorschriften.

Die vorherrschende Lesart greift auch auf die in der Torah dominierende Vorstellung zurück, dass »Gott Gesetzgeber, Bewahrer des Rechts und Monarch« sei. Die Welt habe sich nach dieser ›Persönlichkeit‹ zu richten, als die Gott sich selbst beschreibt oder die ihm der Mensch zuschreibt.

Die Frage, die sich in diesem Rahmen stellt, ist folgende: Wie soll sich ein Mensch verhalten, welcher der Ansicht ist, dass Gott nicht in erster Linie Gesetzgeber, Bewahrer des Rechts oder Herrscher ist – sondern in erster Linie schön, großmütig und liebend?

Wie kann ein solcher Mensch schreiben, und was kann er schreiben in einer Welt, die vom Gesetz beherrscht und von der Politik gelenkt wird?

Erwähnt sei außerdem, dass der koranische Text von den

allermeisten nicht über bewusstes Lesen, sondern über das Hören rezipiert wird: sei es im Zuge der mündlichen Überlieferung von Glaubensinhalten, sei es in Form von rezitativem Gesang.

Gibt all dies nicht zu der Feststellung Anlass, dass der Koran, dieser heilige Text, durch seine Sakralisierung gezwungen ist, sein eigentliches Antlitz zu verbergen?

2

Al-Djurdjani ist der Ansicht, der Stil des Korans verfüge über Besonderheiten, die vor der Offenbarung des Korans unbekannt gewesen seien. Diese lägen seiner Meinung nach nicht in den einzelnen Wörtern – nicht in der Schönheit ihrer Buchstaben, ihrer Laute und ihres Klangs; nicht in ihren Bedeutungen, die ja bereits in der Sprache angelegt seien; auch nicht in der Kombination von Vokalen und Konsonanten oder in der Einteilung der Abschnitte und Verse. Vielmehr bestünden diese Besonderheiten in der Art des Arrangements *(nazm)* und der Komposition *(ta'lif)*, welche diverse bildhafte Stilmittel wie Metapher, Metonymie, Vergleich und andere erforderten. Denn diese seien die Voraussetzung für die Anwendung von *nazm* und *ta'lif,* ja überhaupt für deren Existenz.

Der einzige Weg, diese Besonderheiten zu erkennen, seien Betrachtung, Reflexion und Vision. Zumal, wie al-Djurdjani fortfährt, »der Wortsetzer (also der Autor) mit jenem zu vergleichen ist, der Gold- oder Silberstücke nimmt und sie miteinander verschmilzt, bis sie wie aus einem Guss sind. [...] So wie bei einem gegossenen Ring, den man nicht auseinanderbrechen kann, [...] erschafft er mit den Wörtern, was ein

Handwerker erschafft, wenn er Stückchen aus Gold nimmt, sie einschmilzt, dann in eine Gussform gießt und als Arm- oder Fußreif wieder neu erschafft. Wenn man versuchen würde, einzelne Ausdrücke des Verses voneinander zu lösen[1], wäre das so, als bräche man einen Ring oder einen Armreif auseinander. Denn der Vers bildet von Anfang bis Ende eine einzige sprachliche Einheit. [...] Seine Bedeutungen sind mit- einander verschmolzen, und dementsprechend wirken auch die Ausdrücke wie aus einem einzigen Guss.«

Auf diesen Worten von al-Djurdjani aufbauend möchte ich gerne auf die auffallende Ähnlichkeit zwischen dem, was sich in der Schreibweise des Korans ausdrückt, und dem, was Mal- larmé über das Schreiben gesagt hat, verweisen. Diese Ähn- lichkeit lässt sich an Mallarmés Auffassung festmachen, er sei in seiner Eigenschaft als Schreibender ein absolutes Wesen, und als solches schreibe er das absolute literarische Werk – *Le Livre*, das Buch. So als betrachte er sich selbst als einen Schöp- fer, welcher ein absolutes literarisches Werk erschafft, das sei- ner eigenen, absoluten Welt angehört. Ich möchte nicht näher auf die Analyse dieser Ähnlichkeit und darauf, was Mallarmé über »das Buch« gesagt hat, eingehen. Auch nicht auf die Sub- jektlosigkeit des Schreibens, denn das ist ein Thema für sich.

Es gibt aber zwischen den beiden Schriften einen fun- damentalen Unterschied: Die Sprache des Korans beschreibt nicht, weder die Dinge noch die von ihnen hervorgerufene Wirkung (Mallarmé). Vielmehr bringt sie in Form einer reli- giösen Offenbarung die Dinge selbst hervor. Sie macht end-

---

[1] Al-Djurdjani bezieht sich hier auf einen Vers des Baschar Ibn Burd: »Als wäre der Grund für die Auflösung über unseren Köpfen und unseren Schwertern eine Nacht, deren Sterne hernieder fallen.« (Anm. von Adonis)

gültige Aussagen, ist die Vollendung der Sprache. Nicht durch die Rückkehr zu den Dingen erlangt der Mensch Wissen über sie, sondern durch die Rückkehr zu ebenjener Art, sie zur Sprache zu bringen. Nur so werden diese gewusst. Denn sie sind nur existent, wenn sie ausgesagt werden.

3

Im koranischen Text, betrachtet als herabgesandte Offenbarungsschrift, ist derjenige, der spricht, kein anderer als Gott. Betrachten wir den Koran aber als einen geschriebenen beziehungsweise gelesenen Text, dann ist es die göttliche Rede, also die Sprache selbst, welche zu uns spricht. Um den Text zu verstehen, erwarten wir von seiner Sprache, dass sie in einen Dialog mit uns tritt, dass sie uns anspricht, denn nur in diesem Sinne ergibt ihr Sprechen einen Sinn. Gott offenbart, er schreibt nicht. Der Mensch ist derjenige, der schreibt. Doch seit die Offenbarung in die Zeit und in die Geschichte getreten ist, seit sie in der Sprache präsent ist, seit sie sich in einen geschriebenen Text transformiert hat, ist sie als Schrift zu dem geworden, was zu uns spricht, ist also die Sprache zum Subjekt des Sprechens geworden.

Von daher ist es wichtig, dass wir sie souverän beherrschen, damit wir fähig sind, ihr zuzuhören, in einen Dialog mit ihr zu treten, sie zu verstehen.

Deshalb auch die Betonung ihres Ewigkeitscharakters und ihrer Unveränderlichkeit – ist sie doch die Schöpfung des Prophetentums und die Zunge der Offenbarung.

4

Auf literarischer Ebene sagt uns der koranische Text: Künstlerisch betrachtet gibt es keine Gattung namens Prosa und keine Gattung namens Dichtung. Überall dort, wo Wörter einem bestimmten Arrangement folgen, ist ein Wille zur Kunst, kann von künstlerischem Schreiben gesprochen werden. Das Versmaß im engeren Sinne tut dabei nichts zur Sache. Das Schreiben, um das es hier geht, ist zu radikal und umfassend, als dass es sich auf das Versmaß reduzieren ließe. Denn dieses ist ein externes Element, das keinen Einfluss auf die eigentliche dichterische Arbeit hat. Das Schreiben wird geboren, und erst mit seiner Geburt kommen auch seine Prinzipien zur Welt.

5

Die Ausdrucksform im koranischen Text war entscheidend für seine Fähigkeit, die Inhalte seiner Lehre zu vermitteln. Es ist, als habe die Sprache dem Menschen die Tür zu einer neuen Religion, dem Islam, geöffnet.

Der Überlieferung nach fand der zweite Kalif Umar (585–644) über den Prozess des Hörens zum islamischen Glauben. Er soll gesagt haben: »Als ich den Koran hörte, öffnete sich ihm mein Herz, und ich musste weinen. Der Islam war in mich gefahren.« Es heißt in der Überlieferung, ihm, der jene zu tadeln pflegte, die zum Islam übertraten, sei aus der 20. Sure vorgelesen worden. Da habe er gesprochen: »Nichts ist schöner und edler als diese Worte.« Und er habe sich zum Islam bekannt.

Al-Walid Ibn al-Maghira, einer der Anführer des Stammes

der Quraisch[2], sprach zu seinen Leuten, nachdem er eine Rezitation aus dem Koran gehört hatte: »Bei Gott, unter euch ist niemand, der mehr von der Dichtung versteht als ich, mehr vom Metrum Radjaz, mehr von der Qaside oder den Gedichten der Djinnen. Bei Gott, was dieser Koran sagt, ähnelt nichts von alledem. Bei Gott, seine Worte sind voller Wohlklang und voller Eleganz. Er zertrümmert, was unter ihm steht, er ist erhaben und wird durch nichts übertroffen.« Weiter fährt er fort: »Solches kann nur ein Zauber bewirken. Habt ihr nicht gesehen, wie er Zwietracht gesät hat zwischen dem Mann und seiner Familie sowie seinen Schutzbefohlenen?« Trotzdem blieb er bei seinem Stolz und trat nicht zum Islam über.

Dies gibt uns eine Vorstellung davon, welche außerordentliche Wirkungsmacht ein solcher Text im Positiven wie im Negativen entfalten kann und wie notwendig es ist, die Mechanismen dieser Wirkung näher zu untersuchen, insbesondere was die Beziehung zwischen Ästhetik und Psychologie anbelangt. Die Wirkung von Texten äußert sich darin, dass sie uns Dinge näherbringen oder eine Distanz zu ihnen aufbauen. Das ist es, was jeden großen Text auszeichnet.

Dieses Erstaunen angesichts des koranischen Textes führte manche zur Aussage: »Ich vermag über den Koran nichts zu sagen.« (Sa'id Ibn al-Musayyib)

6

Was die visionäre Ebene betrifft, so wird der koranische Text in der Offenbarung bezeichnet als »das Buch«, »die Unter-

---

[2] Als besonders edel geltender Stamm, dem auch der Prophet entstammt. (Anm. d. Hrsg.)

scheidung«, »das Licht«, »der rechte Weg«, »die Barmherzigkeit«, »das Heilmittel«, »der Verdeutlichende«, »die Ermah-
nung«, »der Freudenbote«, »der vor drohendem Unheil War-
nende«.

Hinsichtlich der Ausdrucksebene heißt es dort: »Ihr äußert
fürwahr unterschiedliche Reden« (51. Sure, Vers 8). Auch ist
von einem »wunderbaren Koran« die Rede: »Eine Gruppe von
Leuten hörte den Dschinnen zu. Sie sagten: Wir haben einen
wunderbaren Koran gehört« (72. Sure, Vers 1).

Der Koran wurde nie ohne Vermittlung herabgesandt, außer ein einziges Mal: Als der Prophet in den Himmel fuhr
und Gott ihm seine Offenbarung direkt eingab, also zu ihm in
derselben Weise sprach, wie er es vor ihm bereits zu Moses
getan hatte.

In einem Hadith wird berichtet, der Prophet habe den
Erzengel Gabriel gesehen, als dieser ihm in der Höhle von
Hira erschien, »auf einem Stuhl zwischen Himmel und Erde
thronend«. Es wird auch bekundet, Gabriel habe ihm die
Offenbarung in der Gestalt eines anderen überbracht, nämlich
eines im Kreise seiner Gefährten sitzenden Beduinen, welche
ihn sahen und sprechen hörten, ohne zu ahnen, dass es sich
um Gabriel handele. Dem Propheten soll es wie Glocken-
klang erschienen sein, als er die Offenbarung empfing. Auch
soll sie in der Gestalt eines geflügelten Engels über ihn gekommen sein.

Es herrscht ein religiöser Konsens darüber, dass der Prophet Analphabet war, dass er weder lesen noch schreiben
konnte. Die Offenbarung, die ihm eingegeben wurde, empfing er als eine in jeder Hinsicht autonome Wahrheit, völlig
losgelöst von seinem Denken und Fühlen: Er war nur der ge-
treue Übermittler.

Es herrscht auch Einigkeit darüber, dass die ersten Verse

der 96. Sure diejenigen waren, die dem Propheten als erste herabgesandt wurden: »Lies im Namen deines Herrn, der alles erschaffen hat; der den Menschen aus einem Blutklumpen erschuf; lies, bei deinem Herrn, dem Edelsten, der den Gebrauch des Schreibrohrs lehrte; der den Menschen lehrte, was dieser zuvor nicht gewusst.« Er war zu jener Zeit 40 Jahre alt, und es trug sich im Monat August des Jahres 610 nach christlicher Zeitrechnung zu.

Was die zuletzt herabgesandten Verse anbelangt, so gibt es gegensätzliche Meinungen.

Hier stellen sich zwei fundamentale Fragen:

1. Wie wurden die über einen Zeitraum von 23 Jahren herabgesandten Verse (davon etwa zehn Jahre lang in Mekka und zehn in Medina) innerhalb von 114 Suren angeordnet? Die sich auf den Aspekt der Anordnung beziehenden Hadithe stimmen darin überein, dass der Prophet keinen Einfluss darauf gehabt habe, und ebenso wenig seine Gefährten. Ihm sei die Anordnung der Verse über den Erzengel Gabriel als Offenbarung eingegeben worden.

2. Wie wurden diese Verse in Form eines Buches zusammengefasst? Auch hier sind sich die Überlieferungen einig: Die Kompilation vollzog sich während zweier Perioden: der Zeit der Prophetie (also noch zu Lebzeiten des Propheten) und der Zeit der Prophetengefährten beziehungsweise der rechtgeleiteten Kalifen.[3] Dabei kamen zwei Methoden zum Einsatz:

   a. das Auswendiglernen,
   b. das schriftliche Aufzeichnen und Eingravieren.

---

[3] Gemeint sind die ersten vier Kalifen nach Muhammeds Tod: Abu Bakr, Umar, 'Uthman und Ali.

Am Anfang der ersten Methode stand der Prophet selbst. Er musste das auswendig Gelernte einmal im Jahr vor dem Erzengel Gabriel rezitieren, im Jahr seines Todes zweimal. Einem bei al-Bukhari zu findenden Hadith zufolge lobte der Prophet den Abu Musa al-Asch'ari einmal mit den Worten: »Dir sind Stimmbänder wie jene der Leute aus dem Hause Davids gegeben.«

Die zweite Methode war das Werk der »Schreiber der Offenbarung«, unter ihnen Zaid Ibn Thabit und Abu Ibn Ka'b. Letzterer war vor seinem Übertritt zum Islam ein jüdischer Rabbiner gewesen und war der Verfasser des Buchs des Friedens für die Leute von Jerusalem. Unter der Herrschaft des Kalifen 'Uthman war er an der Kompilation des Korans beteiligt. Als weitere Schreiber sind Mu'adh Ibn Djabal, Mu'awiya Ibn Abi Sufyan und die rechtgeleiteten Kalifen zu nennen.

Sie alle schrieben die Koranverse auf Palmblätter, auf Steintafeln, auf Leder- oder Metallstücke, auf die *aqtab* (›Höcker‹) genannten Holzsattel der Kamele und auf Knochen.

Man ist sich darüber einig, dass der ganze Koran noch zu Lebzeiten des Propheten niedergeschrieben, aber erst unter dem Kalifen 'Uthman als ganzes Buch in seiner endgültigen Form kompiliert wurde. Es wir überliefert, unter dem ersten Kalifen Abu Bakr sei man auf den Gedanken verfallen, den Koran »Al-Sifr« (›das Buch‹, ›das Werk‹) zu nennen – ein Name, der bereits von den Juden verwendet worden sei. Auch die Bezeichnung »Al-Mushaf« (›der Band‹, ›das Buch‹), welche aus der abessinischen Tradition stammte, sei erwogen worden.

Zur Zeit des Kalifen 'Uthman existierten zahlreiche Lesarten des Korans parallel zueinander. Die Menschen im syrischen Raum rezitierten ihn nach der Lesart des Abu Ibn Ka'b, während sich die Einwohner Kufas im Irak auf die von 'Abdullah Ibn Mas'ud etablierte Lesart stützten. Andere wiederum rezitierten ihn nach der Lesart des Abu Musa al-Asch'ari. Fast hätten diese die Lesarten betreffenden Differenzen zu Streit und Zwist geführt und dazu, dass Muslime sich gegenseitig zu Ungläubigen erklärten. Infolgedessen vereinheitlichte 'Uthman sämtliche Versionen des Korans zu einer einzigen und ließ alle davon abweichenden Exemplare verbrennen. Dies erfolgte im Jahre 25 der islamischen Zeitrechnung (ca. 645 n. Chr.). Zuvor hatte es bereits unter dem Kalifen Abu Bakr erste Kompilationsversuche gegeben (632 n. Chr.). Vier Schreiber waren es, welche die endgültige, unter dem Namen »Mushaf 'Uthman« bekanntgewordene Version anfertigten: Zaid Ibn Thabit, Abdullah Ibn Al-Zabir, Sa'd Ibn al-'Ass und 'Abdurrahman Ibn al-Harith Ibn Hischam. Die drei Letztgenannten waren aus dem Stamm der Quraisch, während der Erstgenannte dem Stamm der Ansar angehörte. 'Uthman sprach zu ihnen: Sollte es zwischen euch und Zaid Ibn Thabit zu Meinungsverschiedenheit über bestimmte Stellen im Koran kommen, dann schreibt diese Stellen im Dialekt der Quraisch, denn in diesem wurde der Koran herabgesandt.

Einige Leser mögen sich nach der Lektüre des gesamten Werks unbedacht die Frage gestellt haben: »Warum werden hier immer wieder Selbstverständlichkeiten wiederholt?« Darauf hätte ich ihnen geantwortet: »Genau die Tatsache, dass es sich um Selbstverständlichkeiten handelt, ist der Grund dafür, sie zu wiederholen. Ja oft ist gerade das Selbstverständliche unverständlich.«

Der Koran als sprachlicher Text betrachtet, ähnelt einem Meer, dessen Wellen sich permanent gegenseitig umschlingen und ineinander übergehen. Alles in ihm fluktuiert unentwegt in sämtliche Richtungen. Formal betrachtet präsentiert er sich als die Quintessenz aller vor ihm existierenden Formen der Sprachkunst: Jene der vorislamischen Araber, wie Dichtung, Rede, Gleichnis und Sinnspruch, sowie die Schriften der Babylonier, der Kanaaniter und der Aramäer und nicht zuletzt die Torah.

Er ist ein Text, der alle physischen und metaphysischen Dinge behandelt und der sich nicht scheut, auf Vorläufer zurückzugreifen und sie in veränderter Form neu zu schreiben. Gleichzeitig bezeichnet er sich selbst als Vollendung der prophetischen Botschaften und als Vollendung der sprachlichen Rede schlechthin. Er präsentiert sich also als eine umfassende, vollkommene und endgültige Schrift, als eine, die alle anderen Schriften ersetzt.

In technischer und struktureller Hinsicht bedient er sich etwa des Dialogs und der Erzählung, des Sinnspruchs und des Gleichnisses. Er ist Gesetzgebung und Lobpreisung in einem. Auch gibt es in ihm Elemente, die sich als reine Dichtung betrachten lassen, sowie längere narrative Elemente, die »ahsan al-qisas« (›schönste Geschichten‹) genannt werden. Jeder Leser kann dem koranischen Text eine ganz individuelle Sichtweise auf Poesie und Philosophie, ein ganz spezifisches Konzept vom Menschen und vom Sein entnehmen sowie klare Richtlinien für die Auseinandersetzung mit ethischen Vorstellungen, mit Liebe, mit Tod, mit dem Physischen und dem Metaphysischen. Der Text entwickelt sich also nicht linear, sondern innerhalb eines Raums mit vielen Richtungen und vielen Dimensionen, ganz so wie die Struktur der nicht-euklidischen Geometrie.

Er ist »das Buch«, wie es Mallarmés Beschreibung seines *Livre*, das zu schreiben er sich erträumte, entspricht: »eine Quelle der Wahrheit, von der die ganze Menschheit trinkt«.[4]

Als Schrift geht er über alles vor ihm Geschriebene hinaus, seien es religiöse oder profane Texte: Er schreibt über das Religiöse in einer dichterischen Sprache und über das Profane in einer religiösen Sprache. Alles in ihm dreht sich um die Sprache, womit er bezeugt, dass das Seiende im Wesentlichen Sprache ist. Faktisch macht ihn dieses Kreisen um das Sprachliche zu einem literarischen Text.

In seiner Rolle als »das Buch« hebt er das Konzept vom Autor als einem Individuum auf. Er scheint sagen zu wollen: Der Autor ist ein Kollektiv, keine Einzelperson.

Demzufolge liegt es in seiner Natur, unvergleichbar zu sein und eine in sich eigenständige literarische Gattung zu konstituieren: Als Prosa gleicht er keiner anderen Prosa, als Dichtung keiner anderen Dichtung, als Schrift keiner anderen Schrift, als Sprache keiner anderen Sprache.

Er ist der Anfang und das Ende: Eine Schrift auf dem Niveau der Schöpfung.

8

Dies führt uns zu den Schwierigkeiten, die einem Muslim den Zugang zum koranischen Text erschweren konnten. Als Beispiel für diese Schwierigkeiten möchte ich zwei Sachver-

---

[4] Mallarmé: *Briefe, Vol. 4*, S. 87.

halte anführen: der erste steht in Verbindung mit der Struktur des Textes, der zweite mit seinen Rezipienten.

Was den ersten Fall anbelangt, so waren die Araber von Beginn an ratlos, wie die Einleitungsbuchstaben (*fawatih*), die am Anfang etlicher Suren in unterschiedlicher Form auftreten, zu interpretieren seien. [...] Einige mögen sich von diesen Buchstaben auf die eine oder andere Weise an jene Buchstaben bei Rimbaud in seinem berühmten Gedicht erinnert fühlen[5]. Darauf werde ich jedoch hier nicht weiter eingehen, sondern möchte mich auf die Unschlüssigkeit der Araber bei deren Interpretation konzentrieren. Sie bedienten sich dabei verschiedenster Methoden und kamen doch immer wieder zu dem Schluss, es handele sich um obskure Buchstaben, die viele Deutungen zuließen, um ein »geheimes Symbol, ein verborgenes Rätsel«, wozu nur Gott allein den Schlüssel habe. [...]

Nun zum Bereich der rezeptionsbedingten Schwierigkeiten: Im Laufe der Zeit stellten die Leser des Korans in zunehmendem Maße eigene Interpretationen des koranischen Textes an. Anfangs musste, wer den Koran interpretierte, über eine hervorragende Kenntnis der arabischen Sprache, ihrer Grammatik, ihrer Flexion und ihrer Etymologie verfügen sowie in Rhetorik, Rezitationskunst, Theologie und Rechtswissenschaft sattelfest sein. Außerdem musste man über die Umstände der Offenbarung, die Problematik der Aufhebung einiger Suren durch andere, später offenbarte, und die Hadithe Bescheid wissen. Diese Bedingungen machten eine breitgefächerte Bildung, einen erlesenen Geschmack und einen festen Glauben erforderlich, konnten also nur von einer Minderheit erfüllt werden.

---

[5] Gemeint ist Rimbauds Gedicht *Voyelles (Vokale)*. (Anm. d. Hrsg.)

So kam es zu ganz unterschiedlichen Auslegungen, welche sich in acht Arten unterteilen lassen: die traditionelle, sich auf die Überlieferung stützende Auslegung; die auf eigener Meinungsbildung und selbständigem Forschen beruhende Auslegung; die von den Sufis vertretene Auslegung; die philosophische Auslegung; die juristische Auslegung; die wissenschaftliche Auslegung; die soziologische Auslegung; die literarische Auslegung.

9

Dies war in groben Zügen die Position derjenigen, die den koranischen Text als Gläubige rezipierten. Um ein vollständiges Bild von den Positionen bezüglich dieses Textes zu gewinnen, darf ein Hinweis auf jene nicht fehlen, die versucht haben, gegen ihn zu opponieren oder etwas Vergleichbares in die Welt zu setzen. Unter diesen waren solche, die das Prophetentum für sich beanspruchten, wie Musailama al-Nadjdi, welcher an den Propheten Mohammed gerichtet folgendes schrieb: »Wir beide teilen uns dasselbe Stück Land. Unserem Stamm gehört eine Hälfte davon, euch den Quraisch die andere. Doch die Quraisch sind ein angriffslüsternes Volk.« Er behauptete, er verfüge über einen Koran, der ihm unter Vermittlung eines Engels namens Rahman herabgesandt worden sei.

Unter denen, die sich als Propheten ausgaben, waren auch 'Abhala Ibn Ka'b (genannt al-Aswad al-'Ansi), Taliha Ibn Khuwailid al-Asadi, al-Nadir Ibn al-Harith und sogar eine Frau namens Sudjah.

Andere Personen beanspruchten nicht das Prophetentum für sich, sondern versuchten, es zu bekämpfen. Unter ihnen sollen der Überlieferung zufolge der berühmte Dichter Ibn al-Muqaffaʾ, Schams al-Din Qabus, Ibn Waschmakir al-Dailami und Ibn al-Rawandi gewesen sein. Von Letzterem heißt es, er habe sich in allen seinen Werken (die uns nicht erhalten geblieben sind) gegen den Koran gewandt. So habe er etwa in seinem Buch Al-Farid geschrieben: »Die Muslime erhoben Einspruch gegen das Prophetentum des Propheten in Gestalt des Korans, mit dem der Prophet sie herausforderte[6], denn es war nicht möglich, etwas dagegen zu unternehmen. Da ward ihnen folgender überlieferter Ausspruch zugetragen: Würde ein Philosoph denselben Anspruch erheben wie der, den Mohammed in Bezug auf den Koran erhebt, und würde er behaupten, der Beweis für die Richtigkeit der Aussagen eines Ptolemäus oder eines Euklid gelte bereits dadurch erbracht, dass etwa Euklid einfach behauptete, die Menschen seien nicht in der Lage, etwas seinem Buch Vergleichbares hervorzubringen; wäre damit etwa schon bewiesen, dass es sich bei ihm um einen Propheten handele?«

Es heißt, auch die beiden großen Dichter al-Mutanabbi und al-Maʿarri[7] hätten versucht, sich dem Koran zu widersetzen.

10

Ein solcher Text, welcher weder zeit- noch ortsgebunden, sondern zu jeder Zeit und an jedem Ort gültig ist; welcher ein

---

[6] Konkret mit dem sogenannten Herausforderungsvers, u. a. in der zweiten Sure, Vers 24. Sie lautet: »Wenn ihr bezweifelt, was wir euch gesandt, dann schreibt doch eine Sure gleicher Art.« (Anm. d. Hrsg.)

[7] Vgl. Anmerkung 5, S. 82.

Thema nicht partiell und isoliert von anderen Themen, sondern allumfassend behandelt; welcher weder subjektiv noch objektiv, sondern universal ist; welcher sich nicht an eine bestimmte Gruppe oder Schicht, sondern frei von jedweder Diskriminierung an die gesamte Menschheit als eine große Gemeinschaft, an den Einzelnen als menschliches Wesen richtet; ein Text, dessen Worte unerschöpflich sind, wie sollte ein solcher nicht unser Verständnis vom Schreiben in seinen Grundfesten erschüttern? Was wäre anderes von ihm zu erwarten, als dass er uns bisher ungekannte, grenzenlose Horizonte des Schreibens eröffnet?

Er ruft uns in erster Linie dazu auf, uns aus den Fesseln der literarischen Genres zu befreien. Ein Autor, der einen solchen Befreiungsschlag wagt, ergreift Partei für kreative Phantasie und kontemplative Dynamik. Er lässt sich ein auf die Tiefen des Meeres und kreiert ihm variable Uferlinien. Er entscheidet sich für die Kraft der Sprache, für den permanenten Neubeginn, welcher, einer Wellenbewegung gleich, eine stetige Wiederanknüpfung an das Vorherige ist. Er entscheidet sich für die Sprache als Manifestation des Lebens oder, anders gesagt, für das Leben als Manifestation der Sprache.

Das Schreiben entzieht sich den Grenzen, die es in Kategorien zu unterteilen trachten. Seine Worte scheinen mehr den Linien und Farben eines Gemäldes zu ähneln. So wie sich ein solches nicht durch äußere Kriterien definieren lässt, sondern durch seine eigene Struktur, aus sich selbst heraus, durch die Komposition seiner Farben und Linien, wird es zunehmend schwieriger, den literarischen Text durch irgendwelche äußeren Regeln oder Kriterien definieren zu wollen. Dieser zeichnet sich vielmehr durch seinen eigenen Aufbau und durch die Komposition und Webart seiner Wörter aus. Somit entwickelt jeder Text seine eigenen Gesetze (sofern denn überhaupt die Rede von irgendeinem Gesetz sein soll) und ordnet sich das Gesetz dem Text unter, entspringt ihm. Nur darin kann die Perspektive der arabischen Literatur bestehen: eine Literatur zu sein, die erst im Prozess des Schreibens Gestalt annimmt.

Sprache und Identität

Das gesamte 19. Jahrhundert und die erste Hälfte des 20. Jahrhunderts hindurch war Kairo unter den arabischen Metropolen das Epizentrum dessen, was wir den »Kampf der Bedeutungen« innerhalb der arabischen Kultur nennen könnten. Gegen Ende der fünfziger Jahre begann dann Beirut, diese Rolle zu übernehmen.

In Kairo hatte jener »Kampf der Bedeutungen« noch den Charakter einer Befreiung von der Fremdherrschaft gehabt und auf eine stärkere Betonung der eigenen Identität sowie der Unterschiede gegenüber allem Nicht-Arabischen abgezielt. Selbst der »ägyptische« Tonfall, der sich innerhalb bestimmter Kreise in diesen Diskurs mischte, war arabisch in seiner Sprache und arabisch in seiner Kultur. Das von einigen propagierte »Ägyptertum« war nur eine, wenngleich besondere Spielart innerhalb der als Einheit betrachteten arabischen Kultur.

In Beirut hingegen kam es zu einer Ausdifferenzierung jenes Kampfes: Zur Idee von einem Gegensatz zwischen dem Eigenen und dem Anderen gesellte sich die Vorstellung von Unterschieden anderer Art, bei der nicht mehr Unterschiede zwischen Identitäten, die jeweils über ihre eigene Sprache und Kultur verfügten, im Vordergrund standen, sondern Unterschiede innerhalb ein und derselben Identität mit ein und derselben Sprache und ein und derselben Kultur. Es kam mit anderen Worten zu einer Spaltung innerhalb der bislang als einheitlich empfundenen arabischen Identität.

Beirut wurde somit zu einem Ort, an dem alles in Frage gestellt werden konnte, wo alle Gewissheiten ins Wanken gerieten – im Positiven wie im Negativen. Es war in diesem Sinne weit mehr als eine Stadt. Es war das Miniaturmodell einer ganzen Region, in ihm vollzogen sich im Kleinen die weitreichenden kulturellen Umbrüche jener Zeit. In welchem Bereich auch immer, ob Ökonomie, Kultur, Bildung oder Kunst, Beirut war ein Versuchslabor verschiedener, gegensätzlicher Strömungen. Alle möglichen gesellschaftlichen und politischen Theorien prallten hier aufeinander: Liberalismus, Demokratie, Sozialismus und Faschismus; Panarabismus, Patriotismus und Humanismus. War Beirut politisch gesehen wie der Bogen einer Violine, der die Saiten von ganz links bis ganz rechts zum Schwingen brachte, so war es für die Geschäftswelt eine Mündung, wo Warenströme aller Art von überall her zusammenflossen. Neben alldem war es auch ein Schaufenster der gesamten arabischen Welt: Hier wurden ihre Probleme, Ideen, Ängste, Präferenzen, Loyalitäten und Feindschaften offen zur Schau gestellt.

So nimmt es nicht wunder, dass Beirut ein Nährboden für stetig wachsende und akuter werdende Widersprüche war: ungeheuerlicher Reichtum und ungeheuerliche Armut; Drang nach mehr Religiosität und Drang nach Säkularisierung; Rückwärtsgewandtheit und Propagierung einer stärkeren Liberalisierung; Festhalten an den Traditionen und Innovationsfreudigkeit. All dies angesichts der Herausbildung autonomer Machtstrukturen innerhalb des Staates und einer Art Dauerparty vor der Kulisse permanenter Spannungen.

Die Kulturszene begann, sich vom Kulturellen loszusagen und sich einer Art schwarzer Magie zuzuwenden. Die Politik ihrerseits war ebenfalls dabei, dem Politischen zu entsagen und in einen Zustand galoppierend fortschreitender Erosion zu versinken. Kultur und Politik gerieten nach und nach dermaßen in Kollision miteinander, dass es zwangsläufig zu einer Explosion kommen musste. Hinter der Fassade all dessen lauerte so manches, was man zu verdrängen und gewaltsam zu verschleiern trachtete. Als dann der Moment kam, in dem jener Schleier zerrissen wurde, geschah dies auf entsprechend drastische Weise.

Zu den Gründen für jenen Gewaltausbruch zählte der Sieg des Politischen über das Kulturelle. Das Politische nämlich ist enger mit der religiösen als mit der kulturellen Sphäre verbunden. Nicht nur aufgrund dessen, was sie auf institutioneller Ebene miteinander verbindet, sondern auch auf der Ebene der gesellschaftlichen Beziehungen und der Grundwerte. Denn die Religion ist in dieser Hinsicht wie ein geheimes Fundament, ein verborgener Untergrund des Politischen. Man könnte sogar sagen, dass die Libanesen in ihrem Staatswesen nicht als Individuen existieren, sondern fest eingebunden in religiöse und politische Loyalitäten: Ihre Existenz ist somit eine ›gebundene‹ Existenz. Da Beirut eine multi-religiöse Stadt ist, beschränkte sich das politische System darauf, ein einigendes ›Dach‹ für die vielen verschiedenen Pfeiler der Gesellschaft zu sein, nachdem es sie durch Konventionen und Abkommen in ihre Schranken gewiesen hatte. Dabei hat sich jedoch keine Seite jemals von der in ihrer religiösen Basis latent angelegten politischen Komponente losgesagt.

Zur Explosion kam es schließlich, als mal die eine und mal die andere Seite versuchte, das Politische, genauer gesagt ihre eigene politische Agenda, in eine Politik für die Allgemeinheit zu verwandeln. Jede Seite schien die anderen dominieren und zu Anhängseln oder zweitrangigen Verbündeten degradieren zu wollen. Ziel war es ganz offensichtlich, das einigende ›Dach‹, das man bis dahin akzeptiert hatte, zu sprengen und die Konventionen und Abkommen zu ändern. Es trat eine Form von politischer Gewalt in Erscheinung, die sich in der Praxis als scheinbar religiöse Gewalt manifestierte. So kam es, dass der Krieg zwischen politischen Ideologien wie ein Krieg zwischen den Religionen wirkte.

Dieser Konflikt, der zum Ausbruch kam, war im Grunde genommen schon in der Gesellschaftsstruktur, auf die man sich als Kompromiss geeinigt hatte, vorgezeichnet. Die an dem Kompromiss beteiligten Seiten waren im Prinzip alle in die gleiche Falle getappt, die einen mehr, die anderen weniger. Jene Explosion machte nun mit einem Schlag deutlich, dass eine solche Politik nicht identitätsstiftend sein konnte, sondern die Identität ganz im Gegenteil verfälschte oder zu einem bloßen Werkzeug oder Instrument machte. Von da an begann der Mythos Beiruts und seiner Kultur sich aufzulösen und in seine Einzelteile zu zerfallen, eben weil jene Art von Politik die Oberhand gewonnen hatte. Jede Gruppe fing an, an ihrem eigenen Mythos zu basteln – einem, der sich nicht in den Mythos eines Beiruts voller Vielfalt und Diversität einfügte, sondern gegen diesen und gleichzeitig gegen die Mythen der Gegenseite gerichtet war. Beirut kämpfte gegen Beirut. Der Andere wurde darin zur Negation des jeweils Anderen. Das Politische wandelte sich zu einer alles beherrschenden Angst, von der alle ergriffen wurden. Doch Angst vermag, so schlau sie es auch anstellt, nicht mehr als ein Bunker zu sein. Und genau das war es, was aus dem Libanon wurde: ein einziger Bunker. Ein solches Land aber kann man nur noch als Grab bezeichnen.

Die Vorherrschaft des Politischen machte nicht nur die positive Vorstellung von Differenz zunichte, sondern auch die Differenz an sich. Ebenso löschte sie das Kulturelle aus, und zwar sowohl dessen dialogorientierte als auch dessen kreative Seite: Sie zerstörte also zunächst einmal die Logik des kulturellen Austauschs; eine, die den unterschiedlichsten Gedanken ein Forum bietet, ganz gleich, ob sie konkrete Realitäten oder metaphysische Fragen betreffen. Dies fördert die Suche nach (homogener oder heterogener) Identität innerhalb einer umfassenden kulturellen Einheit, die sich insbesondere in der sprachlichen Einheit ausdrückt, und vertieft das Identitätsbewusstsein, sei es durch Anknüpfung oder durch Abgrenzung. Ferner führte die Vorherrschaft des Politischen zu einem Missbrauch der (zumindest dem Anschein nach) am engsten mit der libanesischen Identität verbundenen kulturellen Elemente: Religion, Sprache, Dichtung. Vor allem der Missbrauch der Religion war äußerst folgenreich, bezogen doch alle Konfliktparteien aus ihr eine wichtige, wenn nicht die wichtigste Inspiration für ihren spezifischen politischen Kurs sowie für ihre allgemeine kulturelle Ausrichtung.

Es ist ein wahrhaft befremdendes Phänomen, dass im Libanon auf theologischer Ebene kein religiöses Denken im eigentlichen Sinne des Wortes zu beobachten ist. Man findet zum Beispiel keine Monographie, keine Studie, die als moderner libanesischer Beitrag zum zeitgenössischen religiösen Denken betrachtet werden kann, und zwar weder auf christlicher noch auf muslimischer Seite. Im Libanon existiert kein schöpferisches religiöses Denken, und somit hat die Religion keine kulturelle Präsenz, die ihren Beitrag zu einer neuen Betrachtung und einem neuen Verständnis des Lebens und seiner Probleme leisten könnte. Vielmehr besteht Religion im Libanon aus Ritualen und aus Rückgriffen auf die Vergangenheit. Ihre direkt sichtbare Wirkung entfaltet sie in erster Linie im politischen Bereich. Die Existenz einer Handvoll religiöser Denker ist eine Ausnahme, konstituiert kein Phänomen und keine Strömung und ändert somit im Prinzip nichts an der Richtigkeit des Gesagten.

Ebenso verhält es sich auf der Ebene der Sprache und der Dichtung. Auch dort ist die vorherrschende Praxis politischer oder halbpolitischer Art. In diesem Zusammenhang sei allerdings auf das Paradox hingewiesen, dass im politischen Islam des Libanon das Kulturelle eine relativ große, ja manchmal fast vollständige Unabhängigkeit genießt. Dies ist eine der Besonderheiten des libanesischen Islams, deren Analyse dringend geboten und sinnvoll wäre. Wir finden diese Unabhängigkeit jedoch nicht im politischen Maronitentum (und auch dieser Unterschied verdient eine entsprechende Analyse): Dort also, wo kulturelle Unabhängigkeit von der Religion zu erwarten wäre, finden wir blinde Gefolgschaft, und dort, wo wir Gefolgschaft erwarten würden, finden wir im Gegensatz dazu Unabhängigkeit.

Die auf sprachlicher und dichterischer Ebene vorherrschende Richtung macht die Sprache ärmer, indem sie sie gewissermaßen ›vergöttlicht‹, so dass sie kaum noch mit den Dingen in Berührung kommt. Wenn doch, dann streift sie sie nur, so dass diese Berührung als pure Einbildung erscheint. Es handelt sich um eine Richtung, die der Sprache ihre Sprachlichkeit nimmt oder sie hinter Phrasen verbirgt. Die Vertreter jener Richtung geben in ihrer Anmaßung vor, in der Lage zu sein, Sprache zu kreieren, sie also auch zu verändern.

So nimmt es nicht wunder, dass diese Richtung zeitweise so weit ging, die »Eliminierung« der arabischen Sprache und deren Ersetzung durch die »libanesische Sprache« zu postulieren, um eine »libanesische« Kultur zu schaffen, die den Platz der arabischen Kultur würde einnehmen können. Das Bewusstsein einer eigenständigen Identität führt zum Bewusstsein für die Notwendigkeit einer sprachlichen Abgrenzung, welche wiederum zum künstlichen Erschaffen einer eigenständigen Kultur führt.

Diese »Kultur«, die von jener Richtung, welche ja nur einen begrenzten Teil innerhalb der libanesischen Kulturszene repräsentiert, gepredigt wird, zeichnet sich durch folgendes Paradox aus: Die geistige Struktur oder Ordnung des Wissens, welche uns in den Veröffentlichungen entgegentritt, die in einer imaginären »libanesischen Sprache«[1] verfasst sind (und zwar in lateinischer Schrift), sind die des Hocharabischen. Mehr noch handelt es sich um eine mit der arabischen Kultur der vorislamischen Zeit verbundene Wissensordnung. Wirft man einen prüfenden Blick in einige dieser Veröffentlichungen, dann wird man als ihr vorherrschendes Grundmuster etwas erkennen, was bereits im Gedicht vom 'Amr Ibn Kulthum (gestorben 584) angelegt ist in Bezug auf die Art und Weise, sich den Dingen anzunähern, ein Bewusstsein von ihnen und der eigenen Identität zu entwickeln und es auszudrücken. Es ist der naivste Teil der vorislamischen Wissensordnung.

Die genannte Richtung bringt heutzutage eine Art von Dichtung hervor, die auf einer gewissen Lust am Spiel beruht. Ich erwähne sie hier nicht wegen ihres Wertes, sondern wegen ihrer Bedeutsamkeit. Das Spiel dieser Dichtung ist weder jenes Spiel mit dem Tragischen, bei dem der Dichter der Vergeblichkeit und dem Tod Auge in Auge gegenübersteht, noch

---

[1] Gemeint ist der Versuch des Dichters Said Aql (geb. 1911) und anderer, den libanesischen Dialekt, geschrieben in lateinischen Buchstaben, als Schriftsprache zu etablieren. (Anm. d. Hrsg.)

jenes Spiel voller Wonne, bei dem sich der Dichter mitten ins Leben hineinstürzt, so als konzentriere sich die gesamte Existenz in einem einzigen Glücksmoment. Vielmehr ist es ein in seinem Automatismus entwertetes Spiel, in dem Worte und Dinge in keinster Weise zueinanderpassen. Deshalb geht es ihr nicht um eine Überwindung der textlichen oder dichterischen Autoritäten oder Vorläufer, bringt sie doch keinen Text hervor, der das Alte überschreitet. Stattdessen hat man es hier mit einer Absage an die Poetik zu tun, indem die Sprache selbst zu einem bloßen Durcheinander von Dingen wird, das keine Deutung mehr zulässt. Eine solche Literatur erscheint wie ein Allerlei von Wörtern und Gegenständen, die sich zueinander verhalten, als wären sie eine Ansammlung von Kugeln oder Stöcken, die unwillkürlich aufeinanderprallen, und als wäre diese Literatur eine Art In-die-Hände-Klatschen.

Diese Richtung, die von einigen Libanesen auf der Suche nach einer sprachlichen und kulturellen Abgrenzung propagiert und vorangetrieben wird und zu einer stärker abgrenzbaren Identität führen soll, lässt nicht nur im Dunkeln, wonach man eigentlich genau sucht, sondern blendet auch den Suchenden selbst aus: Dieser ›verlässt‹ ja seine Identität, versucht aber vergeblich, in eine andere Identität »einzutreten«. Außerdem spiegelt die literarische Produktion jener Richtung bei all ihren Abspaltungstendenzen nichts anderes wider als ebenjene Ordnung der Literatur oder des Wissens, von der sie sich losgelöst zu haben glaubt.

So gesehen können wir diese Richtung von ihren grundlegenden Eigenschaften her als im tiefsten Sinne politisch bezeichnen. Sie erregt die Aufmerksamkeit des Lesers demzufolge nicht aufgrund ihres rein literarischen und gedanklichen Wertes, sondern vielmehr aufgrund dessen, was sie an politischen Dimensionen enthält.

Diese Richtung bietet jedoch in ihrer Beständigkeit einen guten Anlass, sich zu fragen, was Identität in einer geschichtlichen Phase bedeutet, in der das Konzept von Identität eine Krise erlebt, nicht allein in der arabischen, sondern auch in zahlreichen anderen Gesellschaften. Es geht hier, so scheint es mir jedenfalls, nicht um das Phänomen der sogenannten ›Minderheiten‹ und der separatistischen Bewegungen. Vielmehr stehen wir vor einer viel grundlegenderen und bedeutungsvolleren Frage.

Zunächst müssen wir uns eingestehen, dass diese Richtung zum Teil sogar eine gewisse Legitimation aus der arabischen Wirklichkeit selbst bezieht und durch diese gerechtfertigt erscheint. Denn es herrscht dort eine ganz spezifische, ideologisch verengte Sichtweise vor, die in der Gemeinschaft (der *umma*) ein allumfassendes und einzigartiges identitätsstiftendes Element erblickt. Diese *umma* schließt in ihrem Inneren jegliche Differenzierung und jeglichen Widerspruch aus, indem sie sich als »absolute Wesensart« oder als »Essenz« präsentiert. Somit gibt jene Sichtweise in ihrer Praxis der ideologischen Zugehörigkeit Vorrang vor der historischen, gesellschaftlichen und kulturellen Zugehörigkeit und dem Kollektiv vor dem Individuum. In der arabischen Lebenswirklichkeit äußert sich diese Sichtweise in diversen Erscheinungsformen, welche der Homogenität politisch und kulturell Nachdruck zu verleihen trachten. Dazu zählt zum Beispiel die Unterdrückung in ihren unterschiedlichen Ausprägungen und damit die Beschneidung der Rechte des Individuums und die Minimierung seiner Freiräume. Das Leben wird anonym, die Gemeinschaft zu einer bloßen numerischen Größe.

Diese Sichtweise hat also innere und äußere Bedingungen und Gründe, ist aber bruchstückhaft und speziell. Die Wahrheit der arabischen Kultur und die Identität der arabischen

Wirklichkeit drückt sie nicht aus. Ein kreativer Mensch, der von der Idee des Wahren und der Suche nach Erkenntnis beseelt ist, entwickelt keine Theorie über das Sein auf der Grundlage eines partiellen Phänomens. Für ihn kann sich die Legitimität seines Denkens und Handelns nicht aus Gedanken und Handlungsweisen herleiten, die selber in der Gesellschaft nicht unumstritten sind und die ihre Kraft nicht aus ihrer objektiven Richtigkeit, sondern aus bestimmten geschicht-lichen Konstellationen beziehen, die wie andere auch wieder verschwinden oder sich verändern. Ein kreativer Mensch kann nicht für sich in Anspruch nehmen, im Recht zu sein, nur weil sein Gegner im Unrecht ist, und er kann seine Identität nicht auf der Tatsache gründen, dass der Andere ihn in Frage stellt. Sonst wird seine Identität nur auf ebendiesem Gegen-pol beruhen, also auf ihrer Negation.

Bei der Frage der Identität geht es nicht um einen Konflikt zwischen dem Selbst und dem Anderen. Deshalb kann auch nicht die Rede sein von einem Auslöschen des Anderen durch das Selbst, noch von einem Auslöschen des Selbst durch den Anderen. Denn das Selbst kann nur dann wirklich zu sich finden, wenn es gleichzeitig das Andere ist. Wenn ich den An-deren negiere, dann negiere ich mich automatisch selbst.

So gesehen besteht die Identität, die Identität des Men-schen in seinem Menschsein, nicht einfach in einer (ob reli-giös oder nationalistisch bedingten) Abgrenzung vom An-deren. Fragt man jemanden: »Was bist du?«, so wird seine Antwort lauten: »Ich bin Libanese«, »Ich bin Franzose«, »Ich bin Muslim« oder »Ich bin Christ«. Und doch bringen diese Antworten nur sehr oberflächlich zum Ausdruck, was die Identität eines Menschen ausmacht. Selbst die sprachliche Differenz, so bedeutend sie auch sein mag, verleiht der Identi-tät nur ein äußeres Antlitz.

Eine Identität jedoch, die dem Menschen als Grundlage für seine Persönlichkeit und seine Kreativität dienen soll, kann nicht einfach in seiner Abgrenzung vom Anderen bestehen, sondern vielmehr in der Beweglichkeit seiner in ihm selbst vorgenommenen Abgrenzung – zwischen dem, was er ist und was er sein könnte. Identität im erstgenannten Sinne bedeutet Abspaltung und Rückzug in sich selbst, im letzteren Fall ein Anknüpfen und Aussichherausgehen.

Eine so verstandene Identität ist kein Sichidentifizieren mit einer essentiellen Instanz namens *umma* oder »Nation«, noch setzt sie eine totale Übereinstimmung mit einer bestimmten Vergangenheit voraus, mit einer bestimmten nationalen Figur oder mit einem bestimmten Erbe etwa. Sie ist kein Idol, dem wir in Verhalten und Denkweise nacheifern müssten, keine Umlaufbahn, entlang deren wir zu kreisen hätten, keine Absolutheit, mit der wir eins werden und verschmelzen müssten.

Identität ist ein grenzenloses Sichöffnen. Denn man ist nicht einfach dadurch man selbst, indem man einen besonderen Namen trägt, eine andere Sprache spricht, einer anderen Nation angehört. Nicht das, was man war, macht einen zu einem selbst, sondern das, was man noch werden kann. Identität ist entweder ein offener Entwicklungsprozess oder nichts weiter als ein Gefängnis.

Differenz, welche dem Menschen Identität verleiht, ist somit nur in jenem Freiraum zu finden, der in ihm selbst steckt und innerhalb dessen er sich stetig fortbewegt, um zu überwinden, was er ist, und um zu verändern, was er ist – dabei auch die Welt verändernd.

Dies ist es, was uns insbesondere die Dichtung als höchster Ausdruck der Kreativität lehrt. Und auch aus der Geschichte lernen wir: Dem Tier ist kein Geschichtsbewusstsein zu eigen und demzufolge ist es in seinem Inneren unbeweglich. Es kann sich nicht von der Natur lösen, kann sich nicht selbst überwinden (auch wenn einige Tiere über eine Art Sprache verfügen). Von daher war die Geschichte immer Menschheitsgeschichte: Sie war einzig und allein Sache des Menschen und wurde nur durch ihn gestaltet.

Daraus folgt, dass die Identität nicht an der äußeren Hülle eines Menschen festzumachen, sondern tief in seinem Inneren verborgen ist. Sie ist nichts, was man eindeutig definieren könnte, sondern ganz im Gegenteil etwas völlig Undefinierbares.

Manch einer mag jene ›libanesische‹ Richtung in der Literatur isoliert von ihren ideologischen Inhalten betrachten und sie als Versuch eines Aufstands gegen die Sprache des Establishments rechtfertigen, gegen eine Herrschaft, die dem Menschen sogar sein Intimleben vorschreibt und die Vitalität und Freiheit des Denkens in seinem Hinterfragen, Suchen und Sichausdrücken abwürgt. Auch als Versuch einer Durchbrechung des Ideologischen, des Institutionell-Funktionalen, welches in der arabischen Sprache bislang vorherrschte, mag man sie werten. Darauf kann unsere Antwort nur lauten: Wir stehen fest auf der Seite dieses Protests und dieser Überwindung, ohne die wir keinen Sinn im dichterischen Schreiben erblicken würden. Doch gleichzeitig rufen wir aus: O Überwindung! Wie viele Abscheulichkeiten werden in deinem Namen begangen! Die Überwindung erfordert eine enorme kreative Energie und ein umfangreiches Wissen über das wichtigste Instrument der Kreativität: die Sprache.

Die Sprache mit ihrer schöpferischen poetischen Dimension fehlt aber in den literarischen Ergüssen jener Richtung. Dort muss eine nichtssagende, vage Spielerei dafür herhalten, Bedeutung zu erzeugen, Poesie hervorzubringen, den Menschen zu erschaffen – so dass jene Werke sowohl der Sprache als auch des Menschen, ja sogar der Dinge selbst zu entbehren scheinen.

Angenommen, die Sprache hat wirklich die Eigenschaft, Menschen in ihrem Denken und Handeln zu versklaven, so können sie sich doch nicht dadurch aus dieser Sklaverei befreien, dass sie die Sprache ignorieren oder verändern, sondern indem sie ihre sprachlichen Kenntnisse erweitern. Sie können sich folglich nur durch und in der Sprache von ihr befreien. Selbst wenn sie also den Menschen Verderben bringt, so stellt sie ihm doch gleichzeitig seine Erlösung in Aussicht. Denn von dem Sprachkörper selbst geht die Befreiung der Sprache, der Dichtung und des Denkens aus, und in ihm vollzieht sie sich.

Das 19. Jahrhundert und die erste Hälfte des 20. Jahrhunderts waren stürmische Zeiten voller Spannungen, die sich in Beirut gerade wegen all seiner unterschiedlichen Weltanschauungen, Gedanken, politischen Richtungen und kulturellen Traditionen explosionsartig entluden. Damit verbunden ist vor allem die Zeit der sogenannten *nahda*, der arabischen »Renaissance« – der Beginn dessen, was man als »Explosion der Moderne« in der arabischen Welt bezeichnen könnte.

Beirut war dabei für die Araber Versuchslabor und Beobachtungsstation zugleich: Es gab der arabischen Welt den Takt vor, ob beim Schmieden ihrer Kontroversen oder beim Befeuern ihrer Erwartungen. Ständig in Bewegung und dabei andere mitreißend, hielt es Ausschau nach dem großen Beben, von dem es am Ende selber erschüttert werden sollte …

Besser gesagt: Beirut als Beobachtungsstation wurde erschüttert, doch seine Erkenntnisse wirken immer noch fort und strahlen aus den Rissen seines Lebens empor: aus Zerstörung, Trümmern und Tod.

TEXT UND WAHRHEIT

Reflexion / Denunziation

I

In einer religiösen Sichtweise ist der religiöse Gründungstext der Hort der Wahrheit. Solange es dabei um einen Text und eine Wahrheit geht, deren Gültigkeit sich auf die religiöse Sphäre im engeren Sinne beschränkt und die nur für die eigentlichen Gläubigen bindend sind, sträube ich mich nicht gegen eine solche Sichtweise. Aber ich kann keinesfalls damit konform gehen, wenn jener religiöse Text als Maßstab für die Bewertung nichtreligiöser Texte dient; wenn also seine Wahrheit ebenso zum Maß aller anderen Wahrheiten erklärt und der kulturellen, gesellschaftlichen und politischen Sphäre aufgezwungen wird; wenn selbst von den Nicht-Gläubigen erwartet wird, sich an diese Wahrheit zu halten und nicht über Wege nachzudenken, die zu anderen, nicht-religiösen Wahrheiten führen könnten.

Darin liegt das Hauptproblem der arabisch-islamischen Kultur in ihrer heute vorherrschenden Spielart: Für sie ist der religiöse Text gleichzeitig ein kultureller, gesellschaftlicher und politischer Text. Die darin enthaltene Wahrheit ist die »Mutter aller Wahrheiten«, gegen die es kein Opponieren und kein Auflehnen gibt. Sie ist wie ein Gesetz, das sowohl das Leben als auch das Denken bestimmt. Wer dagegen verstößt, wird nicht als jemand betrachtet, der seinen Verstand gebraucht, sondern schlicht und einfach als Ungläubiger.

Indem man einen Menschen zum Ungläubigen erklärt, beraubt man ihn nicht nur seiner Freiheit, man beraubt ihn auch seiner Menschlichkeit. Wer einen solchen Vorwurf erhebt, macht im Namen des religiösen Textes das zunichte, was der Schöpfer dem Menschen als Privileg vor allen anderen Geschöpfen verliehen hat: den Verstand, die Freiheit, den Willen. Ja man könnte sogar soweit gehen zu sagen, dass diejenigen, die andere zu Ungläubigen erklären, sich damit Rechte anmaßen, die der Schöpfer nicht einmal seinen Gesandten und Propheten zugestanden hat. So heißt es im Koran: »Du wirst nicht Leute nach deinem Belieben zum rechten Glauben führen können, sondern Gott entscheidet, wem er den rechten Weg weist.« »Von Seinem Willen hängt es ab, wer zum Glauben findet und wer ungläubig bleibt.« Wenn es nicht einmal Propheten zukam, »den rechten Weg zu weisen«, woher nimmt sich dann der Mensch das Recht und die Macht, sich zum Führer anderer aufzuspielen, andere zu Ungläubigen zu erklären?

Historisch gesehen hat die Kultur des *takfir*, also des Denunzierens anderer als Ungläubige, zu einer Kultur geführt, die sich der Reflexion *(tafkir)* verweigert. Man könnte auch von einer Kultur des Meidens reden, einer Kultur, die fundamentalen, sämtliche Bereiche betreffenden Fragen aus dem Weg geht: Religion, Philosophie, Wissenschaft, Dichtung, Politik, Physik und Metaphysik. Das Denken, das Hinterfragen, das Schreiben – all dies ist dem Menschen nur im Rahmen dessen gestattet, was als *halal*, also im religiösen Sinne ›erlaubt‹, gilt. Was wiederum nur ein kleiner Ausschnitt von dem ist, was die Welt ausmacht. Die eigentlichen Erscheinungsformen des Irdischen sind nach diesem Verständnis nichts weiter als ein Material, das dazu bestimmt ist, gegebenenfalls beseitigt, aus dem Blickfeld entfernt und verschleiert zu werden.

2

Was jedoch bedeutet »Wahrheit« innerhalb eines nicht-religiösen Textes?

Eine solche Art von »Text« zeichnet sich – bei all seiner Aussagekraft – nicht dadurch aus, dass er die »Wahrheit« verkündet, sondern dass sich in ihm »Kreativität« manifestiert. Seine Besonderheit liegt nicht in seinem Realitätsgehalt, sondern in seiner Imaginationskraft. Wenn es überhaupt eine Wahrheit gibt, dann liegt diese im Menschen selbst, in seiner Freiheit und seiner Kreativität. Somit scheint das Gefährlichste an jenem Wahrheitstext oder an jener Textwahrheit darin zu bestehen, dass es sich um den Text eines Kollektivs, einer Gemeinschaft, eines Systems handelt. Dies bedeutet, dass Persönlichkeit und Individualität durch ihn ausgelöscht werden. Die Wahrheit ist nicht mehr eine persönliche Erfahrung, sondern ein gemeinschaftlicher ›Besitz‹.

3

Der religiöse Text ist »Schoß« und »Besitzer« der Wahrheit, ist er doch das Kernelement der drei monotheistischen Religionen. Daraus erklärt sich die Gewalt, die untrennbar mit dem monotheistischen Weltbild verbunden war und ist, seitdem dieses an den Gestaden des Mittelmeers Fuß fassen konnte. Seine Geschichte lehrt uns, dass sich das damit einhergehende Einheitsdenken nach seinem Sieg über die Pluralität sofort darangemacht hat, gewaltbasierte Systeme zu etablieren, Systeme, die analog zum himmlischen »Einen« das irdische »Eine« postulierten. Dreh- und Angelpunkt dieser Systeme ist der Tod, verstanden als Verteidigung jenes Einen und seines Textes, der Textwahrheit.

Das Diktum »Gott ist tot«, das Nietzsche aus genau jenen Gestaden hervorgeholt hat, erscheint fern der Realität. In Wirklichkeit war und ist es doch stets der Mensch, der sein Leben lassen muss. Nie war Gott in der Sprache, im Denken und in der Praxis »lebendiger« als an den südlichen Gestaden des Mittelmeers heute. Und nirgendwo auf der Welt war der Mensch jemals so sehr dem Tode geweiht, wie er es heutzutage im Schoß ferner Kultur ist.

Tatsächlich lässt sich aus der geschichtlichen Erfahrung sagen, dass der Glaube an den einzigen Gott dem Menschen nicht wie erhofft ein ethisches Bewusstsein beschert hat, das stärker ist als dasjenige, das bereits bei den Anhängern des Polytheismus vorhanden gewesen war. Dies gilt vor allem für die Ebene der Rechtsauffassung und der Respektierung des Menschen in seinem Menschsein, ungeachtet seiner wie auch immer gearteten Überzeugungen; aber auch für die Ebene der Politik, wo jedes Zugehen auf den Anderen, den Andersartigen, ob es sich nun in Gedanken, direkten Kontakten oder praktischem Handeln ausdrückt, argwöhnisch beäugt wird. Die Anhänger des Monotheismus haben das Prinzip des einen Gottes vom Himmel auf die Erde transferiert und es in ein anderes Prinzip übersetzt: das Prinzip des Alleinherrschers. Ihre Kreativität kannte wahrlich keine Gren-

zen, wenn es darum ging, Instrumente der Tyrannei zu ersin-
nen.

Um diesen Aspekt weiter auszuführen und zu beleuchten,
möchte ich hier George Steiner anführen, dessen Kernaussage
lautet: Die Wissenschaft entspricht dem menschlichen Streben nach Ordnung, Ästhetik und moralisch richtigem Verhalten viel besser, als es die Religion je vermocht hat.[1]

4

Das System der monotheistisch basierten Auslegung und der
damit einhergehenden Politik degradiert die Menschen zu
reinen Maschinen, die den religiös behafteten Diskurs mechanisch wiederzugeben haben, ohne ihn zu überprüfen, zu
hinterfragen oder genauer zu untersuchen. Es scheint diesem
Diskurs in der Praxis nicht an der Befreiung des Menschen,
sondern vielmehr an dessen Beschränkung gelegen zu sein.
Nicht Brüderlichkeit und Frieden scheint er zu predigen, sondern vielmehr Gewalt und Krieg.

Selbst in der Frage der Erkenntnisgewinnung ist der
Mensch zu einer Maschine geworden. Liegt es etwa in seiner
Natur, nur das bereits Bekannte weiterzutradieren, oder ent-
spricht es nicht vielmehr seinem Wesen, das Unbekannte zu
erforschen? Um zu erkennen, bedarf der Mensch doch einer
Meinung, die auf Vernunft und gründlicher Reflexion fußt.
Dagegen lautet das Konzept von Interpretation, das uns die
religiöse Tradition vor allem im Islam vermittelt: Wer seine
Meinung über die Religion zum Ausdruck bringt, hat un-
recht, selbst wenn er recht haben sollte. Denn Erkenntnis

[1] In: Nostalgie de l'absolue, S. 76. (Anm. von Adonis)

kann in der Religion nur durch Überlieferung erfolgen. Oder anders gesagt: Sie ist nicht in einem selbst zu finden, sondern nur im einhellig akzeptierten Text. Das heißt also, sie beruht auf Gefolgschaft und Gewissheit. Man könnte es auch so formulieren: Erkenntnis ist dieser Tradition zufolge eine Frage des Glaubens, nicht der Kritik; sie ist kollektiv, nicht individuell.

Die Fähigkeit der Erkenntnis setzt beim Menschen auch die Fähigkeit des Zweifelns voraus. Er muss zunächst die Form und den Gegenstand der Erkenntnis in Erfahrung bringen, muss herausfinden, ob eine solche Erkenntnis überhaupt möglich ist, und wenn ja, welche Grenzen dieser Möglichkeit gesetzt sind.

Die Überlieferung ist ein Instrument. Und ein Instrument hat keine Gegenwart, denn sobald es auftaucht, wird es zu einer Vergangenheit. Es ist Gegenwart ohne Präsenz. Seine zeitliche Dimension bezieht es aus permanenter Wiederholung. Dadurch macht es sich zum Herrscher über alles, was in Bewegung ist, und hält es im Zaum. Wenn wir auf den Verstand horchen, dann wird dieser uns sagen: »Man kann nicht zweimal im gleichen Fluss schwimmen, wie es schon bei Heraklit heißt.« Doch sofort ruft uns das Instrument zu: »Keineswegs, das Instrument kann ohne Ende im selben Text schwimmen.«

Die Erkenntnis ist nämlich eine fortwährende Explosion, während das Instrument der Überlieferung ein in sich geschlossenes System darstellt.

Dialog / Toleranz

Das Wort vom Dialog zwischen den Religionen, den Kulturen oder Zivilisationen geht mir aus vielerlei Gründen nicht leicht von den Lippen – vor allem, weil die religiöse Praxis, wie sie in den drei monotheistischen Religionen vorherrscht, eine Kluft zwischen der Religion und dem Menschen schafft, die immer breiter und tiefer wird. Mir scheint, dass diese Praxis ein immer neues großes Hindernis bildet für die Beziehung des Menschen zu sich, zwischen dem Menschen und der Wahrheit und zwischen Mensch und Mensch.

Man sieht das insbesondere auf der politischen Ebene, wo diese Praxis fortwährend dazu dient, die unerschütterliche Allianz zwischen dem Instrument der Religion und dem Instrument des Krieges zu affirmieren. Selbst das Konzept »Gott« verwandelt sich dabei in ein Instrument, und die Vorstellung vom Staat als einem sozialen Gemeinwesen verblasst. An seine Stelle treten neue Assoziationen: der Staat als Kleriker, als Würdenträger, als General, als Kapital, als Autorität. Die drei Monotheismen erscheinen dabei als Negierung einer Vorstellung, die »Gott« mit einem vollkommenen und absoluten Ethos gleichsetzt und sich auf die menschliche Freiheit beruft. Die Geschichte ist aus Sicht jener Monotheismen nichts als eine Aufeinanderfolge göttlicher Emanationen und Erscheinungen, welche sich in Personen und Ereignissen manifestieren.

Von daher steht zu befürchten, dass meine Ausführungen über den Dialog zwischen diesen Religionen die Gefühle der Gläubigen verletzen könnten – was natürlich nicht meine Absicht ist, denn es ist mir gerade ein Anliegen, den wie auch immer gearteten Glauben eines jeden freien Individuums zu respektieren und dessen volles Recht darauf zu verteidigen.

Ich möchte noch als zweiten Aspekt hinzufügen, dass ich der Aussage zuneige, das eigene Bewusstsein könne erst dann eine wirklich profunde und kreative Dimension in menschlicher und geistiger Hinsicht annehmen, wenn es versucht, sich in das Bewusstsein des Anderen hineinzuversetzen. Das Ich ist eine kontinuierliche Reise zu sich selbst über den Weg des Anderen. Man könnte auch sagen: Das Ich wird erst dann zum Selbst, wenn es zum Anderen wird. Zu dieser Definition passt der Sufi-Ausspruch: Ich bin nicht ich. Daraus ergibt sich, was im negativen wie im positiven Sinne die Relevanz des Dialogs ausmacht.

Negativ insofern, als dass der Dialog manchmal nur in einer Maskerade besteht, also auf eine Art von Heuchelei hinausläuft. Hierbei handelt es sich um einen äußerst vielschichtigen Aspekt, der intensiver Beschäftigung und Reflexion auf philosophischer, politischer und gesellschaftlicher Ebene bedarf.

Positiv insofern, als dass er zum einen demaskierend wirken, zum anderen ein lebhaftes Forum für die Vervollkommnung von Denken und praktischem Handeln bieten kann.

Bleibt eine Frage, die ich folgendermaßen formulieren möchte: Wie können wir die Diskrepanz zwischen dem

Wunsch, aus dem der Dialog erwächst, und der Wahrheit, die dieser Dialog anstrebt, überwinden? Zumal in Anbetracht der Tatsache, dass der Mensch durch Worte niemals seinem Wunsch wird voll und ganz Ausdruck verleihen können. Ja oftmals scheint dieser Wunsch zu einer hoffnungslosen Suche verurteilt zu sein.

Dies bedeutet, dass der Dialog seine Kraft und seine Notwendigkeit nur wird finden können, indem er sich seine Defizite eingesteht. Seine Unvollkommenheit ist für ihn Ansporn, stets weiter voranzuschreiten.

Somit blicke ich auf jene Art von Dialog in der Überzeugung, dass es in erster Linie um den Menschen geht und nicht um das Sakrale, die Religion oder die Nation. Grundsätzlich stehe ich allem, was den Menschen in ein Werkzeug oder Instrument zum Erreichen eines anderen Ziels verwandelt, ablehnend gegenüber – egal ob dieses Ziel nun im Bereich vom Sakral-Religiösen, von Nation und Staat oder von Fortschritt und Wissenschaft liegt.

Als Dichter, dessen Rüstzeug aus Poesie, Zuneigung, Freundschaft und Zwischenmenschlichkeit besteht, richte ich mein Augenmerk auf das, was es jenseits der Religionen, der heiligen Dinge und ihrer Stätte zu erblicken gibt. Morgendämmerung und Sonnenlicht, Wasser und Brot, Luft und Erde sind die Ausrüstung dieses Dichters.

2

Einen Dialog zu führen setzt voraus, dass alle Dialogpartner über etwas Besonderes verfügen, was sie dem anderen zu übermitteln haben. Denn Dialog bedeutet nicht nur Zuhören und Annehmen, sondern in erster Linie Geben. Was haben wir Araber dem Anderen zu geben, während wir von ihm nehmen?

In früheren Zeiten hatten wir sehr wohl etwas zu geben, und andere nahmen sich davon, um darauf aufzubauen, integrierten es in ihre Kulturen, machten es zu einem Teil ihrer Wissenswelten. Doch das ist vorbei. Haben wir heutzutage irgendetwas Neues zu bieten? In Philosophie, in Wissenschaft, in Technik? In puncto demokratische Freiheiten und Menschenrechte? In den schönen Künsten und Geisteswissenschaften?

Tatsächlich stellt sich die Problematik des Dialogs heutzutage in erster Linie für die arabische Seite: Wer sind wir heutigen Araber eigentlich? Wollen wir uns immer nur auf jene weit zurückliegende Geschichte, auf jene ferne Vergangenheit reduzieren lassen? Falls ja, würde dies unsere vollkommene Nicht-Präsenz bezeugen. Es würde bedeuten, dass wir quasi nur noch als Phantome oder Gespenster am Dialog teilnehmen. Denn welchen Bezug haben wir heutigen Araber zu einer Vergangenheit, die nicht mehr existiert und die auf keines der Probleme, die unsere Gegenwart aufwirft, eine Antwort gibt?

Die heutigen Araber sind nicht mehr die von gestern. Was wir von anderen übernehmen, überwiegt das, was wir von unseren Ahnen vermacht bekommen haben, bei weitem. Sollte uns nicht allein schon diese Tatsache vor Augen führen, dass wir immer noch auf etwas fixiert sind, was vorbei ist und was nicht mehr wiederbelebt werden kann? Dass wir aufhören müssen, uns essentialistisch als etwas zu betrachten, das fernab vom Prozess der Veränderung und des Werdens existiert?

Andernfalls wird unser Dialog mit dem Anderen nur dazu führen, dass wir uns erneut hinter Masken verstecken müssen.

Ein wirklicher Dialog macht Schluss mit der Maskerade, verlangt also, dass man einander mit offenem Visier entgegentritt, weil alles andere nur Heuchelei und leeres Geschwätz wäre.

Ich glaube, vor einem wirklichen Dialog zwischen den drei monotheistischen Religionen sind zwei wichtige Fragen zu diskutieren:

Erstens: Angenommen, die Menschheit hätte ihren heidnischen Weg auf der Grundlage des Polytheismus fortgesetzt und die monotheistischen Botschaften nicht kennengelernt, wie sähe dann die Welt heute aus?

Um diese Frage zu erklären und zu bekräftigen, möchte ich zunächst darauf hinweisen, dass unsere heutige Welt ja durchaus Völker kennt, die nicht an eine offenbarte monotheistische Botschaft glauben, darunter auch solche, die sogar einen gewissen Vorbildcharakter in Bezug auf Demokratie und Menschenrechte haben, wie zum Beispiel Indien oder Japan.

Was hätten nun die monotheistischen Botschaften in diesen beiden Ländern zum Besseren und Vollkommeneren in Bereichen wie Kunst, Dichtung, Philosophie, Demokratie und Menschenrechte wenden können im Vergleich zu dem, was wir heute dort vorfinden?

Des Weiteren möchte ich im Zusammenhang mit der ersten Frage darauf hinweisen, dass die Geschichte jener Monotheismen seit ihrer Entstehung bis heute eine einzige Aneinanderreihung von Kriegen, Genoziden, Rassendiskriminierungen, Diktaturen und ausgeklügelter Tötungsmethoden ist, und zwar im Namen des einen Gottes höchstselbst.

Die zweite wichtige Frage lautet: Stehen, wie man aus ihrer Geschichte ersehen kann, nicht gerade die Monotheismen für die Angst vor dem Menschen sowie vor dem Denken und dem Verstand?

3

Der Begriff *Toleranz* ist heutzutage zum wichtigsten Schlüsselwort für den Aufbau jenes Dialogs geworden. Dieses Wort verweist in der allgemein vorherrschenden Bedeutung auf das Vorhandensein eines *Irrenden* und eines *Rechtgeleiteten*, der so tut, als würde er den Irrtum übersehen. Das bedeutet, derjenige, der sich im Recht wähnt, lässt gegenüber jemandem Toleranz walten, der *unter ihm* steht, oder der ihm zumindest *nicht ebenbürtig* ist, den er als einen *Abweichler* vom *rechten Weg* betrachtet.

In diesem Sinne verweist der Toleranzbegriff darauf, dass der Tolerierende, indem er toleriert, ganz selbstverständlich davon ausgeht, sein Wissen sei dem des Tolerierten überlegen, und seine Wahrheit sei die einzig wahre, was vor allem für den Bereich der Religion gilt.

Im Zusammenhang mit Ethnien und Volksgruppen entwirft der Toleranzdiskurs das Bild von einer *Mehrheit*, die den Ton angibt gegenüber einer *Minderheit*, die dieses Kräfteverhältnis zu akzeptieren hat. Diese Minderheit genießt nicht dieselben bürgerlichen und kulturellen Rechte wie die Mehrheit. Mit anderen Worten, sie hat nicht Teil an den Rechten, die mit dem Prinzip des einen Staatsvolks innerhalb des einen Nationalstaats verbunden sind. Vielmehr verfügt sie über die Rechte, die man einer mehr oder weniger *marginalisierten* Schicht zubilligt. Dadurch kann sich die Mehrheit als Kern der Gesellschaft fühlen, als deren dominierendes Grundgerüst.

Die Minderheit dagegen wirkt wie deren Rand, wie ein Anhängsel davon. Die Beziehungen zwischen den Menschen beruhen hier nicht auf Gleichheit, sondern auf unterschiedlicher Wertigkeit, oder sie erscheinen bestenfalls als Bezie-

hungen zwischen denen, die *recht haben*, und denen, die *fehlgehen.*

So gesehen offenbart das Konzept der Toleranz in einer
Gesellschaft einen Mangel in der zivilgesellschaftlichen Struktur und einen Mangel im System des Wissens und der Ethik.
Es dient nur der Verschleierung des Vorurteils, wonach die
Menschen ungleich seien und aufgrund dessen unterschiedlich behandelt werden müssten, und welches zur Folge hat,
dass einige ausgegrenzt oder an den Rand gedrängt werden.
Ebenso verschleiert es die gängige Auffassung, die Wahrheit
gehöre nicht allen, sondern sei eine Art Privatbesitz; sie sei
keine gemeinsame Suche und die Menschheit demzufolge keine Gemeinschaft.

4

Natürlich kann die Toleranz unter bestimmten Umständen
und in bestimmten Gesellschaften das Maß an Ausgrenzung,
Unterdrückung und Mordlust mindern, aber sie ändert nichts
am Grundsätzlichen. Sie führt nicht zur Befreiung, sondern
vermittelt einem die Illusion, die Knechtschaft sei nicht mehr
so erdrückend. Eine solche Toleranz ist nicht menschlich,
sondern stellt lediglich einen Gnadenakt dar. Sie ist nur ein
Rauschmittel, das durch seine permanente Anwendung zur
Lähmung der Gesellschaft und ihrer Vitalität führt, den Fortschritt bremst und den schrittweisen Aufbau einer humanen
Gesellschaft verlangsamt, in der Menschlichkeit und gleiche
Rechte unterschiedslos gewährleistet sind. Das Gerede von
Toleranz dient in einem solchen Fall nur dazu, die Unterschiede zwischen der Mehrheit und der Minderheit aufrecht-
zuerhalten, indem man sie mit der Schminke der Heuchelei

kaschiert. Mit anderen Worten, es verfestigt nur das, was man eigentlich aufbrechen und überwinden müsste.

Toleranz ist also kurz gesagt für die Gleichheit wie ein Schleier, den es wegzureißen gilt.

5

Im Konzept der Toleranz steckt ein grundsätzlicher Fehler. Es kann also nicht darum gehen, unbeirrt zu versuchen, diesen Fehler auszubügeln. Vielmehr gilt es, ihn komplett zu beseitigen. Dies kann nur gelingen, indem sich eine Form von Demokratie etabliert, in der alle gleich sind. Denn Gleichheit, nicht Toleranz, ist der Grundpfeiler der Demokratie; nur in ihr können Freiheit und Rechtsstaatlichkeit zur Geltung kommen. Und das Gesetz, welches die Rechte und Freiheiten schützt, ohne irgendwie geartete, von einer religiösen oder ethnischen Mehrheit diktierte Privilegien zu akzeptieren.

Die Toleranz scheint mir also vor allem in ihrer heutzutage praktizierten Form eine Tarnung zu sein, die zudem zur Schaffung einer Pseudo-Globalisierung beiträgt; *pseudo* deshalb, weil sie an der Ungleichheit und der Hierarchisierung der Menschen festhält, während es doch dem menschlichen Bedürfnis entspräche, auf die Durchsetzung von Gleichheit hinzuarbeiten. Gleichheit wiederum kann nur existieren, wenn sie fest in der Freiheit verwurzelt ist und ohne Wenn und Aber die Menschenrechte anerkennt. Sonst ist die Globalisierung nichts als eine andere Form von Hegemonialstreben.

6

Um einem naturgemäßen, menschenwürdigen Leben gerecht zu werden, müssen wir das Konzept der Toleranz überwinden und stattdessen das Konzept der Gleichheit durchsetzen – womit ich einen zivilgesellschaftlich-demokratischen Lebensentwurf meine. Dies setzt allerdings zuallererst die konsequente Trennung zwischen Religion und Politik voraus. Der christliche Westen hat eine solche bis zu einem gewissen Grade bereits vollzogen. Ist dies auch im Judentum (konkret in Israel) und im Islam denkbar? Anders gefragt, ist eine Trennung zwischen Torah und Koran auf der einen und dem politisch-zivilgesellschaftlichem Leben auf der anderen Seite in Israel und den islamischen Gesellschaften vorstellbar?

7

»Sprich: ›Er ist Gott, der Eine, / Gott, der Beständige, / er zeugte nicht und wurde nicht gezeugt, / und keiner ist ihm ebenbürtig.‹«[1] So befiehlt es der koranische Text jenen, die an die islamische Offenbarung glauben. Alles, was sie tun müssen, ist zuerst zu glauben, bevor sie denken. Denken hat nur einen einzigen Zweck: diesen Glauben zu bekräftigen und zu verteidigen. Nicht jedoch, an ihm zu zweifeln oder ihn zu hinterfragen. Das Denken wird durch die Entscheidung des Menschen zur Religiosität an die Leine genommen, und mit ebendieser Entscheidung bindet der Denker auch den Wörtern, mit denen er seinem Denken Ausdruck verleiht, Stricke um den Hals.

---

[1] Sure 112, hier zitiert in der Übersetzung von H. Bobzin.

Die Grundlage für seine monotheistische Vision bezieht der Koran aus der Torah. In beiden Texten finden wir auf theoretischer Ebene das Konzept der Einheit Gottes. Auf zwei Unterschiede sei allerdings hingewiesen:

Der erste Unterschied besteht darin, dass das Judentum eine Einheit zwischen Gott und seinem Land herstellt. So bilden das *eine* Land Israel und der *eine* Gott eine untrennbare Einheit. Im Islam dagegen kommt dem Land nur die Rolle einer Brücke ins Jenseits zu.

Der zweite Unterschied ergibt sich aus der Tatsache, dass die Torah die Juden als ein von einem besonderen Gott auserwähltes, besonderes Volk beschreibt. Zwar betrachtet der Islam die Gemeinschaft der Muslime ebenfalls als »vortrefflichste Gemeinschaft, die dem Menschen zuteil ward« (Sure 3, 110), doch ist der Gott der Muslime nicht jemand besonderem zu eigen, sondern gehört der gesamten Menschheit.

Abgesehen davon übernimmt der Koran alles, was in der Torah bezüglich der Propheten und des religiösen Gesetzes geschrieben steht, und ruft zum Glauben an jenes Gesetz und jene Propheten auf, die er als Gesandte Gottes betrachtet und zwischen denen er keine Unterschiede macht. Ja der Koran übernimmt sogar bis ins Detail einige Berichte der Torah, die jedwedem rationalen Empfinden widersprechen.

8

Es kann kein Zweifel mehr daran bestehen, dass unter anderem die Konstituierung des Staates Israel auf religiöser Grundlage, die in seinen Grundgesetzen zu findende Definition als »jüdischer Staat« und sein Umgang mit den Palästinensern dazu beigetragen haben, dass es auf islamischer Seite zu einem religiösen »Erwachen« in seiner politisch-radikalen Form kam sowie zur Entstehung fundamentalistisch-extremistischer Bewegungen. Die arabischen Gesellschaften sind teilweise dabei, die Sphäre der weltlichen Konflikte, wie sie in den vergangenen zwei Jahrhunderten bestimmend waren, zu verlassen und in die Sphäre religiöser und konfessioneller Auseinandersetzungen einzutreten. Demnach lassen sich zwei Hauptmerkmale jenes »Erwachens« festmachen: einerseits das Phänomen der Gewalt (einhergehend mit einem fast völligen Ausblenden der großen spirituellen Erfahrungen) und andererseits das Verlangen nach einer Herrschaftsform, die die Religion zu einem reinen Instrument degradiert, zu einer rein quantitativ-materiellen Kraft.

9

Die vom religiösen Einheitsdenken ausgehende strukturelle Gewalt ist heutzutage das größte Problem für die Geisteswelt und das künstlerische Schaffen, nicht nur auf der Ebene der Auseinandersetzung zwischen der arabisch-islamischen Welt und Israel, sondern auch auf globaler Ebene. Hat die moderne Technik den Menschen zum Gefangenen einer materialistischen Maschinerie gemacht, der verzweifelt versucht, die Kontrolle über diese zu erlangen, so ist die dem Einheitsdenken innewohnende Gewalt eine weitere, äußerst komplexe Art von Technik, die den Mensch gewissermaßen zum Sklaven eines absoluten religiösen Textes macht, den er nicht mehr zu lesen oder in die Praxis umzusetzen versteht, außer durch Anwendung von physischer Gewalt.

Auf diese Weise kommt ein Zweckbündnis zustande zwischen der Technik als dem Instrument der materiellen Gewalt einerseits und dem religiösen Einheitsdenken als dem Instrument der geistigen Gewalt andererseits. Es handelt sich dabei um ein Bündnis, das als Zweckbündnis zwangsläufig gegen den Menschen, gegen das Geistesleben und das künstlerische Schaffen und speziell gegen die Dichtung gewandt ist. Und zwar deshalb, weil die Dichtung ein herausragender Ort der Verwandlung der Sprache und damit der Verwandlung des Lebens in eine heterogene, pluralistische und hybride Richtung ist, indem sie es hin zu einer zusammengesetzten, synkretistischen, ineinander verflochtenen Kultur verändert. Es geht ihr dabei um die Schaffung eines vielseitigen, solidarischen und geistig offenen Menschen, der im Kontrast zu seinem religiös verbohrten, engstirnigen Pendant steht. Die Qaside ist, auf dieser Ebene betrachtet, eine hochentwickelte Form der Sprache und eine ebenso hochentwickelte Form des Lebens.

10

Was die theologische Ebene anbelangt, so werden die Vertreter des religiösen Einheitsdenkens nicht müde, von Gottes permanenter Präsenz auf Erden zu sprechen. Das zwingt sie in Anbetracht der geschichtlichen Tatsachen zu akzeptieren, was diese Position auf praktischer, kultureller und menschlicher Ebene an Folgen mit sich bringt. Jene Präsenz scheint allerdings in der Realität »konfessionsspezifisch« zu sein und nicht so sehr die ganze Menschheit zu umfassen. Denn es handelt sich um eine Präsenz, die sich aus der Natur der jeweiligen religiösen Ansichten in den monotheistischen Religionen ergibt. Jede dieser Religionen beruht auf dem Anspruch, dass nur *ihr* Prophet die endgültige Wahrheit gesprochen habe. Eine solche Position impliziert die Negierung anderer Wahrheiten und führt, theologisch gesehen, zu einer Fixierung auf das Eigene, indem sie eine direkte Verbindung zwischen der göttlichen Offenbarung und einer bestimmten menschlichen Gruppe als dem Adressaten jener Offenbarung herstellt. Dadurch grenzt sie sich von der Vorstellung eines der ganzen Menschheit gemeinsamen Seins und Werdens ab. Damit widersprechen und negieren sich die monotheistischen Religionen gegenseitig in Bezug auf ihr Konzept von Gott. Jede von ihnen projiziert die göttliche Präsenz allein auf die Vergangenheit, so dass Gott nur in seinem früheren Wirken präsent ist und somit zu einem Teil des Vergangenen wird: Er existiert nur noch als Sprache.

So kommt es, dass sich alle Anhänger der monotheistischen Religionen die Vergangenheit und ihre jeweiligen prophetischen Überlieferungen in Worten und Taten zum absoluten Referenzpunkt nehmen. Die Zukunft ist nichts weiter als eine Wiederholung jener Vergangenheit – und damit auch eine Perpetuierung des gegenseitigen Widersprechens und Negierens.

Zur Verdeutlichung möchte ich die für den Islam geltende Situation heranziehen, welche sich in gewisser Weise auch auf die Situation in Israel anwenden lässt. Damit ist folgende Frage verbunden: Ist die arabisch-islamische Welt von ihrer religiösen Ausrichtung her überhaupt fähig, sich zu demokratisieren? In Bezug auf das Judentum könnte man die Frage folgendermaßen formulieren: Ist Israel in seiner Eigenschaft als »jüdischer Staat« fähig zu einer Demokratie, die die Gleichbehandlung von Juden, Muslimen, Christen und sonstigen Konfessionen ermöglicht?

Was den Islam betrifft, so wird die genannte Frage vergeblich einer Antwort harren, solange sich nicht der islamische

»Blick« ändert. Denn Demokratie beruht hinsichtlich Kultur und Praxis in essentieller Weise auf Pluralität und darauf, den Anderen, den Nicht-Muslim, nicht als Dhimmi zu betrachten, sondern als Mitglied der Gesellschaft, wobei es zu einer Ausweitung der Toleranz hin zu einer völligen Gleichbehandlung kommen muss. Kern der Pluralität wiederum ist die Freiheit. Solange der islamische »Blick« beispielsweise nicht einsehen will, dass ein Muslim als Individuum völlig frei seinen Glauben wechseln beziehungsweise von ihm »abtrünnig« *(murtadd)* werden kann (um den dafür gebräuchlichen Terminus zu verwenden), ohne dass man ihn deshalb als Ungläubigen denunziert oder gar seine Ermordung für rechtens erklärt, wie soll dann der Islam demokratisch werden können?

Wie kann man von einer solchen Demokratisierung sprechen, solange der islamische »Blick« nicht einsehen will, dass Frauen auf allen Gebieten die gleichen Rechte und gleichen Pflichten wie Männern zustehen? Solange der islamische »Blick« nicht einsehen will, dass es Menschen gibt, die nicht an den Islam glauben, ohne dass irgendjemand das Recht dazu hat, sie verächtlich und geringschätzend als Ungläubige zu bezeichnen?

Bei diesen Anmerkungen hinsichtlich der Ebene des »Blicks« möchte ich es bewenden lassen. Außerdem sei auf die konfessionellen Spaltungen hingewiesen, von denen es mit all ihrer Gewalt und ihrem Hass innerhalb des Islams selbst nur so wimmelt und die dazu führen, dass Muslime sich gegenseitig zu Ungläubigen erklären und sogar gegenseitig umbringen.

Um zu veranschaulichen, wozu die drei monotheistischen Religionen in der Realität führen können, möchte ich einen für die Gegenwart bedeutsamen Fall erwähnen, nämlich den von Jerusalem. Diese Stadt wird von allen drei Monotheismen als heilig betrachtet, und trotzdem scheint es unter den Städten der Erde kaum eine andere zu geben, in der so viel Feind-seligkeit, Kriegslust und Obskurantismus herrschen. Nietz-sches Diktum vom Tod Gottes trifft auf das heutige Jerusalem gewiss nicht zu. Vielmehr ist der Mensch hier der Todge-weihte: Er ist es, dessen Menschenwürde missachtet und dem sein Leben genommen wird, und das ausgerechnet im Namen Gottes. Dieser ist gewissermaßen der Einzige in Jerusalem, der noch »am Leben« ist – allerdings nur in seiner Eigenschaft als Kriegsherr und Stammesführer. Der Fromme ist hier nur mehr ein Roboter, der in Gottes Namen in Gang gesetzt wird, um für seinen »Stamm« in den Krieg zu ziehen.

Nein, die Menschheit kann, wie Theorie und Praxis erwie-sen haben, nicht zu einem brüderlichen Miteinander gelan-gen, solange sie es nicht schafft, sich von diesem monotheisti-schen Welt- und Menschenbild freizumachen.

II

Beim Lesen jener Schriften, welche von den drei Monotheis-men als heilig betrachtet werden, überkommt mich das Ge-fühl, als bewegte ich mich innerhalb einer engen, ummauerten Welt, die mich negiert und mich gleichzeitig dazu zwingt, den Anderen zu negieren. Ich fühle mich wie ein Gefangener meiner eigenen Sprache, komme mir vor, als würde mein Leben lang darüber gewacht, dass ich ja in meiner Zelle bleibe, dass mir ein Ausbruch, also eine geistige Reifung, als ein Ding der Unmöglichkeit erscheint. Es ist mir, als könnte ich nie erwachsen werden, das Alter der Mündigkeit, des Zweifelns, des Hinterfragens, des Suchens erreichen. Als wäre ich ge-fangen in einem vorgefertigten Glauben, in einem sich uner-müdlich wiederholenden Ritus.

Angesichts dessen kommt mir alles Kulturelle auf die Kultur des göttlichen Gesetzes reduziert vor – eine Kultur des Befehlens und Verbietens. Ein Eindruck, der sich noch verstärkt, wenn ich mich zur der Frage durchringe: Wer bin ich, was macht meine Kultur aus? Denn dann stellt sich für mich heraus, dass jenes Einheitsdenken keine Antwort auf meine existentiellen Fragen zu geben vermag, Fragen über mich selbst, den Anderen und die Welt. Im Gegenteil, es blockiert mich, lässt mich verstummen, so als wäre es ein Käfig, hinter dessen Gittern jedes Leben und jede Kreativität erstarrt ist.

Es gibt also in diesem religiösen Einheitsdenken stets eine Leerstelle oder etwas, was getilgt wurde. Demzufolge fehlt dieses Etwas auch sprachlich, verarmen also zugleich Sprache und Erkenntnis, verarmt auch der Mensch selbst.

Wenn die Wahrheit aus der Erkenntnis (verstanden als ein existentielles Fragen) gewonnen wird, dann steht es zwangsläufig im Widerspruch zum Wesen des Menschen, wenn die Religion ihm die Wahrheit von außen aufzwingt und zu einer Frage von bedingungslosem Glauben macht.

Ich kann mir und meinem Menschsein nur durch eine völlige Abkehr vom religiösen Einheitsdenken gerecht werden, dabei einen Ausspruch Martin Bubers beherzigend, wonach jede Religion »erkennen [muss], dass sie nur eine der Gestalten ist, in denen sich die menschliche Verarbeitung der göttlichen Botschaft darstellt, – dass sie kein Monopol auf Gott hat; jede muss darauf verzichten, das Haus Gottes auf Erden zu sein, und sich damit begnügen, ein Haus der Menschen zu sein.«[2] Und ein weiterer Gedanke treibt mich dabei

---

[2] Das Zitat lautet im Zusammenhang: »Die Religionen müssen zu Gott und seinem Willen demütig werden; jede muss erkennen, dass sie nur eine der Gestalten ist, in denen sich die menschliche Verarbeitung der

um: Unsere Zerstörung der Erde im Namen des Himmels muss ein Ende haben.

12

Im Folgenden möchte ich meine bisherigen Ausführungen zuspitzen. Dabei gehe ich davon aus, dass der sogenannte Dialog zwischen den Zivilisationen oder den Religionen unter Zugrundelegung eines sehr beschränkten Horizonts geführt wird. Dies kommt daher, weil jede der an ihm beteiligten Parteien eine Position vertritt, die der religiösen Identität Vorrang vor der Identität als Mensch einräumt. Damit verbunden ist der Anspruch der jeweiligen Partei, dass nur sie im Besitz der absoluten Wahrheit ist und dass alle anderen mehr oder weniger stark von ihr abweichen.

1. Für das Judentum spielt der Glaube an die Zugehörigkeit zu einem Volk, das Gott vor allen anderen Völkern auserwählt hat, eine wichtige Rolle. Der Glaube an dieses Auserwähltsein macht aus Gott selbst einen besonderen Gott für ein besonderes Volk. Wie soll nun ein religiöser Dialog mit einer Gemeinschaft vonstattengehen, welche einer solchen religiösen Überzeugung anhängt? Handelt es sich doch um eine Überzeugung, die blinde Gefolgschaft und

göttlichen Botschaft darstellt, – dass sie kein Monopol auf Gott hat; jede muss darauf verzichten, das Haus Gottes auf Erden zu sein, und sich damit begnügen, ein Haus der Menschen zu sein, die in der gleichen Absicht Gott zugewandt sind, ein Haus mit Fenstern (…)« Aus: Martin Buber, Nachlese, (Fragmente über Offenbarung, C.), Heidelberg 1966, S. 99. (Anm. d. Hrsg.).

Einhaltung ihrer Lehren verlangt. Als Dialogpartner haben wir hier auf der einen Seite den zum Herrschen Auserwählten und auf der anderen Seite denjenigen, der der Führung und Rechtleitung bedarf. In gewissem Sinne fühlt man sich an den berühmten sumerisch-babylonischen Dialog erinnert: einem Dialog zwischen Herren und Sklaven.

2. Das Christentum geht von dem Glauben aus, dass Gott nicht einfach ein Punkt außerhalb der Welt ist, sondern sich vielmehr in der Welt manifestiert. Gott kann menschliche Gestalt annehmen. Er ist ein Gott, der am Kreuz starb, um den Menschen zu erlösen. Dieses Verständnis steht in einem fundamentalen Gegensatz zum jüdischen Gottesbild:

   – Im Judentum steht Gott seinem Volk bei, ist ein Kriegsherr, der um seines Volkes willen zu töten befiehlt.
   – Der christliche Gott hingegen *wird* getötet, er gibt sein Leben für die Menschheit. Dies ist eine totale Negierung des jüdischen Gottesbildes, beide Sichtweisen schließen sich gegenseitig aus. Zwischen zwei Gegenpolen kann es keinen Dialog geben.

3. Das Gottesbild im Islam ist absolut, so wie im Judentum, doch handelt es sich um einen barmherzigeren und empathischeren Gott, wenn auch der koranische Text, ähnlich wie die Torah, das Bild eines kriegerischen Gottes entwirft.
   Hinzu kommen drei Aspekte, die die Situation im Islam um einiges komplexer erscheinen lassen:
   a. Die Muslime glauben, dass der Prophet Mohammed das Siegel der Propheten ist, dass es nach ihm also keinen weiteren Propheten geben kann.

b. Infolgedessen glauben sie, dass die ihm herabgesandte Offenbarung die endgültige Wahrheit enthält. So wie die islamische Prophezeiung das Ende aller Prophezeiungen ist, so sind die von ihr übermittelten Wahrheiten das Ende aller Wahrheiten. Sie sind absolut, definitiv und vollkommen.

c. Somit ist ein Muslim nach dieser Offenbarung nicht mehr berechtigt, erkenntnisrelevante Fragen zu stellen, die mit diesen Wahrheiten im Widerspruch stehen. Vielmehr hat er diese zu deuten, nach ihnen zu leben und sie anderen zu predigen. Zumal er ebenso wie die Juden zur »vortrefflichsten Gemeinschaft, die dem Menschen zuteil ward«, gehört.

Theologisch gesehen schließen alle diese Monotheismen einander aus. Wie also sollen sie angesichts dieses gegenseitigen Negierens in einen Dialog miteinander treten?

In Anbetracht dessen, dass es auf theologischer Ebene keinen Dialog geben kann, verwundert es nicht, dass die theologischen Traktate jeder monotheistischen Religion voller Vorurteile gegen die anderen Religionen stecken. Selbst wenn sich einmal eine von ihnen tolerant zeigt, tut sie es in dem Bewusstsein, im alleinigen Besitz der Wahrheit zu sein, aber dennoch anderen die Ausübung ihres Glaubens zu gewähren. In der Toleranz liegt ein Überlegenheitsgefühl, das beinahe an Rassismus grenzt. Die Menschen brauchen Gleichheit, keine Toleranz.

Kurz gesagt:

Nicht der Muslim zähmt den Koran mit seiner Vernunft, sondern der Koran zwängt dem Muslim seine Logik auf. Ebenso verhält es sich mit der Torah im Judentum.

Ein humaner, schöpferischer Dialog ist nur möglich, wenn man sich von den theologischen Vorurteilen frei macht, aus denen sich wiederum die politischen und gesellschaftlichen Vorurteile speisen. Außerdem muss zwischen beiden Seiten Gleichberechtigung herrschen. Dies macht es erforderlich, die Frage nach der Beziehung zwischen den Religionen völlig neu zu stellen. Jeder der Monotheismen ist angehalten, sein Welt- und Menschenbild einer Prüfung zu unterziehen.

Andernfalls wird Dialog nie mehr sein als kultiviertes Geplänkel, ob nun über Politik oder über Gesellschaftliches, und seine Sprache nichts weiter als leeres Geschwätz.

Die menschliche Existenz geht der Religion voraus. Dialog hat also auf interpersoneller Ebene stattzufinden und muss humane und kulturelle Aspekte beinhalten. Nur so kann er sich dem Ziel eines besseren Zusammenlebens in einer besseren Welt verschreiben.

Zur Erneuerung im Islam

Ich beginne mit der Frage nach dem jeweiligen Wahrheits-
begriff in Dichtung und religiöser Offenbarung, denn darin
liegt ein wichtiger Schlüssel zum Verständnis der Erneuerung
im Islam.

Zunächst also zur Dichtung: Was machte im Bewusstsein
der Araber – insbesondere in vorislamischer Zeit – überhaupt
einen Dichter aus? Die Antwort lautet aus meiner Sicht: Er
beschränkte sich nicht darauf, einer zu sein, der fühlt oder
weiß, was andere nicht fühlen oder wissen, wie es oft heißt,
sondern war weit mehr: jemand, der die Grenzen zwischen
der Welt des Sichtbaren und der des Unsichtbaren durch-
brach, der in Anspruch nahm zu sehen, was andere nicht sahen.
Seine Kenntnis des Unsichtbaren bezog er nicht aus sich selbst
als natürliche Person, sondern aus seiner Verbindung mit über-
natürlichen Personen oder Kräften – den Dschinnen. Die
Dichtung war also nicht einfach nur eine sprachlich-rhetori-
sche Kunst, sondern zusätzlich ein wundersames Wissen, das
sich direkt aus der Sphäre des Übersinnlichen und des Unbekannten herleitete, vermittelt durch wundersame Wesen.
Diese Beziehung zwischen dem Dichter und der Welt der
Dschinnen war eine ganz besondere, die unter allen Menschen einzig und allein dem Dichter vorbehalten war. Jeder

Dichter hatte seinen speziellen Dschinn, den er seinen »Gefährten« nannte, was an den Beinamen erinnert, der Abraham von Gott verliehen worden war: *Khalil Allah* (›Gefährte Gottes‹), ähnlich wie später bei Moses, der den Beinamen *Kalim Allah* (›Sprachrohr Gottes‹) trug.

Selbst nachdem der Islam die Bühne betreten hatte, sprach man von der Dichtung noch wie von einer Offenbarung, die auf den Dichter »herabkommt«. So heißt es etwa bei Hassan Ibn Thabit:

> *So mancher Reim, der ernst die Nacht erfüllte,*
> *Kam zu mir nieder aus den himmlischen Gefilden.*

In diesem Zusammenhang erscheint es einleuchtend, warum »Dichter« die trefflichste Bezeichnung war, die die Araber für den Propheten Mohammed finden konnten, und inwiefern die Dschinnen als Quelle oder Inspiration der Offenbarung zu verstehen sind: »Und sie stellten zwischen Ihm und den Dschinnen eine Verwandtschaft her« (Sure 37, Vers 158). »Und sie sagten: Sollen wir denn wahrlich unsere Götter verlassen wegen eines besessenen Dichters?« (Sure 37, Vers 36). Das arabische Wort für ›verrückt‹ *(madjnun)* bezeichnete ursprünglich eine von Dschinnen besessene Person, einen, der »von einem *djinn* umhüllt ist«. Zwischen der koranischen Offenbarung und der poetischen Inspiration besteht in der Tat eine Reihe von Ähnlichkeiten, auch wenn der Koran betont, der Prophet sei kein Dichter, sei also nicht von Dschinnen »besessen« oder »ergriffen« wie dieser.

Der koranische Text bezeichnet den Islam, dabei der genannten Ähnlichkeit Nachdruck verleihend, als *fitra,* also als natürliche Veranlagung, so wie auch die Dichtung bei den Arabern als ein natürliches Talent betrachtet wurde.

Der Islam ist also die wahre Natur des Menschen, mit ihm geht die absolute Wahrheit einher. Er hebt somit alles auf, was vor ihm war. Dies äußert sich darin, dass allein die Offenbarung, nicht aber die Dichtung, den Sinn der Existenz und gleichzeitig den des Übersinnlichen zu enthüllen vermag.

Während die Araber in vorislamischer Zeit das Übersinnliche noch in der Welt der Dschinnen verortet hatten, brachte der Islam die Botschaft: Gott ist es, der das Übersinnliche und somit auch die Dschinnen erschaffen hat. Und er, der Schöpfer, ist es auch, der dem Propheten die Offenbarung herabgesandt hat. Sein Prophet ist nicht »besessen« wie der Dichter. Und folglich kommt seine Offenbarung von Gott, nicht von den Dschinnen.

Auf diese Weise wurde die Wahrheit einzig und allein in der religiösen Offenbarung verortet, während deren Verkündigung allein dem Propheten vorbehalten war. Davon ausgehend bildete sich eine neue Sichtweise auf den Dichter und auf die Dichtung heraus. Der Dichter wurde zu einem »Abtrünnigen« und die Dichtung zu einem »Vergehen«. Ja, mehr noch: Aus dem Dichter wurde ein »Frevler«, dem seine Dichtung vom »Satan« eingegeben wurde: »Soll ich euch kundtun, auf wen die Satane herabkommen? Sie kommen auf jeden frevlerischen Lügner herab« (Sure 26, Vers 221 f.).

Der Islam hat die Dichtung nicht abgeschafft, doch er hat ihr Konzept und ihre Rolle verändert, indem er sie seinem System unterworfen hat. Dichtung war fortan nicht mehr »wahr«, sie verkündete nicht mehr die »Wahrheit«. Ihre Rolle beschränkte sich nun darauf, der Religion auf die eine oder andere Weise zu dienen. Anders gesagt: Sie war keine Grundlage für Erkenntnis und Ästhetik mehr.

Somit läuft die religiöse der poetischen Offenbarung den Rang ab, und sie tut dies in der Sprache der Dichtung selbst:

in einer Sprache, die bereits vor der Herabkunft der Offenbarung existiert hatte: dem Arabischen. Die Offenbarung lehrt also den Glauben, dass die islamische Botschaft die letzte göttliche Botschaft sei, den Menschen kundgetan von Gottes letztem Gesandten, dem »Siegel der Propheten«. Als solche ist sie das Siegel der göttlichen Botschaften und umfasst die endgültigen, vollkommenen, letzten Wahrheiten auf allen Gebieten: An ihr ist nichts veränderbar, und von ihr ist keine Abweichung möglich.

Trotzdem erlangte die Dichtung schon bald wieder ihren festen Platz und ihren Rang zurück, nachdem sie diese in der Zeit der Verkündigung des Islams vorübergehend eingebüßt hatte. Außer bei religiösen Themen und abgesehen von gewissen Grenzen, die ihr von der Religion vorgegeben waren, erlebte sie seit der Zeit der Umayyaden eine regelrechte Blüte. Die Poesie blieb somit eine parallel zur religiösen Sphäre existierende Strömung, die sich ihr nicht unterwarf, und ohne einer Tabuisierung oder einer Unterdrückung ausgesetzt gewesen zu sein, von Einzelfällen abgesehen.

Der Vollständigkeit halber möchte ich hier auf einige Aspekte verweisen, ohne deren Einbeziehung eine Untersuchung der Erneuerung im Islam gar nicht möglich ist. Darunter beispielsweise die Tatsache, dass die arabische Sprache ein Instrument zur Übermittlung einer göttlichen Offenbarung war, die bereits vor dem Islam in Form anderer Prophezeiungen erfolgt war. In diesem Sinne ist sie als »Zweitsprache« zur Übermittlung einer göttlichen Offenbarung zu betrachten, die zuvor in einer »Erstsprache« herabgekommen war.

Der arabische Islam hat also einen »ausländischen«, einen »nicht-arabischen« Ursprung, der sich in seiner Berufung auf Abraham (arab. *Ibrahim*), den Stammvater der Hebräer, zeigt. Dessen Botschaft und die seiner Nachkommen waren nicht auf Arabisch, sondern auf Hebräisch verfasst und liegen in Form eines nicht-arabischen Buchs, der Torah, vor. So kommt es, dass der Islam seinen Ursprung in der monotheistischen Lehre der Torah, ihren Propheten und ihren Gesetzen sowie in Abraham den Patriarchen der Araber sieht, und das, obwohl er selbst gar nicht Araber war.

Hier ist vielleicht ein Exkurs vonnöten: Den eben genannten »Ursprung« könnte man auch den »Vorläufer« oder – in der Sprache Freuds – den »Vater« nennen. Der »Sohn« erbt in diesem Fall nicht nur den Charakter, sondern auch die Ideenwelt und die Art zu denken. Kompliziert wird die Sache im Islam der Araber dadurch, dass der »Vater« sich aus drei »Vätern« zusammensetzt:

1. dem abrahamitischen Vater (= das Judentum und das Christentum).
2. dem arabischen Vater (= die vorislamische Kultur, die Sprache und Stammeswesen einschließt).
3. dem islamischen Vater (= das Siegel der Propheten und der Prophezeiungen, das endgültige Wort Gottes, die endgültige Wahrheit)

Diese Konstellation lässt die Vorstellung vom »Töten des eigenen Vaters« als etwas dem Islam Fremdes erscheinen. Anders ausgedrückt: Es scheint, als hätte das Konzept der Erneuerung im Islam als Text keinen Platz.

Um das völlige Sich-Verschließen gegenüber diesem Konzept zu verstehen, sollten wir uns Begriffe wie »die endgültige Botschaft«, »das endgültige Wort Gottes«, »die letzte endgültige Wahrheit« vergegenwärtigen, aus denen die Überzeugung spricht, dass Gott selbst die drei monotheistischen Religionen offenbart hat und dass seine Offenbarung ihre höchste Stufe der Vollendung in dem erreichte, was er seinem letzten Boten, dem Propheten Mohammed, offenbarte.

Die Wahrheit liegt also der islamischen Sichtweise zufolge in der Offenbarung, im koranischen Text. Sie ist felsenfest und endgültig. Ihre Aussagen wurden ein für alle Mal gemacht. Demzufolge ist sie, als Glaube oder Weltanschauung, zwangsläufig von allgemeiner Gültigkeit. Es gibt in ihr keinen Bruch: Ist sie doch heute und morgen und bis in alle Ewigkeit so, wie sie schon von Anfang an war.

In diesem Sinne ist die religiöse Wahrheit im Islam eng mit dem Konzept der »Umma«, der Gemeinschaft der Gläubigen, verbunden. Die »Umma« ist nach traditionellem, »fundamentalistischem« Verständnis eine Einheit: Sie ist homogen strukturiert, wie ein »festgefügtes Gebäude«. Es handelt sich bei ihr um eine Einheit, die keinen Raum bietet für Richtungsvielfalt und für politisch-ideologischen Pluralismus. Deshalb gilt jede Abweichung von dem, was innerhalb der »Umma« Konsens ist, als Abspaltung von ihr. Jeder Abweichler ist auf die eine oder andere Weise aus der Gemeinschaft auszustoßen. So konvergieren im Herzen dieses homogenen Gebildes das Göttliche und Religiöse mit dem Sakralen und dem Politischen.

Die Betrachtung der »Umma« als eine uniforme, hermetische Einheit liefert die Grundlage für jene Gewalt, welche in der arabisch-islamischen Gesellschaft von ihrem Beginn an mit dem Politischen einherging. Es handelt sich um eine Gewalt, die zu der Behauptung berechtigt, die göttliche Wahrheit basiere selbst auf Gewalt. Zu ihr findet man nicht auf dem Wege des Suchens, des Zweifelns, der rationalen Beurteilung, des Hinterfragens und des Prüfens, sondern sie wird einem aufgezwungen. Dadurch wird sie in der Praxis zu einem Element der Tyrannei und nicht der Barmherzigkeit, des

Reflektierens und der Willensfreiheit. Hier zeigt sich, wie sehr in der religiösen Praxis des Islams der nachahmende Verstand über Kritik und Erneuerung gestellt wird.

Wenn man weiß, dass der islamische Text nicht an die Welt der Pharaonen, ans alte Griechenland, an die arabische Kultur vor dem Islam, an die sumerisch-babylonische Welt oder an die der Phönizier und Kanaaniter anknüpft, sondern wie eben dargestellt an die Welt der Torah und ihrer Propheten, dann muss man wohl zugestehen, dass man ihn nicht anders als im Lichte der Beziehung lesen kann, die zwischen ihm und der Torah beziehungsweise der durch diese verkündeten monotheistischen Lehre besteht.

Aus diesem Blickwinkel heraus lässt sich bei der Untersuchung der Verdrängung des Polytheismus durch den Monotheismus nicht übersehen, dass darauf ein neuer Konflikt folgte, nämlich der Konflikt der Monotheismen untereinander und der innerhalb jedes Einzelnen von ihnen.

2

Als Nächstes soll uns die Frage beschäftigen, was gemäß der religiösen Wahrheit einerseits und der poetischen Wahrheit andererseits Erneuerung bedeutet.

Ich beginne mit der poetischen Wahrheit und stütze mich dabei auf geschichtliche Erfahrungen: Erneuerung hieß für den Dichter stets, etwas Neues zu präsentieren, von dem man in früheren Zeiten noch keine Kunde hatte. Poetologisch gesprochen bedeutet dies, dass er neue Beziehungen zwischen den Wörtern und den Dingen, zwischen den Wörtern untereinander sowie zwischen dem Menschen und seiner Umwelt hergestellt hat. Genau dies haben die großen Dichter der ara-

bischen Sprache getan: Abu Nuwas, Abu Tammam, al-Mutanabbi, al-Ma'arri, um nur einige wenige zu nennen. Jeder von
diesen bietet etwas Neues dar, präsentiert eine davor unbekannte Welt, in der seine ganz eigene Sicht- und Ausdrucksweise zum Vorschein kommt. Erneuerung basiert also im Wesentlichen auf der Ablehnung früher vorgezeichneter Normen
und von Regeln, die nicht übertreten werden dürfen.

Mit der Erneuerung im Sinne der religiösen Wahrheit
verhält es sich anders. Hier steht der normative Text, an den
man sich zu halten hat, im Vordergrund, ist er doch zum einen
göttliche Wahrheit, zum anderen Glaubensdogma. Von daher
ist er unveränderlich. Bestenfalls kann man ihn interpretieren
oder auslegen, doch mit einer Methodik, die sich ihm nicht
im Licht der diesseitigen Welt und des menschlichen Erfah-
rungsreichtums nähert, sondern ganz im Gegenteil die Welt
im Lichte dieses Textes betrachtet.

In der Religion hat also Erneuerung eine völlig andere
Bedeutung als in der Dichtung. Jene ist nur eine Erneuerung
auf der Ebene der Interpretation, denn das Leben und die
Welt verharren dabei in der Umklammerung der Religion,
bleiben dieser unterworfen. Die Erneuerung kann hier also
sogar zur Folge haben, dass die Religion in der Alltagsrealität
an Bedeutung zunimmt und auf weltliche Angelegenheiten
übergreift. Wenn wir diese Bedeutung in Bezug setzen zu der
Tatsache, dass der Islam die Religion einer »Umma« ist, dann
erweist es sich in aller Deutlichkeit, dass die Interpretation
des religiösen Textes eng mit der profanen Politik in Verbindung steht. Die religiöse Wahrheit ist also kollektiv, sie ist
die Wahrheit einer »Umma«. Eine wirkliche Erneuerung wäre
somit nur in Form eines radikalen Bruchs möglich, wie man
auch aus der Geschichte weiß. Dies wirft ein Schlaglicht darauf, wie sehr sich in der Praxis des Islams alles um Politik dreht

und weniger um Kultur in einem umfassenden schöpferisch-zivilisatorischen Sinne.

Hier bietet es sich an, die sprachliche Herausbildung der arabischen Termini *tadjdid* (›Erneuerung‹) und *ihdath* (›Modernisierung‹) zurückzuverfolgen. Im *Lisan al-Arab*, einem maßgeblichen Wörterbuch der arabischen Sprache aus dem 13. Jahrhundert, heißt es hinsichtlich des Terminus *tadjdid:* »Das Neue *(al-djadid)* ist das, wovon man keine Kenntnis hat.«

Und in Bezug auf *ihdath* kann man lesen: »Das Moderne *(al-hadith)* steht im Gegensatz zum Alten *(al-qadim)*.« Dieselbe Wurzel steckt auch im Verb *hadatha*, ›sich ereignen‹, und in dem diesbezüglichen Substantiv *huduth*, ›Eintreten eines Ereignisses‹, über das es im *Lisan al-'Arab* heißt: »*Huduth* ist, wenn etwas nicht Gewesenes Realität annimmt.«

Insgesamt lässt sich sagen, dass *tadjdid* eine allgemeinere Bedeutung hat, während *ihdath* spezifischer ist und vor allem mit der Religion in Verbindung gebracht wird.

In diesem Sinne heißt es im *Lisan al-'Arab*: »Neuerungen *(al-muhdathat)* sind das, was die Sektierer aus jenen Dingen geschaffen haben, mit denen die rechtschaffenen Vorfahren nicht einverstanden waren.«

In einem dem Propheten zugeschriebenen Hadith heißt es: »Hütet euch vor den Neuerungen«, womit das gemeint war, was sich weder aus dem Koran noch aus der Sunna, noch aus dem allgemeinen Konsens herleiten ließ.

Und in einem weiteren Hadith: »Jede Neuerung ist Ketzerei, und jede Ketzerei ist eine Verirrung.« Des Weiteren konnte auch die Unzucht mit dem Terminus *ihdath* bezeichnet werden. Es war also möglich zu sagen: »Der Mann / die Frau begeht eine Modernisierung«, im Sinne von: »Er / sie treibt Unzucht.« Dies deutet darauf hin, dass *ihdath* sich nicht strikt auf den religiösen Bereich beschränkt, sondern auch gesellschaftlich relevante Aspekte umfasst, wie Ethik, Kultur und Politik.

Erneuerung und Modernisierung stehen also in Opposition zur Religion, während sie für die Dichtung ein essentieller Bestandteil sind, ohne den sie keine Dichtung wäre.

3

Unter diesem Aspekt bilden Dichtung und poetische Wahrheit einen totalen Gegensatz zu Religion und religiöser Wahrheit. In der Dichtung ist Wahrheit etwas Instabiles, etwas nicht Endgültiges, nicht klar Umrissenes. Die Dichtung steht so gesehen außerhalb der religiösen Wahrheit und ihrer Beschränkungen. Außerdem ist sie zwangsläufig persönlich und nichts Kollektives. In der poetischen Wahrheit bleibt nichts, wie es war. Das poetische Schaffen ist ein permanenter Bruch oder die Fortsetzung eines Zustands des ständigen Gebrochenseins. Dies umso mehr, als dass die Zeiten der Dichtung nicht den Zeiten der Religion entsprechen: Ersteres ist Wandel und Werden, Letzteres Ewigkeit und Unveränderlichkeit.

Religion antwortet, Dichtung dagegen fragt. Die Religion kann also nicht Referenzpunkt für die Dichtung sein. Ganz im Gegenteil ist die dichterische Sprache ein Dialog zwischen dem Sichtbaren und dem Unsichtbaren. Das Unsichtbare ist für die Dichtung Gegenstand des Befragens und des Zweifelns, nicht des blinden Glaubens und der Unterwerfung. Deshalb ist die poetische Wahrheit im Gegensatz zur religiösen Wahrheit beim Unbekannten und Irrationalen zu suchen.

Die religiöse und die poetische Wahrheit sind Annäherungen an die Welt von entgegengesetzten Standpunkten aus und mit entgegengesetzten Zielen: Die Religion ist Gesetzgebung, Unterweisung und Festlegung, die Dichtung hingegen ist Fragen, Schauen und Zweifeln, Ergründung und Überschreitung.

Zwar hat die koranische Offenbarung die poetische Wahrheit negiert und das Wesen der Dichtung transformiert – von einer, die die Wahrheit durch Intuition und Einsicht aufdeckt und ursprüngliches, maßgebendes Wort ist, hin zu einem reinen Instrument im Dienste der Religion und zur Verbreitung der islamischen Wahrheit, wie bereits dargestellt. Trotzdem konnte dies der Blüte der Dichtung, die ja die frühste, vorreligiöse Wortkunst repräsentierte, keinen Abbruch tun. Welche Erklärung gibt es für diese Blüte, die im Islam parallel zur Blüte anderer Künste sowie von Philosophie und Wissenschaft erfolgte?

Die Antwort lautet, dass die Kreativität in ihren verschiedenen Aspekten und Erscheinungsformen eine Bewegung war, die vom religiösen Kodex abdriftete oder abwich. Was wir die arabische Zivilisation oder Kultur nennen, war überwiegend und in ihrem wesentlichen Kern das Ergebnis eines Konflikts mit dem religiösen Text. Es handelte sich dabei um einen Konflikt, der mit einer abweichenden Auslegung des Textes begann und mit der Abkehr vom Text endete. Dies war die Revolution jener kulturellen Erneuerung, die mit der Entstehung der Umayyaden-Dynastie im Jahre 661 ihren Anfang nahm, also fast 30 Jahre nach Begründung der ersten Kalifatsherrschaft im Jahre 632, und die mit der Eroberung Bagdads durch die Mongolen im Jahre 1258 zu Ende ging. Es war also eine Revolution, die sich über fast sechs Jahrhunderte erstreckte.

Nach dem Fall von Bagdad brach die politisch-kulturelle Identität der arabisch-islamischen Gesellschaft in sich zusammen und begannen die Menschen in ihrem Gefühl der Verlorenheit und der Verunsicherung ihr Heil in der religiösen Identität zu suchen. Diese Flucht in den Islam ging mit einem kulturellen Niedergang, einer gesellschaftlichen Auflösung sowie einer Hegemonie externer Mächte einher – beginnend mit der Osmanen-Herrschaft, die fast 400 Jahre andauerte, bis sie von der westlichen Kolonialherrschaft abgelöst wurde, welche in gewisser Weise mehr oder weniger bis heute andauert. Der Verfallsprozess geht also nach wie vor weiter. Und damit ebenso der Drang, bei der Religion Zuflucht zu suchen.

Hier möchte ich noch eine letzte Frage aufwerfen, um den Gegensatz zwischen der religiösen und der poetischen Wahrheit so plastisch wie möglich hervortreten zu lassen, als einen Gegensatz nämlich, der keinen Kompromiss zulässt:

Gibt es innerhalb der religiösen Wahrheit des Islams einen Platz für das Andere? Das Andere, das kann zweierlei sein: ein innerislamisches und ein nicht-islamisches.

Die Antwort auf diese Frage ist allgemein bekannt.

Was die erste Variante anbelangt, so gibt es Muslime, die andere Muslime im Namen des Islams zu Ungläubigen erklären. Einigen Muslimen wird also kein Platz innerhalb des Islams zugestanden.

Im Sinne der zweiten Variante hat das Andere im Islam nur in Gestalt des Dhimmi einen Platz – also als eine Person mit weniger Rechten als der Muslim, als ein Mensch zweiter Klasse.

In beiden Fällen zeigt sich der Islam eher als ein abgekapseltes und stark ritualisiertes politisches Regime denn als ein System, das auf spirituellem Wege Erkenntnis vermittelt.

Wir wollen nun dieselbe Frage anders formulieren: Gibt es denn in der arabischen Dichtung einen Platz für das Andere?

Dies lässt sich mit einem klaren Ja beantworten. Das Andere – wie auch immer sich dieses Anderssein äußert – ist ein fester Bestandteil dessen, was die arabische Dichtung ausmacht. Denn sie ist ein stetiges sprachliches Ausbrechen aus gewohnten Bahnen in Richtung auf das Unbekannte, Andere. In der Dichtung liegt das Fremde ganz nah und das Andere ist in ihr zugleich das Eigene. Das Sein ist in der Dichtung im Wesentlichen ein Mit-Sein, ein offenes Sein. Und auch die Einheit ist in der Dichtung eine offene Einheit.

Somit komme ich zu der Feststellung, dass die Wahrheit in der Dichtung völlig unabhängig von der religiösen Offenbarung oder sogar in offener Auflehnung dagegen entdeckt und gelebt wird. Dasselbe lässt sich auch in Bezug auf die anderen Künste oder auch auf Philosophie und Wissenschaft sagen. Auf der Ebene der Methodik, der Herangehensweise und der Ausdrucksmittel ist ein völliges Auseinanderdriften zwischen dem Religiösen einerseits und dem Poetischen andererseits zu konstatieren. Wobei historisch gesehen in der arabisch-islamischen Lebenswirklichkeit, wie bereits gezeigt, Dichtung und Religion Seite an Seite koexistierten wie zwei parallele, sich niemals kreuzende Linien. In diesem Zustand verharren sie bis zum heutigen Tage.

Hierbei sei erwähnt, dass dieser die ganze Alltagskultur durchdringende Gegensatz zwischen der religiösen Offenbarung und der Dichtung eng mit den ersten Umwälzungen verbunden war, die sich im Islam ereigneten, beginnend mit dem Tod des Propheten und der Errichtung des Kalifats. Unter den damals herrschenden Bedingungen konnte die Offenbarungsschrift nur durch Auslegung und Interpretation aus einer menschlichen Perspektive und den Alltagserfahrungen heraus mit der Lebenswirklichkeit in Einklang gebracht werden. In diesem Sinne kann die Errichtung des Kalifats als erster theoretischer und praktischer Versuch betrachtet werden, die sich in der Offenbarung manifestierende Zeitlosigkeit mit der Zeitgebundenheit des irdischen Handelns der damaligen Muslime zu versöhnen. Dieser Versuch lässt sich, gemessen an dem Althergebrachten, als Erneuerung bezeichnen, als eine Art von Modernisierung im Sinne eines aktiven Eingreifens in die Geschichte.

Die Ereignisse in der Saqifa[1] stellten hinsichtlich ihrer Mittel und Ziele eine solche Modernisierung dar. Und so gesehen waren auch die Ridda-Kriege (632–634) zur Unterwerfung aufständischer Beduinenstämme eine Modernisierung; desgleichen die Auflehnung gegen den dritten Kalifen 'Uthman und dessen Ermordung. Die Kriege in der Zeit des vierten Kalifen Ali (656–661) fanden ihren modernisierenden Abschluss in der Gründung der ersten arabischen Dynastie, unter der Führung des Umayyaden-Kalifen Mu'awiya (gestorben 680). Dieser war es auch, der an seinem Hofe die ersten Kanzleien und Behörden einrichten ließ, welche in ihrer Art jenen des Byzantinischen Reichs entsprachen, also nicht auf islamischen Grundlagen beruhten.

Eigentlich hatte bereits der zweite Kalif Umar (gestorben 644 n. Chr.) die Grundlagen für eine Neuausrichtung der islamischen Politik geschaffen, weg von einer über das Prophetentum definierten Praxis hin zu einer Praxis, die von einem »normalen« Menschen, dem Kalifen, bestimmt wurde. Im Zuge dessen wurde der Spielraum für abweichende Meinungen größer, als er es zu Lebzeiten des Propheten gewesen war.

Diese neuen Freiräume, die der Übergang von einer auf die Figur des Propheten ausgerichteten Politik hin zu einer Politik im Rahmen des Kalifatsstaats möglich gemacht hatte,

---

[1] Versammlungsort in Medina, wo nach dem Tod des Propheten 632 n. Chr. erstmals die Wahl eines Kalifen stattfand.

harren noch einer angemessenen Untersuchung. Innerhalb dieser Freiräume fand jene tiefgreifende Umwälzung statt, die prägend für die islamische Geschichte sein sollte, nämlich zu dem, was man als den Beginn einer »modernen« Betrachtung des autoritativen religiösen Textes bezeichnen kann. Dies beinhaltete auch ein »modernes« Verständnis der Beziehung zwischen ihm und den historischen Umständen. Auf der Basis dessen brachen im Verhältnis zwischen dem Religiösen und dem Weltlichen, konkret dem Staat, Verwerfungen auf, die uns vielleicht Hinweise liefern können, um die meist blutigen Auseinandersetzungen zwischen den Muslimen unmittelbar nach dem Tod des Propheten und während des ersten halben Jahrhunderts der islamischen Zeitrechnung zu verstehen. Im Zuge dieser Auseinandersetzungen starben drei der ersten vier sogenannten rechtgeleiteten Kalifen eines gewaltsamen Todes. Die Gründung der Umayyaden-Dynastie stellte eine Art Kulminationspunkt dieser Konflikte dar, indem dort die Religion zu einem reinen Instrument der politischen Kalifatsherrschaft oder zu einer bloßen Waffe im Kampf gegen den Feind wurde. Die Religion begann, sich in dogmatische Strömungen aufzusplittern, deren Anhängern mehr an der Ausschaltung ihrer Gegner als am Staat und seinem Aufbau gelegen war.

Der Elan, Neues auszuprobieren und Bestehendes weiterzuentwickeln, lebte dennoch in seinen unterschiedlichen politischen und kulturellen Erscheinungsformen (insbesondere in den Bereichen Dichtung, Philosophie und Architektur) noch bis zum Fall Bagdads im Jahre 1258 fort. Danach, und insbesondere unter der Osmanenherrschaft, begannen die Werte der Erneuerung und Modernisierung von der Bildfläche zu verschwinden.

Problematisch ist in dieser Hinsicht die Epoche der *nahda,*

der sogenannten arabischen Renaissance im 19. und frühen
20. Jahrhundert. So war zu jener Zeit ein Diskurs vorherrschend, der die Rückkehr zu den Werten des Erbes und der
Traditionen im Namen der Authentizität propagierte. Dabei
übersah man aber, dass in der arabischen Vergangenheit durchaus Flexibilität und Zwanglosigkeit praktiziert worden war,
wenn es darum ging, andere kulturelle Elemente zu integrie-
ren und offen gegenüber Veränderung und Kreativität zu sein.
Diese einseitige Sicht hatte zur Konsequenz, dass jene Epoche
einen Niedergang von innen her darstellte, der den Niedergang durch Angriffe von außen noch verstärkte.

Hätten die Araber doch in jener Epoche sich die im Westen
stattfindenden Umwälzungen in Wissenschaft und Technik
zu Nutzen gemacht und gleichzeitig an die in der arabischen
Geschichte vorhandenen Werte der Erneuerung und Modernisierung angeknüpft! Solche Werte spiegeln sich beispielsweise in der theologisch im Islam verankerten Differenzierung
zwischen dem Privaten und dem Öffentlichen, gemäß dem
berühmten Ausspruch von Abu Nuwas: »Meine Religion gehört mir, wie die der anderen ihnen gehört.« Es handelt sich
dabei also um eine Differenzierung zwischen der gesellschaftlichen und der individuellen Sphäre. Ähnliche Beispiele lassen
sich auch finden, wenn es darum geht, dem positiven Natur-
recht, den zivilgesellschaftlichen Regeln sowie den Rechten
und Freiheiten des Menschen Geltung zu verschaffen.

Doch leider haben die Araber von diesen Werten nicht zu
profitieren gewusst. Stattdessen fand eine Rückkehr zu dog-
matischem Sektierertum statt, also zu Gewalt in ihren verschiedenen Formen und zu einem Existenzkampf zwischen
den Mitgliedern ein und derselben Gesellschaft.

Diese Rückkehr brachte eine fundamentalistische Kultur
hervor, die alles Zeitgenössische durch die Brille der Vergan-

genheit betrachtete. Im Rahmen dieser Kultur wurde aus dem, was wir Zukunft nennen, nur eine Zeit, in der sich die Vergangenheit verwirklicht. In ihr ist kein Platz für eine Zukunft, die offen gegenüber dem Unbekannten ist und die Möglichkeit bietet, eine bessere Welt zu gestalten. Denn das Beste und Vollkommenste auf allen Gebieten ist ja bereits in der Vergangenheit endgültig verwirklicht worden. Der Gegenwart obliegt es nur, sich diese zum Vorbild zu nehmen und deren Muster zu imitieren. Die Struktur der Welt ist in dieser Kultur repetitiver Art, Gegenwart oder Zukunft sind in ihr nichts weiter als Spiegelungen der Vergangenheit. Es ist eine Kultur, die den Araber, den Muslim, wie ein geklontes Wesen erscheinen lässt.

Auf diese Weise unterwirft der islamische Fundamentalismus unserer Zeit den Menschen einem totalen kulturellen Belagerungszustand, indem er zu ihm spricht:

Schau, aber auf das, was du nicht sehen kannst.

Spricht aber über das, was du nicht sagen oder ändern darfst.

Handle, aber nur so, wie Gott es will oder dir vorherbestimmt hat.

4

Zwischen einer Lesart, die aus dem Text einen Tunnel macht, und einer Lesart, die ihn in einen Horizont verwandelt, ist der Text als solcher gar nicht mehr vorhanden, sondern zu einer bloßen Interpretation geworden.

In diesem Sinne könnte man von einer Transformation der Religion in eine Ideologie sprechen. Als solche hätte sie aufgehört, eine zukunftszugewandte geistige Kraft zu sein.

Tatsache ist, dass die Wahrheit, die der koranische Text

lehrt, ebenso wie dieser ihres Wesenskerns beraubt wurde. Das heißt, sie existiert zwar noch, ist aber von Theorie und Praxis abgeschnitten. Sie zeichnet sich nur noch durch ebenjene Formelhaftigkeit aus, die bei den Erneuerungsbewegungen im Lauf der arabischen Geschichte immer wieder auf Ablehnung gestoßen ist, sei es in politisch-intellektueller oder in literarisch-künstlerischer Hinsicht.

Der Kalifatsstaat, die Vorstellung von der Erschaffenheit des Korans, die Häresie, die Leugnung der Prophetie und der Offenbarung, die Mystik, die Blüte der Dichtung – dies sind nur einige der kontroversen Aspekte, die bei der Beschäftigung mit dem Text und jener Freiheit, die man sich ihm gegenüber herausnahm, zum Tragen kommen.

Selbst der Fundamentalismus lehnte die koranische Wahrheit ab, obschon auf einer anderen Ebene, nämlich indem er sie zu einer Gefangenen der politischen Ideologisierung machte.

Aus diesen beiden Arten von Ablehnung lässt sich bei all ihrer grundsätzlichen Verschiedenheit schließen, dass nicht die Religion als solche Erneuerung hervorbringt, sondern der menschliche Verstand und was diesen ausmacht: Fragen und Zweifel, Freiheit und Kreativität, Ablehnung und Grenzüberschreitung. Der Verstand kann also nur Erneuerung hervorbringen, indem er sich von einem Religionsverständnis frei macht, das leidiglich auf Geboten und Verboten beruht, und wenn er in eine Gesellschaft eingebettet ist, die diese Befreiung ebenfalls vollzogen hat – in der die Religion also keine Institution, kein für alle ihre Mitglieder verbindliches Gesetz ist. Stattdessen sollte sie nur der persönliche Glaube des einzelnen Individuums sein, eine Praxis, die niemandem außer ihren Anhängern zur Pflicht gemacht wird. Oder anders gesagt: Es wird keine Erneuerung geben, solange die Religion nicht aufhört, ein kulturelles, gesellschaftliches und politisches System darzustellen.

Keine Erneuerung also ohne eine vollständige Trennung zwischen Religion und Politik sowie zwischen Religion und künstlerisch-kulturellem Schaffen. Die geschichtliche Erfahrung hat erwiesen, dass die arabische Gesellschaft nicht fortschreiten und sich nicht erneuern konnte, wenn diese Trennung nicht gegeben war.

Es stellt sich also folgende Frage: Warum beharrt der heutige Islam auf der Einheit von religiöser und kulturell-politisch-gesellschaftlicher Sphäre? Handelt es sich doch dabei um ein Beharren, das die Offenbarung praktisch zu einem bloßen Instrument degradiert und die Religion auf gesetzliche Vorschriften und Verbote reduziert.

Mit diesem Beharren soll bekundet werden, dass die Muslime eine »Umma« bilden, eine Gemeinschaft im traditionellen, religiös-rechtlichen Sinne, die von einem einigenden Band oder Ziel zusammengehalten wird, sei es aus freien Stücken oder gezwungenermaßen. Dabei wird dem Einzelnen, selbst wenn es sich um einen Muslim handelt, nur dann ein Platz in der Gesellschaft zugestanden, wenn er sich diesem gemeinsamen Ziel verschreibt.

Beharrt wird also auf der Tatsache, dass es für die Erneuerung keinen Platz im Islam gibt und dass jedweder Wahrheit zu misstrauen ist, die nicht aus den Texten des Islams hervorgeht und nicht von der Religion, wie die Traditionalisten sie sehen, gebilligt wird.

Schließlich geht es bei diesem Beharren darum, dem »Anderen«, den die »Umma« als abweichend von ihr oder ihrem Ziel betrachtet, seinen Platz im Islam zu verwehren, ganz gleich, ob es sich bei diesem Anderen um einen Muslim oder Nicht-Muslim handelt.

Freilich ist in diesem Zusammenhang darauf hinzuweisen, dass der Islam historisch gesehen in Bezug auf die nichtmuslimischen Bevölkerungsgruppen durchaus in einer Weise praktiziert wurde, in der man »demokratische« Elemente erkennen könnte. So wurden diese Nicht-Muslime *ahl al-kitab* (›Leute des Buches‹) oder *ahl al-dhimma* (›Leute des Schutzes‹) genannt, womit insbesondere Juden und Christen gemeint waren. Ihnen gegenüber wurde eine Toleranz praktiziert, die damals immerhin einen Fortschritt darstellte hin zu einem offenen Verhältnis zwischen den Anhängern der drei monotheistischen Religionen oder ganz allgemein gesprochen zwischen dem Eigenen und dem Fremden. Allerdings gingen die Muslime in ihrer Toleranz von der festen Überzeugung aus, sie seien im alleinigen Besitz der Wahrheit. Ihre Toleranz war also eine Art Gnadenakt gegenüber dem Anderen oder, anders gesagt, sie legte dem Tolerierten neue Fesseln an. Hinter dieser Toleranz verbirgt sich also letztendlich etwas, was die Demokratie negiert oder im Widerspruch zu ihrem Geist steht. Denn dieser erfordert eine völlige Gleichbehandlung der Mitglieder der Gesellschaft, ungeachtet ihrer religiösen Überzeugungen. Jene Toleranz ist dagegen eine andere Form von Ungleichheit.

In diesem Kontext ist auch zu beachten, dass es bei den Muslimen historisch gesehen weder eine theoretische noch eine praktische Verankerung des Toleranzbegriffs gab. Dies liegt in erster Linie an der Existenz jener organischen Verbindung zwischen Religion und Politik seit Herausbildung einer islamischen Staatlichkeit. Ferner am Ringen um die Macht im Namen einer Religion, die sich immer mehr zu einem ideologischen Instrument der Herrschenden entwickelte. Genau einem solchen Religionsverständnis hängen die heutigen Strömungen des politischen Islams an. Es handelt sich um einen

Konflikt, der inzwischen so gewaltsam und blutig geworden ist, dass er wie eine griechische Tragödie anmutet. Unter diesem Gesichtspunkt kann man die arabisch-islamische Geschichte als einen permanenten Feldzug gegen jedes noch so kleine Aufkeimen einer pluralistischen Sichtweise innerhalb des Islams lesen. Dieser Krieg findet in der einen oder anderen Weise bis heute statt. Nicht nur die beiden großen Kriegsparteien, die Sunniten und die Schiiten, sind daran beteiligt, sondern auch kleinere konfessionelle Gruppen. Die arabisch-islamische Geschichte kennt die vielfache Vernichtung von Individuen oder Gruppen, angefangen bei den Ridda-Kriegen in der Frühphase des ersten islamischen Staats[2] über die Niederschlagung politischer Revolten bis zum Umgang mit jenen Erneuerungsbewegungen, die auf Gebieten wie Philosophie, Mystik und Dichtung auftraten und welche unter den Oberbegriffen Ketzerei und Gottlosigkeit subsumiert wurden.

Trotz des tiefgreifenden Wandels, den die Menschheit im Hinblick auf Wissen und Humanität vollzogen hat, vor allem was Menschenrechte und individuelle Freiheiten anbelangt, verbietet es der Islam gebürtigen Muslimen nach wie vor, einen anderen Glauben anzunehmen oder sich als Agnostiker zu bekennen. Wer solches offen tut, kann legal getötet werden.

In diesem Zusammenhang ist es dringend notwendig, eine kritische Theorie gegen die rechtlich-politischen Tradition im Islam zu begründen. Sie verhindert jedes Denken, ja raubt uns sogar das Bewusstsein dafür, dass wir nicht nachdenken. Sie verbannt den Islam zu einer jämmerlichen Existenz hinter mächtigen Gittern, indem er die »Umma« und ihr »Denken«

---

[2] Gegen die Stämme, die nach Mohammeds Tod wieder vom Islam abfielen. (Anm. d. Hrsg.)

zu seinem »Wesenskern« stilisiert. Dass es sich dabei um einen völlig erstarrten Kern handelt, wird gern übersehen.

Wenn wir uns klarmachen, dass der Islam heutzutage selbst zu einer Art verallgemeinerter Gottheit geworden ist, der sogar diejenigen unterworfen sind, die gar nicht dieser Religion angehören, und dass damit dem Menschen und seinen Rechten Gewalt und Zwang angetan wird, dann erkennen wir, dass die Muslime vor zwei Optionen stehen:

- Die erste besteht im Festhalten am religiösen Konzept der »Umma« im Alltag und im kulturellen Leben.
- Die zweite in der Übernahme eines anderen, weltlich-humanen Konzepts.

Bei der ersten Option würden Verstand und Denken weiterhin in der Starre des Gesetzes gefangen bleiben, würde die Gesellschaft unter der Knute von Gewalt und Zwang verharren, unter den Bedingungen eines permanenten »Bürgerkrieges« zwischen der »Umma« und der »Gesellschaft« und zwischen den Muslimen untereinander.

Die zweite Option dagegen würde eine gesellschaftliche, kulturelle und politische Befreiung des Verstands und des Denkens aus der Gefangenschaft des religionsgesetzlichen Denkens ermöglichen. Der Mensch würde in die Lage versetzt, sich am Aufbau einer Gesellschaft zu beteiligen, die auf dem Konzept einer Zivilgesellschaft mit absolut gleichen Rechten und Freiheiten für alle Individuen gründet, unabhängig von jedweder religiösen oder ethnischen Zugehörigkeit.

Dies würde keineswegs die Abschaffung der Religion bedeuten, sondern einen Wandel im Blick auf sie. Sie würde zu einer persönlichen Angelegenheit, über die jeder Einzelne selbst nach seinem Belieben zu entscheiden hätte, nicht die

»Umma«, die »Gesellschaft« oder der »Staat«. Das Recht auf Religiosität oder den Verzicht darauf ist fester Bestandteil des Rechts auf Freiheit. Es geht also nicht um die Abschaffung der Religion an sich, sondern darum, eine Gesellschaft zu errichten, in der die Menschen gleich sind, eine politisch, kulturell und institutionell gesehen zivile Gesellschaft, in der die Frage, ob deren einzelne Mitglieder gläubig oder ungläubig sind, keine Rolle spielt.

Andernfalls bliebe der Verstand dem religiösen Diktum unterworfen, welches besagt: Die Wahrheit ist nicht der Realität und der Erfahrung zu entnehmen, sondern allein der Sprache des Textes. Darin äußert sich eine Negierung der Realität wie auch eine Negierung der Sprache selbst, indem sie sich abkapselt und nur noch sich selbst zum Ausdruck bringt. Sie verliert dadurch den lebendigen Bezug zu den Dingen und zur Welt.

Unter diesem Aspekt scheint das geflügelte Wort »Der Islam hat bereits alles gesagt« dem religiösen Text Inhalte zubilligen zu wollen, die eigentlich weit über seinen Rahmen hinausgehen; Inhalte, die zwangsläufig einem Wandel unterworfen sind, die sich – weit entfernt von Perfektion und Unveränderlichkeit – nach dem Stand der Wissenschaft richten und der Kenntnisse und Auslegungen eines Interpreten bedürfen. Ein Absolutheitsanspruch, wie er in dem obengenannten Diktum zum Ausdruck kommt, kann also nur zu einer Art von Auslöschung führen, einer Auslöschung der Fakten und Ereignisse, einer Auslöschung von Wahrheit und Erkenntnis. Was ist eine Denkweise wert, die von dem Glauben ausgeht, in der Vergangenheit sei bereits alles gesagt worden, noch dazu in der vollkommensten Form? Warum existiert ein solches Denken überhaupt? Ein Denken, für das die Zukunft nichts als eine leere Leinwand ist, auf der man die Vergangenheit abbildet und wiederbelebt, steht nicht nur im Widerspruch zur Vernunft und zum Menschen, sondern auch zur Existenz und zum Leben.

Es versteht sich von selbst, dass eine Gesellschaft, die ein solches Denken verinnerlicht hat und gemäß den damit einhergehenden Regeln funktioniert, unmöglich Erneuerung und Modernität akzeptieren kann. Vielmehr müssen ihr diese als Irrweg, Blendwerk und Zersetzung erscheinen. Es geht also nicht um die Erneuerung des Islams als Religion, sondern darum, dass man ihn neu betrachtet, dass sich also die Muslime erneuern müssen.

Deshalb lautet mein Fazit: Aus der Sicht der Offenbarung gibt es keine Erneuerung, keine Modernität und keine Poesie. Modernität und Poesie waren das Werk von Muslimen, die das Leben und die Realität über den Text gestellt haben.

Zum Abschluss möchte ich dazu drei Fragen in den Raum stellen:

1. Ist es überhaupt möglich, die Problematik der Erneuerung und der Modernität im Islam getrennt von der Problematik der Freiheit, dem Kern allen Menschseins und aller Erneuerung, zu untersuchen?
2. Was hat die Religion dem Menschen überhaupt zu bieten, wenn sie ihm nicht zuallererst Freiheit bieten kann?
3. Wenn die Religion dem freien Nachdenken über Gott, den Menschen und die Welt kein Forum bieten kann, wozu ist die Religion dann da und worin liegt ihr Nutzen?

(Paris, März 2008)

DER AUGENBLICK SYRIENS

I

Der Zusammenbruch des Osmanischen Reichs, die Errichtung der französischen Mandatsherrschaft, der Kampf um
die Unabhängigkeit: drei einschneidende historische Phasen,
die der Geburt des modernen Syriens vorausgegangen waren.
Doch kam das Land nicht als unversehrter Körper zur Welt,
sondern als offene Wunde. Das aus ihr hervorquellende Blut
war ein Gemisch aus schmerzhaften Erinnerungen längst
vergangener Zeiten und einer tragischen Gegenwart. Bis heute ist diese Wunde nicht richtig verheilt. Sie wurde kaschiert,
verdeckt. Darüber wurde aus ideologischen Hirngespinsten
aller Art ein hermetischer Schild errichtet. Unter der Herrschaft der arabisch-sozialistischen Baath-Partei erreichte dann
die Kunst des Kaschierens ihren Höhepunkt.

Jetzt bricht die syrische Wunde an allen Ecken und Enden
wieder auf. Sie bricht auf an einem Körper, der sich »in eine
Vielzahl von Körpern« unterteilt, um einen Ausdruck von
Urwa Ibn al-Ward[1] zu verwenden. Deshalb tut sie sich auf
wie ein Abgrund voller Blut. Zum Vorschein kommt darin
das historisch wahre Syrien: ein Mosaik von Nationalitäten,

---

[1] Gestorben ca. 596, zählt zu den vorislamischen sogenannten Vaga-
bundenpoeten. (Anm. d. Hrsg.)

Ethnien, Minderheiten, religiösen Konfessionen, Sekten, Stammes- und Clanstrukturen, ganz wie früher. Syriens Vergangenheit verschlingt seine Gegenwart. Denn denjenigen, die nacheinander Syrien beherrschten, war mehr daran gelegen, die Reichtümer des Landes auszubeuten, als daran, zu seinem Aufbau beizutragen. Was sie begründeten, waren Regime, keine Gesellschaften.

Seit dem ersten Militärputsch im Jahre 1949 war das parlamentarische Leben erloschen, war das politische Leben insgesamt zum Stillstand verdammt. Vollends zum Desaster kam es in den frühen 60er-Jahren, als ganz Syrien, mit seiner ganzen Geschichte und seiner ganzen Vielfalt, in ein einziges Gefäß gezwängt wurde, um es wider die Natur, die Wahrheit und die Realität in einer einzigen ideologischen Brühe aufzulösen.

2

1963 kam die Baath-Partei durch einen Militärputsch an die Macht, also gewissermaßen durch einen Akt der Vergewaltigung, mit dem sie sich ein Monopol auf die Vertretung jenes facettenreichen und heterogenen Volks sicherte. In der Folgezeit schaltete sie alle anderen politischen Kräfte aus, es sei denn, diese waren bereit, sich der Baath-Partei unterzuordnen und sich unter ihrem Banner zu betätigen.

Jenes Monopol wurde zu einem Grundpfeiler der Nation erklärt und durch Artikel 8 der syrischen Verfassung[2] ze-

---

[2] Artikel 8 der syrischen Verfassung lautet folgendermaßen:
»The leading party in the society and the state is the Socialist Arab Baath Party. It leads a patriotic and progressive front seeking to unify

mentiert. Dieses Vorgehen hatte in der Praxis etwas von einer verschlossenen und gewalttätigen Ersatzreligion. So gesehen richtete es sich nicht nur gegen die Syrer, ihre Rechte und Freiheiten, sondern überhaupt gegen das Leben an sich und gegen den Menschen an sich. Es war eine verfassungsrechtliche Festschreibung von Privilegien, von Monopolen und von Machtmissbrauch sowie eine Verankerung jener Gewalt, die all dies schützte und rechtfertigte.

Im Konzept der Einheitspartei spiegelt sich zum einen die tiefverwurzelte geistig-ideologische Gewalt, zum anderen die konkrete physische Gewalt, die aus ihr folgt. Es ist somit die Verkörperung diktatorischer Machtausübung, ist die Neuauflage von Unterwerfung und Gefolgschaft gegenüber dem Alleinherrscher.

Faktisch bedeutete dies für die syrische Gesellschaft eine Aufgabe ihrer so charakteristischen Buntheit und Heterogenität, ja letztlich auch eine Aufgabe ihrer Identität, eben indem sie die Kontrolle über das Denken und das Alltagsleben in die Hände einer Einheitspartei, eines autokratischen Regimes legte. Und mit ihrer Unterwerfung unter die Maßstäbe jener Partei und ihrer Politik wurde auch die Kultur dieser Gesellschaft aufgegeben und damit der Geschichte selbst zuwidergehandelt. Denn historisch betrachtet standen am Anfang Vielfalt, Heterogenität und Pluralität. Die Homogenität ist unter diesem Blickwinkel nichts als eine pure Abstraktion, nichts als eine durch die Erfahrung rasch entlarvte Illusion.

Es gilt also, den autokratischen Rahmen zu sprengen, da

the resources of the people's masses and place them at the service of the Arab nation's goals.« (Quelle: www.servat.unibe.ch / icl/ sy00000_.html). (Anm. des Übersetzers)

dieser die Gesellschaft in einen Ja-ja-nein-nein-Automaten verwandelt. In diesem Sinne sollte unverzüglich die Streichung von Artikel 8 der syrischen Verfassung in Angriff genommen werden, welcher das Terrain bereitet hat für all das, woran das heutige Syrien krankt, politisch, wirtschaftlich, kulturell, sozial, menschlich und zivilgesellschaftlich. Eine solche Streichung muss ferner mit einem Gesetz einhergehen, das die Gründung politischer Parteien ermöglicht. Denn Pluralismus, Debattierfreudigkeit und die Möglichkeit, unterschiedlichste Meinungen und Ansichten zu äußern, bilden die Grundlage eines intakten politischen Gemeinwesens. Ebenso sind freie Parlamentswahlen vonnöten, um den Weg zu einem neuen Syrien zu ebnen, in dem ausnahmslos alle gesellschaftlichen und politischen Kräfte am politischen Wettstreit teilhaben können, und zwar in einem demokratischen Klima und unter Einsatz von Menschlichkeit und Kreativität; einem Syrien, in dem Machtwechsel friedlich und im Rahmen des Gesetzes erfolgen können.

Die Erfahrung seit 1963 hat gezeigt, dass die Vorherrschaft einer einzigen Partei über Staat und Gesellschaft ökonomisch, kulturell und gesellschaftlich gescheitert ist, und zwar auf katastrophale Weise. Divergenz, Vielfalt und Pluralismus sind unverzichtbare Voraussetzungen für das menschliche Zusammenleben.

Nun ist es höchste Zeit, sich mit Intellektuellen, mit Menschenrechtsorganisationen und mit den zivilgesellschaftlich-säkularen Kräften innerhalb des politischen Spektrums an einen Tisch zu setzen und ihren Rat einzuholen. Es geht darum, Grundlinien zu entwerfen und an einer Überwindung der herrschenden Autokratie zu arbeiten. Dabei ist eine vollständige Trennung zwischen Religion einerseits und Politik und Staat andererseits zu wahren, ohne die freie Ausübung von Religion und Glaube welcher Art auch immer anzutasten. Zumal die politische Instrumentalisierung der Religion auch nichts anderes als eine Form von Gewalt ist, ja womöglich im Zusammenspiel mit dem Staat, seiner Kultur und seiner Politik ihre am meisten zu Ausgrenzung und Intoleranz neigende Spielart. Iran liefert uns dafür ein anschauliches Beispiel.

Diese Arbeit wird erst dann abgeschlossen sein, wenn Rechtsprechung, Bildungswesen, Militär und Sicherheitsapparat vollständig, umfassend und grundlegend von der Politik entkoppelt sein werden, wenn Frauen über die vollen bürgerlichen Rechte verfügen, bei absoluter Gleichstellung mit ihren männlichen Mitbürgern. Dadurch wäre die herrschende Staatsmacht nicht länger politischer Akteur oder Partei, vielmehr würde ihr die Rolle eines Schiedsrichters zukommen. Das ist es, was auf der Stelle angegangen werden muss und wofür offen einzutreten ist.

All diese Fragen müssten von Präsident Assad zum Gegenstand intensiver Debatten erkoren werden, und zwar im Zuge eines allgemeinen nationalen Dialogs. Dies wäre ein erster Schritt, um Syrien den Übergang zu einer demokratischen, pluralistischen Existenz zu ermöglichen, die auf Rechtsstaatlichkeit und absoluter Unantastbarkeit der menschlichen Freiheiten und Rechte beruht.

3

In allen arabischen Gesellschaften, insbesondere in der syrischen, muss der Grundsatz bekräftigt werden, mit den verschiedensten Mitteln zu verhindern, dass die Religion als Waffe für die politische Auseinandersetzung benutzt wird.

Dabei geht es, wie ich bereits aufgezeigt habe, nicht nur um die Anwendung von Gewalt, sondern auch um die Instrumentalisierung der so bluttriefenden historischen Erinnerung an frühere Konflikte, sei es auf konfessioneller, kultureller oder politischer Ebene. Auch die Mobilisierung tribaler, verwandtschaftlicher und ethnischer Loyalitäten gehört mit in diesen Bereich. Wird dies nicht verhindert, sprengt die Auseinandersetzung den zivilgesellschaftlich-kulturellen Rahmen und kann sogar die religiösen Texte selbst in reine Gewaltinstrumentarien verwandeln, wie wir aus der geschichtlichen Erfahrung wissen. Eine Politik, welche sich unter dem Banner der Religion von einem Zweiergespann ziehen lässt, dessen Rösser auf die Namen Paradies und Hölle hören, ist zwangsläufig eine zu Gewalt und Intoleranz neigende Politik.

Machen wir uns nichts vor: Es waren die arabischen Regime, die mit ihrer exzessiven Tyrannei dafür gesorgt haben, dass ihre Opponenten unterschiedlichster Couleur auf jenen Wagen aufgesprungen sind, der bisweilen noch von zwei weiteren Rössern gezogen wird, Geld und Mord, aneinandergekoppelt von Israel und Amerika.

4

Es war eigentlich nicht anders zu erwarten gewesen, dass das, was nun in Syrien passiert, auf die eine oder andere Weise passieren würde. Dass der Mensch aus seinem Schlaf oder besser gesagt aus seiner Betäubung erwachen würde. Dass er endlich anfangen würde, Freiheit, Menschenwürde, ein Ende der Tyrannei, eine gerechte Verteilung des Reichtums, Amnestie für politische Gefangene und Ähnliches einzufordern. Es mag sich zahlenmäßig bei den Protestierenden um eine

Minderheit handeln, das ist gar nicht von Belang. Die Anzahl ist hier ein Symbol. Was quantitativ als Minderheit erscheint, steht symbolisch für die Mehrheit.

Ja, was nun passiert, war zu erwarten gewesen. Was sich gegenwärtig in Syrien an Gewalt entlädt, ist in gewisser Weise nichts anderes als eine Neuinszenierung schon dagewesener Szenen mit modernen Methoden. Da werden Kinder mitten beim Spielen oder Lernen von der Lanze der Staatsmacht durchbohrt. Da wird ein Kopf, der zu viel denkt, einfach mit dem Schwert abgehauen. Da werden Körper mit Äxten in Stücke geschlagen und auf die Straße geworfen. Gewalt, die von oben, von den Herrschenden ausgeht, trifft auf Gegengewalt von unten, von den Menschen. Infernalische Kräfte erwachen zum Leben. Unersättlich sind die Flammen, die alles verzehren.

Nicht zu überbieten an Absurdität und Lächerlichkeit ist dabei, was man über das Eingreifen der Amerikaner oder der Europäer sagt. Man glaubt wohl, die Araber haben ihr Gedächtnis verloren und sind unfähig, eins und eins zusammenzuzählen. Wo hat der Westen eingegriffen und sich wieder zurückgezogen, wo hat er ein Problem erfolgreich gelöst? In Palästina etwa? Oder in Somalia? Oder gar im Irak? Nun ist Libyen als Experimentierfeld an der Reihe, und die den Preis dafür bezahlen werden, sind einzig und allein die Revolutionäre. Es steht außer Frage, dass die Syrer jede äußere Einmischung in ihre inneren Angelegenheiten kategorisch ablehnen. Sind sie sich doch ihrer Probleme mehr als alle anderen bewusst und sind am besten in der Lage, diese zu lösen.

Ja, das, was nun passiert, war – für mich zumindest – zu erwarten gewesen.

Zu weinen vermag ich nicht. Könnte ich es, hätte ich meine

Augen längst in zwei Tränenquellen verwandelt: eine im Süden, in Deraa, und eine im Norden, in Banyas und Djabla.[3]

---

[3] Zur Zeit der Abfassung des Artikels waren diese Städte im Süden und Norden des Landes die Zentren der Auseinandersetzung. (Anm. d. Hrsg.)

Textnachweise

Einführung in die Arabische Poetik: »Al-schi'riyya al-arabiyya.« Zweite
Auflage, Dar al-Adab, Beirut 1989.
Die Übersetzung wurde mit der französischen und englischen Über-
setzung abgeglichen.
Englisch: Adonis: An Introduction to Arab Poetics, Übersetzt von
Catherine Cobham, University of Texas Press, Austin 1990.
Französisch: Introduction à la poétique arabe. Übersetzt von Bassam
Tahhan und Anne Wade Minkowski, Sindbad, Paris 1985.
Sufismus und Surrealismus: Erstes Kapitel des gleichnamigen Buchs
»Al-sufiyya wa-l-suriyaliyya.«, Dar Saqi, London und Beirut 1992,
S. 9–35.
Der koranische Text und die Horizonte des Schreibens: Aus dem gleich-
namigen Buch »An-nass al-qur'ani wa 'afaq al-kitaba«, Dar al-Adab,
Beirut 1993, S. 9–55.
Sprache und Identität: Original ohne eigenen Titel. Es handelt sich um
das erste Kapitel des »poetisch-kulturellen Werdegangs« (so der
Untertitel) »Ha anta ayyuha l-Waqt (»Da bist du, o Zeit«), Beirut
1993, S. 9–23.
Text und Wahrheit: Es handelt sich um die ersten drei Kapitel der
Aufsatzsammlung mit dem Titel: »Al-kitab al-khitab al-hidjab«
(»Das Buch, die Rede, der Schleier«), Dar al-Adab, Beirut 2009,
S. 7–55.
Der Augenblick Syriens: veröffentlicht in Adonis' Donnerstagskolumne
»Madarat yaktubuha Adunis« unter dem Titel »al-lahza al-suriyya,
marratan thaniyya« in der in London erscheinenden arabischsprachi-
gen Tageszeitung *Al-Hayat* am 5. Mai 2011.

Zu Umschrift und Aussprache

Die arabischen Wörter und Namen werden hier in einer für deutsche Leser vereinfachten Umschrift wiedergegeben. Wer Arabisch spricht, wird das Original leicht erkennen. Für die Aussprache gilt: *Kh* wird wie *ch* in *machen* ausgesprochen, auch am Wortanfang. Q ist ein kehliger K-Laut, keinesfall jedoch kw (*qu* etwa im Namen des arabischen Stammes *Quraisch* wird also *Kuraisch* ausgesprochen). Ein Apostroph steht für zwei arabische Phoneme. Als vereinfachte Regel für die Aussprache wähle man einen Stimmabsatz. Das Wort *schi'r* (Dichtung) wird also in etwa *schi – ir* ausgesprochen. *Th* wird ausgesprochen wie in englisch *think*, *dh* wie englisch *that*. *Dj* wird ausgespochen wie *dsch* in *Dschungel*. *Z* wird nie wie *ts* ausgesprochen, sondern steht für das weiche *s* wie in *Rose*. *S* in arabischen Wörtern ist hingegen ein scharfes *s* wie *ss* in *Wasser* (auch am Wortanfang!).

Anmerkungen

Die Quellenangaben stammen, soweit nicht anders vermerkt, von Adonis. Arabische Quellenangaben (außer Koran) entfallen hier, da sie ohnedies nur dem Leser nützen, der Arabisch liest und das Original zur Hand nimmt.

Die Angaben zu Personen, Sachen und Begriffen, die den deutschen Lesern nicht geläufig sind, stammen vom Herausgeber, sofern sie nicht eigens als von Adonis stammend gekennzeichnet sind.

Liegt von den arabischen Autoren, die Adonis erwähnt, eine deutsche Übersetzung vor, so wird diese genannt.

Adonis
Verwandlungen eines Liebenden
Gedichte 1958 – 1971
Arabisch und Deutsch
In der Übersetzung von Stefan Weidner
361 Seiten. Gebunden

Der 1930 geborene Adonis gilt als der bedeutendste arabische
Dichter unserer Zeit – ein moderner Klassiker, der es wie kein
anderer versteht, eine Synthese zu schaffen zwischen der großen Tradition der arabischen Dichtung und der modernen
westlichen Lyrik.

Adonis zeigt, dass der Orient sich durchaus für eine Moderne
aussprechen kann, ohne seine kulturelle Identität preiszuge-
ben. Anstatt die Kultur des Westens zu übernehmen, gilt es,
dem Westen abzuschauen, wie man die eigene Kultur von innen heraus kritisiert. Und so sind denn Adonis' Verse eine
poetische Kampfansage an das religiöse Establishment, die
rückwärtsgewandten Kräfte ebenso wie an die Vertreter der
rein äußerlichen Rezeption westlicher Errungenschaften.
Aber vor allem betören Adonis' Gedichte aufgrund ihrer
Schönheit.

S. Fischer

fi 1-000631 / 1

Assia Djebar
Nirgendwo im Haus meines Vaters
Roman
Aus dem Französischen von
Marlene Frucht

432 Seiten. Gebunden

Fatima liebt ihren Vater abgöttisch. Aber er befolgt streng die arabischen Bräuche. Ihre Mutter ist eine selbstbewusste Frau von europäischer Eleganz. Zwei Welten, die gegensätzlicher nicht sein könnten. Dazwischen bahnt sich das kleine Mädchen ihren eigenen Weg zur jungen Frau. Manchmal schmerzhaft und dann wieder voller Glück. »Nirgendwo im Haus meines Vaters« ist Assia Djebars persönlichstes Buch. Klarsichtig, poetisch und sehr emotional erzählt die renommierteste Autorin aus dem Maghreb ihre eigene Geschichte, die zugleich die Algeriens ist.

»Jedes Buch von Assia Djebar ist ein Ereignis.«
Tages-Anzeiger

S. Fischer